Der Fluch des Hauses Windsor

22.11.07

Dear Mo,
let's always remember Scotland in Spring 2007 and the great fun that we had as the "Balmoral Five".

Love, Ulrike

Not to remove!

ULRIKE GRUNEWALD

Der Fluch des Hauses

WINDSOR

Das Buch »Der Fluch des Hauses Windsor« entstand in Anlehnung
an die gleichnamige Fernsehserie, die vom ZDF produziert wurde.

Lizenz durch: ZDF Enterprises GmbH
© ZDF 2007
www.zdf-enterprises.de
Alle Rechte vorbehalten.

1. Auflage 2007
© vgs
verlegt durch EGMONT Verlagsgesellschaften mbH,
Gertrudenstraße 30-36, 50667 Köln
Alle Rechte vorbehalten.
Redaktion: Susanne George
Produktion: Susanne Beeh
Umschlaggestaltung:
Hauptmann & Kompanie, Werbeagentur,
München – Zürich, Ulf Hennig
Layout und Satz: Achim Münster, Köln
Umschlagfotos:
Krone oben: © Tim Graham/CORBIS; Queen Victoria: © Bettmann/CORBIS;
Queeen Elisabeth: © Reuters/CORBIS; Charles: © CORBIS;
Diana: © Tim Graham/CORBIS; William: © Tim Graham/CORBIS;
Wappen: © John Still Well/dpa
Druck: Clausen & Bosse, Leck
ISBN 3-8025-3641-0

www.vgs.de

Für Lukas und Ilse

INHALT

Vorwort	9
1 Ein Konzert für Diana	11
2 Das Familiengespenst	30
3 Die Familienfirma	65
4 Das Geheimnis von Rosenau	99
5 Schreckensjahre	125
6 Prince Charming	177
Stammbaum	238
Danksagung	240
Literatur	242
Bildnachweis	244
Register	245

Vorwort

*»Es gibt keine royale Psychologie,
sondern nur eine allgemein menschliche.«*

Dr. Thomas Müller, Kriminalpsychologe

Die Windsors – eine Familie wie keine andere auf der Welt. Royal sind sie: Über zwei Jahrhunderte hinweg herrscht die Dynastie bereits auf dem Thron Englands. Während Revolutionen und Weltkriege andere Monarchien stürzten oder nahezu bedeutungslos machten, retteten die Windsors Prunk und Pomp in die Moderne. Auch als das britische Empire zerfällt und die Hoheitsrechte der britischen Krone mehr und mehr eingeschränkt werden, behält die Queen ihre Bedeutung als wichtigstes Symbol des britischen Patriotismus. Sie regiert nicht, aber sie herrscht. Sie hält ein Reich zusammen, das keine geschriebene Verfassung besitzt, sondern sich auf Traditionen und Konventionen beruft. Die Königin ist Oberhaupt des Commonwealth of Nations, 53 Staaten über die ganze Welt verstreut, die den zivilisierten und friedlichen Wandel vom Empire zu einem Bund aus souveränen Staaten vollziehen. Auch wenn die Tagespolitik nicht ihr Geschäft ist, so hat die Queen doch Einfluss auf ihre Premierminister in beratender Funktion. Außerdem ist sie Oberbefehlshaber der Streitkräfte. Des Weiteren Oberhaupt der anglikanischen Kirche von England. Und sie zählt zu den reichsten Frauen der Welt, auch wenn sie den Kronschatz lediglich im Namen des britischen Volkes verwahrt. Die Herrschaft der Windsors kann also durchaus als Erfolgsgeschichte betrachtet werden.

Aber die Windsors sind auch menschliche Wesen, die persönliche Krisen durchleben und dabei im Blickpunkt der Öffentlichkeit stehen. Märchenhafte Hochzeiten wechseln ab mit tragischen Todesfällen, Abdankung, Familienfehden und Scheidungen. Verschwörungstheorien ranken sich um die Geschichte der königlichen Familie, was ihre Attraktivität für Normalsterbliche nur gesteigert hat. Manchmal scheint es, als liege ein Fluch auf dem Haus Windsor, der immer neue Katastrophen heraufbeschwört. An den dramatischen Wendepunkten droht die Monarchie immer wieder zu scheitern, doch bis heute zieht sie ihre Lehren aus dem Geschehen: Als »Wandel durch Desaster« hat das einmal ein Vertrauter des Hofes beschrieben. Was aber ist der Fluch, der die Mitglieder des Königshauses verfolgt und nicht selten große persönliche Opfer fordert?

Dieses Buch geht den Spuren in der Geschichte der berühmtesten Familie der Welt nach, die zu den Wurzeln des Übels führen. Überraschende Entdeckungen werfen ein neues Licht auf die Tragödien einer Dynastie, die für den Machterhalt einen hohen Preis zahlt. Scheinbar bekannte Geschichten aus dem Familienalbum der Windsors werden durch bislang wenig beachtete Quellen in einen neuen Zusammenhang gestellt. Wie in jedem Clan gibt es Familiengeheimnisse, die zum Tabu erklärt werden, aber damit nicht aus der Welt geschafft sind. Im Gegenteil: Bis heute bestimmen sie das Leben der Adelssprösslinge, die Mitglieder einer Familie sind, die es streng genommen dem Namen nach gar nicht gibt. Die »Windsors« sind eine geniale Erfindung, geboren in historischer Not zum Zwecke des Überlebens auf dem Thron. Der Fluch der Windsors – er verbirgt sich tief im Innern des Königshauses.

1

Ein Konzert für Diana

Es ist der 1. Juli 2007. Hinter der Bühne des neuen Wembley Stadions in London warten zwei junge Prinzen nervös auf ihren Auftritt. Für William und Harry ist es ein aufregender, besonderer Tag, der vielleicht irgendwann in ferner Zukunft als historisches Ereignis in die Geschichte des Hauses Windsor eingehen wird. Es könnte der Beginn eines langwierigen Prozesses sein, der hilft, tiefe Wunden im Innern des Königshauses zu heilen.

Der unerbittliche Ehekrieg der Prinzessin von Wales mit dem künftigen König von England, Prinz Charles, erschütterte die Monarchie, ließ den Thron wanken, spaltete eine ganze Nation und brachte Unglück über Familie und Freunde. Und zuallererst tiefes Leid über zwei Menschen, die Charles und Diana am nächsten standen: ihre Kinder, Prinz William und Prinz Harry, die Nummer zwei und drei der britischen Thronfolge.

Sie sind an diesem Sommertag in Wembley die Gastgeber, haben eingeladen zum Konzert für ihre so tragisch verstorbene Mutter Diana. Sie wäre an diesem Tag 46 Jahre alt geworden. Ihr zehnter Todestag jährt sich im August 2007, und noch immer ist sie nicht vergessen. Die Söhne wollen das Gedenken an diese außergewöhnliche Frau nicht allein den Biografen und Boulevardblättern überlassen. Sie wollen den Ton bestimmen, der die Musik macht, und so haben sie Künstler eingeladen, die ihre Mutter liebte und die sie liebten.

60.000 Zuschauer sind trotz des verschärften Terroralarms ins Stadion gekommen. Kurz zuvor waren in Londons geschäftiger Innenstadt zwei mit Sprengstoff beladene Limousinen entdeckt worden. Ein Anschlag, der glücklicherweise verhindert werden konnte. Als Erster tritt Prinz Harry ans Mikrofon. »Hallo, Wembley!«, begrüßt er die begeisterten Fans im ausverkauften Stadion, die diesmal nicht Spitzen-Fußball zu sehen bekommen, sondern internationale Popstars wie Duran Duran, Nelly Furtado, Rod Stewart, P. Diddy und Take That, aber auch klassisches Ballett steht auf dem Programm. »Dieser Abend ist unserer Mutter gewidmet«, erklärt ein sichtlich bewegter Prinz William, »... ihrer Musik, ihrem Tanz und ihren Hilfsorganisationen. Aber auch ihrer Familie und ihren Freunden.«

Monatelang haben die beiden Brüder auf dieses Ereignis hingearbeitet. In einem Interview mit dem britischen Fernsehsender BBC erzählen sie zum ersten Mal, wie sie ihre Mutter erlebt haben und warum sie ein Konzert für die angemessene Form des Gedenkens halten. »Zehn Jahre nach ihrem Tod gibt es Leute, die ständig das Schlechte herausgraben«, erklärt William. »Über die Zeit hinweg scheinen die Menschen zu vergessen, welche erstaunlichen Dinge sie getan hat und was für eine besondere Persönlichkeit sie war. Wir glauben, das Konzert ist der richtige Weg, an das Gute zu erinnern, das sie ausmachte. Sie ist nicht mehr da, um sich zu verteidigen, wenn sie kritisiert wird. Deshalb wollen wir das übernehmen, und das ist der beste Weg, den Menschen dies klarzumachen.« Und Prinz Harry beschreibt, wie die Brüder die Mutter in Erinnerung haben: »Sie war eine fröhliche, lebhafte Person, die sich um so viele kümmerte. Alle anderen kamen zuerst, sich selbst stellte sie hintenan. Sie war so fürsorglich. Natürlich sehen wir das so, weil sie unsere Mutter war. Ein sehr freundlicher Mensch, der nicht nur von uns, sondern von vielen sehr vermisst wird.«

Kaum hatten die Prinzen ihre Pläne für das Diana-Gedenkkonzert öffentlich gemacht, waren die Karten vergriffen. Die Popularität der »Prinzessin der Herzen« ist ungebrochen, trotz aller Enthüllungen über ihren labilen Seelenzustand und ihrer Attacken auf das britische Establishment. Vielleicht ist gerade das Teil ihres Mythos, der sie den einfachen Leuten so nahegebracht hat.

Auf der Ehrentribüne im Wembley Stadion lauschen an diesem ersten Juli-Abend 2007 Freunde und Familienmitglieder der Prinzen der Lieblingsmusik ihrer Mutter. Unter ihnen befindet sich auch der Bruder Dianas, der neunte Earl Spencer, obwohl er zehn Jahre zuvor für einen Skandal gesorgt hatte. Er hatte der königlichen Familie den Fehdehandschuh ins Gesicht geschleudert, als er während der Trauerfeier in der Westminster Abbey seine verstorbene Schwester als unverstandenes, hilfloses Opfer einer herzlosen und kalten Monarchie bezeichnete. »Sie hat bewiesen, dass sie keinen königlichen Titel brauchte, um auch weiter ihre besondere Magie zu entfalten … Ich verspreche dir [Diana], dass deine Blutsfamilie alles tun wird, dass deine fantasievolle und liebende Art, diese beiden außergewöhnlichen jungen Männer zu erziehen, fortgesetzt wird, damit ihre Seelen nicht nur von Pflicht und Tradition durchsetzt sind, sondern auch frei singen können, wie du es geplant hast.«

Erstaunliche Worte, hatte Earl Spencer doch selbst keineswegs den besten Kontakt zu Diana gehabt. Als diese nach der Scheidung von Prinz Charles auf dem Familienanwesen Althorp ein Gartenhaus für sich und ihre Kinder herrichten wollte, lehnte der Bruder brüsk ab. Angeblich war er besorgt um die Sicherheit der Schwester, die inzwischen ein internationaler Medienstar war und von Paparazzi unerbittlich verfolgt wurde. Althorp sei nicht zu schützen, gab er vor. Diana könne sich außerhalb des Anwesens etwas suchen, ließ er sie schriftlich wissen. Und nun diese Trauerrede, die die Queen als persönliche Attacke gegen ihre Person empfinden musste, denn sie hatte dafür gesorgt, dass sich Diana nach der Scheidung nicht mehr »Königliche Hoheit« nennen durfte. Äußerlich blieb Elizabeth II. unbewegt – kaum eine öffentliche Person hat ihre Mimik so im Griff wie Ihre Majestät, die Königin von England.

Doch was mochten William und Harry empfunden haben, die sich von Schmerz überwältigt plötzlich inmitten eines Familienzwistes wiederfanden? Die Gesellschaftsreporterin Judy Wade hatte die Trauerfeier verfolgt und glaubt, dass auch »die beiden äußerlich sehr gefasst waren, aber es muss sie aufgewühlt haben, dass ausgerechnet ihr Onkel ihre Mutter verteidigte. Gleichzeitig war es doch auch ein Angriff auf ihre Großmutter und ihren Vater, das war nicht leicht für sie. Sie waren zwei Jungen inmitten einer Familienfehde – Dianas Familie auf der einen Seite und die Windsors auf der anderen. Sie müssen sich gefühlt haben, als hätte man sie in Stücke gerissen.«

Waren die Angriffe Earl Spencers auch noch so erstaunlich, so waren sie doch auch verständlich, betrachtet man sie aus der Sicht einer Familie, deren Stammbaum weiter zurückreicht als jener der Windsors. Ein gewisses Selbstbewusstsein können die Spencers deshalb durchaus an den

Tag legen. Als Prinz Philip Diana während der erbitterten Scheidungsverhandlungen drohte, ihr werde der Titel der Königlichen Hoheit entzogen, antwortete sie kalt: »Darauf lege ich keinen Wert. Ich habe bereits einen Titel.« Lady Diana Spencer war keineswegs nur die bulimiekranke Querulantin, als die der Palast sie sehen musste, sie war auch eine eigensinnige, stolze und mutige Frau. Eigenschaften, die sie an ihren erstgeborenen Sohn, Prinz William, weitergereicht hat. Sein sturer Charakter hat der Queen und Prinz Charles schon so manches Kopfzerbrechen bereitet. Es gab Zeiten, in denen William seine Rolle als Thronerbe infrage stellte. Auch er machte den Windsors klar, dass er keinen Wert auf Titel legte. Kurz vor dem goldenen Thronjubiläum der Queen im Jahr 2000 eröffnete er seinem Vater, er wolle kein Prinz mehr sein und künftig nur noch William Wales genannt werden. Auf den Job als König habe er keine Lust. Man stelle sich die Reaktion der pflichtbewussten Queen vor und die Angst von Prinz Charles, auch sein Sohn könnte die Monarchie untergraben, wie es einst dessen Mutter rücksichtslos getan hatte.

William betont gerne, dass er sein Leben selbst unter Kontrolle haben möchte, und lässt sich nicht beirren, hat er sich etwas in den Kopf gesetzt. Ob sich dies zum Wohle der Monarchie auszahlt, muss die Zukunft zeigen. Der Prinz scheint entschlossen, mit alten Mustern aufzuräumen, und dazu gehört auch die fatale Praxis der Windsors, Menschen aus ihrem Kreis zu entfernen, die in Ungnade gefallen sind. Diana war in dieser Hinsicht nicht das einzige »Opfer«, wenn auch das spektakulärste, da ihr Aufbegehren gegen die Windsors in ihrem tragischen und sinnlosen Tod sein Ende fand. Ihre Schwägerin Fergie, die nach der Scheidung von Prinz Andrew flugs von den Einladungslisten zu Familienfeiern verschwand, prägte folgendes Bonmot: »Keine Frau verlässt das Haus Windsor mit dem Kopf auf den Schultern.« Es war auch eine Anspielung auf die unglückliche Wallis Simpson, Herzogin von Windsor, von der später noch die Rede sein wird.

Die Gewohnheit, unbequeme Personen aus dem Stammbuch der Windsors einfach auszustreichen, hat der königlichen Familie eine Menge unliebsamer Gespenster beschert. Ob bewusst oder unbewusst, zum ersten Mal hat mit William ein Windsor einen anderen Weg eingeschlagen als seine Vorfahren. Er will zusammenführen, was entzweit ist. Das Konzert für Diana war nicht nur ein emotionales Aufbäumen gegen den Verlust der Mutter, sondern auch eine Abmahnung an die ältere Generation, die die umstrittene Prinzessin gerne dem Vergessen anheimgegeben hätte. Ganz bewusst hatten die Prinzen nur die jungen Royals ins Stadion geladen, und Dianas Bruder, Earl Spencer, saß in diesem Sinne ganz selbstverständlich mit in der königlichen Loge. Ein Freund Williams, Tom Bradby, sieht das als Beginn eines Prozesses, der auf Williams Weg zum verantwortungsbewussten König liegt: »Das ist sehr wichtig gewesen in einem symbolischen Sinn. Ich glaube nicht, dass William den Spencers besonders nahesteht. Er hat sich sicher nicht danach verzehrt, Earl Spencer dabeizuhaben. Aber es war eine Art Heilung, dass sie zusammen waren. Das bedeutet ihm viel. Er wird zwar noch lange nicht König sein, denke ich. Aber das Interessante ist doch: Welchen Beitrag kann er in der Zwischenzeit leisten? Man wird sehen, wie er seine immense Berühmtheit nützt und managt. Er war ja eine Zeit lang aus dem Rampenlicht verschwunden, aber jetzt haben wir diesen enormen Höhenflug des Interesses an ihm. Ganz sicher will er das ›Märchen‹ von Diana und Charles nicht fortsetzen, denn das ist ja in sich zusammengefallen. Vielleicht wird er sich auf eine frühere Ära der Monarchie zurückbesinnen, in der man nicht hörte und nicht sah, was sich im Innern abspielte.«

Diana soll also einen würdigen Platz in der Geschichte der Familie Windsor einnehmen, dafür wollen die Söhne sorgen. Zwar hat sie den Schleier des Magischen vor der Kulisse der Monarchie zerrissen, aber was dahinter zum Vorschein kam, war eben auch keine heile Welt. Das Fatale für Diana bestand darin, dass sie selbst an das Märchen geglaubt hatte. Wie bitter die Enttäuschung, dass hinter den Mauern des Palastes doch nur normal sterbliche Menschen lebten. Eine Tatsache, von der die Royals gerne mit Pomp und Prunk ablenken. Wie Diana sind auch Prinz William die königlichen Paraden von klein auf verhasst gewesen. Unvergessen sein Auftritt als Kleinkind beim jährlichen »Trooping the Colour« zu Ehren des Geburtstags der Queen. Inmitten der steif aufgereihten Königsfamilie ein quirliger William, der imaginäre Pfeile auf die Soldaten ihrer Majestät abfeuert. So schien es ihm und seinem Bruder Harry angemessener, der Mutter nicht mit den üblichen royalen Zeremonien zu gedenken, sondern mit der modernen Form des Popkonzerts. Passend zu einer lebenslustigen Frau, die die britische Monarchie verändert hat.

»Das Großartige, das Diana erreicht hat, war doch, dass sie das Königshaus näher zum Volk gebracht hat«, erzählt Judy Wade, die die Prinzessin persönlich kannte. »Sie tat es von dem Tag an, da sie mit Prinz Charles verlobt war. Sie setzte sich auf den Boden nieder, um mit Kindern zu spielen.

Sie krabbelte mit ihnen herum. Sie kniete neben Rollstühlen, um mit den Kranken auf derselben Augenhöhe zu sprechen. Sie hatte dauernd irgendwelche Babys auf dem Arm. In den nun fünfzig Jahren auf dem Thron hat die Queen niemals ein Baby hochgenommen. Sie hat nicht mal eines berührt. Sie macht so was einfach nicht. Die Queen schwebt über allem, und so benimmt sich die ganze königliche Familie. Ihre Tochter, Prinzessin Anne, berührt auch keine Babys, weil sie sagt: ›Ich bin sicher, ein Baby will nicht von einer fremden Person angefasst werden.‹ Aber Diana hat es doch gekonnt, und die Babys haben so ausgesehen, als mochten sie es. Vor allem mochte das die Öffentlichkeit. Diana hat William und Harry beigebracht, volksnäher zu sein, und das ist heutzutage nötig. Sie können nicht mehr erhaben umherstolzieren und das Publikum missachten. Sie müssen zeigen, dass sie die Sorgen und Ängste der Leute teilen, und das ist es, was Diana so gut gelang. Sie war eine Stimme für die, die nirgends gehört wurden. Für die Aidskranken und die Obdachlosen in London. Diese Welt hat sie auch William und Harry gezeigt, und das hat ihnen gutgetan.«

So sehr die Söhne die positiven Seiten ihrer Mutter bewundern, so viel haben sie vielleicht auch aus ihren Fehlern gelernt. Sie haben erfahren, wie gefährlich die Nähe zur Presse werden kann. Diana liebte es, ihr öffentliches Bild zu manipulieren, indem sie Journalisten für sich einnahm und für ihre Zwecke einspannte. Ihr bekanntestes Opfer war Andrew Morton, der mit seinem Buch *Diana: Die wahre Geschichte* Furore machte. Erst nach ihrem Tod gab er zu, dass die Prinzessin selbst an der Enthüllungsstory mitgewirkt hatte und die Geschichte ihrer Ehe so darstellen konnte, wie sie sie empfand – oder wie sie die Öffentlichkeit sehen sollte: Diana als das Lamm, das von der kaltherzigen Königsfamilie zur Schlachtbank geführt wurde. Dass sie selbst mit Freuden und entgegen aller Warnungen am Tag der Hochzeit die Stufen zur St. Paul's Kathedrale hinaufgestiegen war, wollte sie im Tumult des späteren Ehekrieges nicht mehr wahrhaben. Andrew Morton hatte ihre Sicht der Dinge übernommen und in seinem Buch publiziert, für einen Journalisten das berufliche Todesurteil. Für die tief verletzte Prinzessin war er nur Mittel zum Zweck. Dianas Zorn, ihre Ängste und ihre Rachegefühle waren stärker als ihre Vernunft, die nach ihrem eigenen Bekunden ohnehin nicht sehr stark ausgeprägt war. »Ich habe ein dickes Brett vor dem Kopf«, war eine ihrer Lieblingsfloskeln, mit denen sie ihre intellektuellen Fähigkeiten beschrieb.

Allerdings spielte sie mächtig clever auf der Klaviatur der von Stars und Sternchen besessenen Mediengesellschaft. Wenn es ihr passte, gab sie den Fotografen selbst einen Tipp, wo sie wann am besten »abzuschießen« sei. Legendär das Foto im kurzen schwarzen Kleid bei der *Vanity-Fair*-Party in der Serpentine Galerie. Sie verdrängte Charles damit von den Titelseiten, der zur selben Zeit etwas ganz Ungewöhnliches für einen Prinzen von Wales im Fernsehen zum Besten gab: Er gestand seinen Ehebruch mit Camilla Parker Bowles. Diana wusste gegen ihren Mann zu punkten und nutzte ihre vielfältigen Kontakte in der Medienbranche. Sie benahm sich dabei wie der Zauberlehrling, der die Geister, die er ruft, irgendwann nicht mehr beherrscht. Wurde ihr der Rummel lästig, beklagte sie sich beim Presserat. Schließlich verpasste sie ihrer ohnehin taumelnden Ehe den medialen Todesstoß, als sie Charles in einem BBC-Interview für unfähig befand, den »Top-Job« des Königs von England angemessen auszufüllen. Viel lieber hätte sie ihren Sohn William schon bald auf dem Thron gesehen. Doch der sollte sich nach dem Tod der Mutter erst einmal aus der Öffentlichkeit zurückziehen. Bis heute sind seine Auftritte rar, und die kurze Rede zur Eröffnung des Diana-Konzerts muss ihn einige Überwindung gekostet haben. Sein Misstrauen der Presse gegenüber ist nach wie vor groß, was vielleicht auch das Versteckspiel erklärt, das er mit seiner Exfreundin oder nun doch wieder geliebten Kate Middleton zelebriert.

Als der Abend über dem Wembley Stadion hereingebrochen ist, fangen die Fernsehkameras beim Auftritt der Popgruppe Take That rührende Bilder ein. In der königlichen Loge haben sich die jungen Leute an den Schultern gefasst und zu schunkeln begonnen. Prinz Harry wehrt sich erst verschämt mitzumachen, doch bald ist auch er Teil der swingenden Reihen. Zum Refrain des Songs »Back for Good« singen William und Harry ausgelassen mit. Da blendet die Kamera ein Mädchen in weißem Kleid ein, das zwei Reihen hinter den Prinzen mit ihren Freundinnen das Konzert genießt. Auch sie bewegt die Lippen zu der beziehungsreichen Textzeile: »Ich will dich zurückhaben, für immer!« Ihre langen braunen Haare schwingen mit jeder Bewegung ihres Körpers, und es ist dieser kurze Moment vor den Augen der Welt, der ein Märchen wiederbelebt, das schon längst zu Ende schien.

Die junge Frau, die sich so von ihren Gefühlen überwältigen lässt, ist Catherine »Kate« Middleton. Vier Jahre lang war sie die Freundin an der Seite Prinz Williams gewesen. Während der gemeinsamen Studienjahre im schottischen

St. Andrews war es eine heimliche Romanze, das junge Paar lebte zurückgezogen in einem kleinen Cottage. Doch schließlich erschienen die ersten Fotos, die die Verliebten im Londoner Nachtleben zeigten. Die Presse wurde unruhig. Da war etwas an der jungen Frau, das einem Diana-Appeal gleichkam. Vor den Clubs *Mahiki, Pangea* oder *boujis* warteten jetzt immer mehr Fotografen auf ihre Chance: ein Schnappschuss, der sich als Beweis wilder Liebesnächte verkaufen ließ.

Doch auch wenn die Partys bis drei Uhr in der Nacht andauerten, Kate Middleton präsentierte sich immer perfekt. Robert Jobson, Buchautor und Journalist, hörte dazu Geschichten wie diese: »In Williams Kreisen machten Witze die Runde. Immer wenn sie kurz davor waren, einen Club zu verlassen, verschwand Kate für zehn Minuten auf der Toilette. Wenn sie wieder herauskam, war sie wunderschön geschminkt und sah überwältigend aus. Vielleicht hat ihre Mutter ihr das beigebracht, die war ja Stewardess. Lass dich niemals gehen! Und so sah sie immer toll aus, wenn sie die Clubs verließ.«

Bei aller Bewunderung, die solche Erzählungen zum Ausdruck bringen, darin verborgen ist der Stachel des Dünkels einer unbarmherzigen Klassengesellschaft. Der beiläufige Hinweis auf Kates Mutter, ihre bürgerliche Herkunft, offenbart das Dilemma. Zwar würde William nicht mehr wie sein Vater gezwungen sein, nach einer adeligen und jungfräulichen Braut Ausschau zu halten. Dafür immerhin hat das Diana-Drama gesorgt. Aber würde eine Frau aus dem Volk es schaffen, sich in die steife Palast-Etikette einzufügen, wenn das schon einer im Hochadel aufgewachsenen Lady wie Diana Spencer nicht gelungen war?

Die Schriftstellerin Penny Junor hat in ihrem Buch *Die Firma* untersucht, wie das Haus Windsor funktioniert. Wie eine Company eben, so sieht es die Queen selbst. Jedes Familienmitglied spielt seine Rolle nach ihren Regeln, und sie ist der Boss. Williams zukünftige Frau müsste alsbald lernen, wo in dieser königlichen Vorstandsetage ihr Schreibtisch steht.

Welche Eigenschaften braucht eine zukünftige Prinzessin von Wales? »Das Mädchen muss einen sehr starken Charakter haben. Auch Sinn für Humor, denn es ist ein sehr schwieriges Leben, in das sie sich hineinbegibt. Sie muss sich mit dem Prinzen sehr gut verstehen, denn sie werden ein besonderes Paar sein, das sehr gut aufpassen muss, mit wem es befreundet ist. Sie muss stark genug sein, es mit dem ganzen System aufzunehmen. Es braucht sehr viel Disziplin, denn im Leben der königlichen Familie gibt es überhaupt keine Spontaneität. All die festgelegten Termine im Jahr, und sie muss immer dabei sein. Das Wichtigste aber ist: Sie muss absolut diskret sein, verschwiegen. Und noch etwas: Sie muss modebewusst sein. Einen ›bad hair day‹ kann sie sich einfach nicht erlauben.« So weit Penny Junors Jobbeschreibung für den noch vakanten Posten der künftigen Prinzessin von Wales, die, sollte sie lange genug durchhalten, schließlich einmal Königin von England sein wird.

Wo bloß soll William diese »Superwoman« finden? Oder hatte er sie vielleicht sogar schon getroffen? Anfang 2007 verdichteten sich Gerüchte, wonach Kate Middleton und Prinz William an ihren Hochzeitsplänen feilten.

Robert Jobson beobachtet die Royals seit 16 Jahren und war der erste Journalist, der das Hochzeitsdatum von Charles und Camilla öffentlich verkündete. Er recherchierte, besuchte Kates Eltern und schrieb schließlich das Buch *William's Princess*. Kate schien bis aufs i-Tüpfelchen zu erfüllen, was von einer zukünftigen Prinzessin von Wales erwartet wird.

»Ich schaue immer in die Augen der Menschen, wenn ich wissen will, ob sie Starqualität haben«, erzählt Robert Jobson. »Kate hat etwas Vibrierendes, sie ist lebhaft und frisch. Sie hat einen Appeal, der an die Magie der jungen Diana erinnert. Sie ist eine Frau in der Blüte ihres Lebens, sehr attraktiv, und sie hat das Herz ihres Prinzen erobert. Ich glaube, sie wäre eine gute Ergänzung für die königliche Familie, einfach weil sie gescheit ist, gut aussieht und sich gut einfügen würde. William vertraut ihr vollkommen, für ihn, der sich so viele Sorgen um seine Privatsphäre macht, ist dies das Wichtigste.«

Aber das Tüpfelchen auf dem i fehlt eben doch: Sie ist keine Adelige. Allerdings hatte sie durch ihr charmantes Auftreten die Presse schon derart in ihren Bann geschlagen, dass ihr das vorläufig sogar als Stärke ausgelegt wurde. Sie könnte doch den künftigen König näher zum Volk bringen, so wie ja andere europäische Königshäuser gute Erfahrungen mit frischem Blut aus bürgerlichen Häusern gemacht haben. Warum sollte das keine gute Lösung für die englische Monarchie sein? Sogar die Queen habe Kate in ihr Herz geschlossen, war aus Palastkreisen zu hören.

Gespannt wartete die Nation auf den 15. Dezember 2006, den Tag der Parade in der Militärakademie Sandhurst, mit der Williams Ausbildung zum Offizier beendet werden sollte. Die Queen war selbstverständlich da, mit Prinz Philip, Charles mit Camilla und … Kate Middleton mit ihren Eltern! Robert Jobson beobachtete die Ankunft der jungen

Frau: »Es war offensichtlich, dass die Presseleute des Palastes den Fokus auf der Queen und Prinz William haben wollten. Aber dann kam Kate mit ihrer Mutter und ihrem Vater, das hatte doch etwas zu bedeuten! Und als sie von Williams Privatsekretär, Major Jamie Lowther-Pinkerton, zu ihrem Platz geführt wurde, hatte das etwas von der Ankunft einer Prinzessin. Am nächsten Tag war ihr Foto in allen Zeitungen. Es war, als hätte sie die Reifeprüfung zur nächsten Prinzessin von Wales bestanden.« Dieser erste offizielle Auftritt Kate Middletons änderte alles.

Anfang des Jahres 2007 war ich in London unterwegs, um für eine große ZDF-Dokumentation über das Leben Prinz Williams zu recherchieren. Er war für uns deutsche Journalisten ja ein ziemlich unbeschriebenes Blatt, da er nach dem Tod seiner Mutter ebenso wie sein Bruder Harry weitestgehend aus der Öffentlichkeit ferngehalten wurde. Und noch immer zog eher das Schicksal seiner verstorbenen Mutter alle in ihren Bann, noch dazu war es das Jahr ihres zehnten Todestages. Unvermeidlich wurden wieder all die Verschwörungstheorien diskutiert, die aus einem unglücklichen Unfall einen mysteriösen Plot dunkler Mächte machen wollen. Der Geist der toten Prinzessin schwebte nach wie vor über dem britischen Königshaus. Wie kann ein junger Mensch wie William mit diesem besonderen Schicksal nur fertig werden? Wie wächst man auf mit all diesen Geschichten von Liebe, Ehebruch und Tod? Und wie schultert man mit alldem die Last, der künftige König von England zu sein? Fragen, die ich Wegbegleitern Williams stellen wollte, den Biografen des Hauses Windsor und den kenntnisreichen Berichterstattern seriöser Zeitungen und Zeitschriften, die jede Regung in der königlichen Familie wie Seismografen beobachten.

Ich wurde Zeuge eines Erdbebens! Alle, alle schwärmten sie von Kate Middleton. Kaum kam ich dazu, meine anderen Fragen zu stellen – sobald das Gespräch auf die gut aussehende brünette Einkäuferin von Modeaccessoires kam, brach sich Begeisterung Bahn, unaufhaltsam wie ein Erdrutsch. Kate hatte sie alle mit ihrer souveränen Erscheinung auf der Militärparade im Sturm erobert – nun schien es nur noch eine Frage der Zeit, wann endlich die Hochzeitsglocken von St. Paul's wieder läuten würden.

»Kate ist eine sehr selbstsichere und kluge junge Frau«, sagte Judy Wade Anfang des Jahres 2007 in unserem Interview. »Sie kommt so wunderbar mit den Paparazzi klar, sie lächelt, die Fotografen kriegen ihr Bild, und dann geht jeder seines Weges. Oft lacht sie, und es hat den Anschein, als habe sie Spaß daran. Das ist es, was eine zukünftige Prinzessin von Wales braucht: Sie muss damit klarkommen, dass sie fotografiert wird.« Noch war es ein harmloser Flirt zwischen Kate und der Presse, zum beiderseitigen Vorteil. Die Medien bekamen nette Bilder, die sich gut vermarkten ließen, und Williams Freundin konnte unter Beweis stellen, dass sie zwar nicht adelig, aber würdevoll war. »Für die britischen Medien ist es an der Zeit, wieder eine Prinzessin zu haben, die einer Ikone gleichkommt«, kommentierte Robert Jobson.

Auch Tom Bradby, einer der wenigen Journalisten, der sich ein Freund Williams nennen darf, war begeistert von dem Gedanken an eine königliche Hochzeit. »Schon der Moment, wenn sich die beiden verloben, wird ein enormes Ereignis sein. Ein weltweites Medienereignis, das für eine neue Liebesgeschichte zwischen der Öffentlichkeit und der Monarchie sorgen wird.«

Das Märchen von Charles und Diana, es könnte endlich seine Fortsetzung finden. Vergessen all die Skandale und Peinlichkeiten, die schließlich zu einem erbitterten Ehekrieg mit den bekannten Folgen geführt hatten. Glanz und Glamour könnten ins Königshaus einziehen mit einem jungen Prinzenpaar, das sich offensichtlich wirklich liebt. Der öffentliche Druck auf William und Kate wuchs Anfang des Jahres 2007 spürbar und gipfelte schließlich in einer unschönen Paparazzi-Hatz am 25. Geburtstag der potenziellen Heiratskandidatin. Szenen, die an die Jagd der Fotografen auf Diana erinnerten und in William schreckliche Bilder wachriefen.

»Tief im Innern ist William noch heute überzeugt, dass die Fotografen, die seine Mutter bis zu ihrem Tod in Paris verfolgt haben, Schuld an dem Unglück tragen«, erklärt Tom Bradby. »Wenn er nun sieht, wie die Fotografen rücksichtslos seine Freundin bedrängen, muss er doch Angst um ihre Sicherheit haben und wird sie beschützen wollen. Bis zu diesem Zeitpunkt war Kate Middleton wunderbar mit dem Medieninteresse klargekommen, besonders auch mit den Paparazzi. Sie müssen nur die Qualität der Fotos betrachten, auf denen sie so entspannt wirkte und vollkommen einverstanden schien mit der Anwesenheit der Fotografen – bis zu ihrem 25. Geburtstag. Da wurde sie bedrängt, nicht nur von den Paparazzi, sondern auch von Fernsehteams und Reportern aus aller Welt. Da wirkte sie wirklich verschreckt.«

Es war eine Vorahnung dessen, was auf die zukünftige Braut Prinz Williams wartet. Die Kaufhauskette Woolworth hatte in der allgemeinen Aufregung schon Geschirr mit dem Konterfei des künftigen Hochzeitspaares anfertigen lassen. Kurz darauf allerdings war das Porzellan zerschlagen. »William und Kate haben sich getrennt«, plärrten die Schlagzeilen im April 2007. Noch bevor er richtig begonnen hatte, war der große Traum vom neuen Windsor-Märchen geplatzt. Besonders laut muss der Knall in den Ohren der Journalisten geklungen haben, die sich vor ihrem geistigen Auge mit dem jungen Brautpaar schon auf Weltreise begeben hatten, um über einen Triumphzug der britischen Monarchie zu berichten.

Flugs begannen die Spekulationen um den Grund für die Trennung. Kate habe William unter Druck gesetzt. Er solle sich endlich zu einer Verlobung entschließen, habe sie gefordert. Die Queen habe ein Machtwort gesprochen und den Prinzen aufgefordert, sein Verhältnis endlich in vernünftige Bahnen zu lenken. Und so stur, wie der Windsor-Spross beschrieben wird, habe er sich nicht zwingen lassen wollen und seine Kate einfach fallen lassen. Der Adelsexperte Christopher Wilson kommentierte in der April-Ausgabe des Magazins *Vanity Fair:* »Kate Middleton hat denselben Fehler wie Prinzessin Diana gemacht: Sie hat zu viel von ihrem Prinzen erwartet. Und wie Diana musste Kate feststellen, dass ein Prinz – auch wenn er wie ein normaler Mensch wirkt – eben doch ein echter Prinz bleibt: eigennützig und selbstsüchtig (...) Kate Middleton hat ihrer Liebe für Prinz William alles geopfert. Werden die Windsors das auch so sehen? So selbstsüchtig und egozentrisch, wie man sie kennt, wohl kaum.«

Starker Tobak – und wie soll man nach dem Konzert im Wembley Stadion die Gerüchte kommentieren, das Paar sei nun doch wieder zusammen? William sei schon vier Tage nach der Trennung wieder weich geworden, weil er Kate vermisst habe, war zu lesen. Eine rasante Wendung vom kaltherzigen Snob zum inkonsequenten Pantoffelhelden – da sind Zweifel angebracht. Vielleicht werden da auch nur gerade ganz geschickt Nebelkerzen geworfen, um die allgegenwärtigen royalen Berichterstatter zu verwirren und von der rechten Fährte abzubringen. Auf eine baldige Hochzeit wollen sie jedenfalls nicht mehr wetten.

Für William gleicht die Suche nach einer zukünftigen Partnerin einem Spießrutenlauf. Seine Pflicht ist es, den Fortbestand des Hauses Windsor zu sichern, und dazu muss er eine funktionierende Ehe führen. In diese Angelegenheit werden ihm viele hineinreden wollen: seine Familie, der Palast, die Politik und nicht zuletzt die Medien. William Wales, der sich nach nichts so sehr sehnt wie nach einem normalen Leben und der schon einmal seinen Titel aufgeben wollte, spürt die Last, die ihm seine besondere Stellung im Leben auferlegt hat.

»Das Wesentliche ist doch, dass die königliche Familie und speziell Prinz William nur diesen einen Job hat: die Erbfolge sicherzustellen. Je älter er wird, desto größer wird der Druck auf ihn, einen Erben zu zeugen«, erklärt Robert Jobson und zieht Parallelen zu einer historischen Persönlichkeit, die noch heute wie ein verfluchter Geist durch die Annalen des Hauses Windsor spukt. »Falls es William nicht gelingt, die richtige Partnerin und die richtige Rolle im Leben zu finden, könnten wir eines Tages wieder eine Situation haben wie mit dem Herzog von Windsor, die durch dessen Sturheit und Launenhaftigkeit hervorgerufen wurde.«

Der Herzog und die Herzogin von Windsor, besser bekannt unter den Namen Edward und Wallis, hatten Anfang des 20. Jahrhunderts eine Verfassungskrise heraufbeschworen, die in der Abdankung des jungen Königs gipfelte. Noch heute ist »the Abdication« in Großbritannien ein Synonym für die größtmögliche Katastrophe der Monarchie.

2

Das Familiengespenst

Das schottische Hochland mit seinem magischen Flair, den spiegelglatten Seen, den gemütlichen Cottages und den stolzen Herrenhäusern ist für die königliche Familie ein Ort der Geborgenheit. Hier, in der mit Erika bewachsenen, sanft geschwungenen Hügellandschaft verbringen die Royals traditionell ihren Sommerurlaub. Das ist so seit Queen Victorias Zeiten, als die Urmutter des Hauses Windsor hier im 19. Jahrhundert ihr Schloss Balmoral errichten ließ. Auch Queen Elizabeth und ihre inzwischen verstorbene Schwester Margaret Rose liebten Schottland schon in ihren Kindertagen.

Ihre Mutter, Elizabeth Bowes Lyon, später von allen nur noch liebevoll »Queen Mum« genannt, stammt aus einer Adelsfamilie, die auf 600 Jahre schottische Geschichte zurückblicken kann. Das Schloss der Bowes Lyons, Glamis Castle, liegt inmitten eines atemberaubend schönen Parks in der Region Angus. Schon die Anfahrt zum Schloss ist beeindruckend: Kilometerlang erstreckt sich eine Allee vom Eingangstor schnurgerade auf Glamis Castle zu, das reichlich mit Zinnen und Türmchen geschmückt ist. Ihre Spitzen wirken aus der Ferne wie die Hauben mittelalterlicher Burgfräulein, und vor dem geistigen Auge des Betrachters erwachen Ritter und Knappen zu neuem Leben. Auch William Shakespeare wusste die Kulisse zu schätzen und ließ auf Schloss Glamis den machthungrigen Macbeth wüten. »Dichtung, Romantik und Religion haben ihren festen

Platz im schottischen Leben«, schrieb einst ein Vertrauter der Bowes Lyons. »Solange das so ist, wird dieses Schloss mit seinen düsteren Geheimnissen und gespenstischen Schatten, das mit der Schönheit und der Würde des Alters versehen ist, die Herzen der Menschen gewinnen mit seiner mysteriösen Faszination und wird sie bis in die Tiefen berühren.«

Zur Geschichte dieses so euphorisch beschriebenen Schlosses und seiner wehrhaften Familie gehörte im Mittelalter auch das Recht, einen eigenen Henker zu beschäftigen. Ruhelose Seelen verstorbener Ahnen geistern der Überlieferung nach durch die düsteren und verwinkelten Gänge von Glamis. Die Galerie der Gespenster ist ebenso beeindruckend wie das ganze Gemäuer: Es spuken eine graue Lady, eine Frau ohne Zunge, ein blutsaugender Diener und Mitglieder eines rivalisierenden Clans, die hungers starben, nachdem sie im Schloss bei lebendigem Leib eingemauert worden waren. Das schrecklichste aller Ungeheuer aber ist ein Mitglied der Familie selbst: Haarig und schauerlich entstellt, hatte man das Monster kurzerhand in ein verborgenes Verlies gesperrt, wo es angeblich noch hundert Jahre lang überlebte.

Vielleicht erklärt sich aus diesen doch etwas ungewöhnlichen familiären Umständen der eiserne Stoizismus der allseits bewunderten und beliebten Queen Mum, die 101 Jahre alt wurde. Sie war zwar nicht im Schloss geboren, hatte aber von klein auf hier sehr viel Zeit verbracht. Wer als Kind die Schrecken eines Gespensterschlosses überstanden hat, den werfen auch Kriege und Familienfehden nicht mehr aus der Bahn. Doch sollte ihr Anfang des 20. Jahrhunderts eine Frau begegnen, die sie ebenso erschaudern ließ wie das Monster von Glamis und die bis heute im Kreise der Familie Windsor totgeschwiegen wird. Das Familiengespenst der Royals heißt Wallis Simpson, spätere Herzogin von Windsor. Sie war Anlass für die Schmach der Abdankung Edwards VIII., was ihr niemals verziehen wurde. Die unerschrockene schottische Adelige Elizabeth Bowes Lyon war fortan ihre gefährlichste Gegenspielerin.

Wallis Warfield Simpson war nicht mehr die Jüngste, als sie 1931 auf einer Wochenendgesellschaft den Prinzen von Wales traf. Die Amerikanerin, 34 Jahre alt, lebte mit ihrem zweiten Mann, Ernest Simpson, in London und war eine beliebte Gastgeberin. Sie war nicht eigentlich schön, aber ihr kantiges Gesicht mit den großen Augen und dem breiten Mund strahlte Lebensfreude und Entschlossenheit aus, Eigenschaften, mit denen der gut aussehende Prinz von Wales nicht überreich ausgestattet war. Wallis war bereits einmal geschieden, von einem amerikanischen Soldaten, der sie schlecht behandelt hatte. Mit Ernest Simpson konnte sie zufrieden sein. Der umtriebige Geschäftsmann gab ihr Sicherheit und sozialen Halt und ermöglichte seiner Ehefrau ein Leben in der oberen Gesellschaftsschicht, in der auch Adelige gern verkehrten.

Der Prinz von Wales, später König Edward VIII., hatte bereits einige Liebschaften hinter sich und galt als Dreh- und Angelpunkt der britischen Gesellschaft. Doch er haderte mit seinem Status, das enge Protokoll des Hofes schien ihm veraltet und manchmal geradezu unsinnig. In vielem erinnert seine Rebellion an den respektlosen Umgang Prinz Williams mit der Monarchie. Eine Tatsache, die im Königshaus bereits für einiges Kopfzerbrechen gesorgt hat, sind doch die schrecklichen Konsequenzen aus dem Ungestüm Edwards bis heute nicht vergessen. Wie William hasste Edward das Rampenlicht. Wo immer der künftige König auftauchte, wurde er von lästigen Fotografen umringt, die ihn mit ihren neuartigen Magnesiumblitzen blendeten. Bald schon sollte er die Tragweite der Presseberichte aus dem Privatleben gekrönter Häupter zu spüren bekommen. Obwohl der Boulevard-Journalismus noch in den Kinderschuhen steckte, war die Macht der auf Zelluloid gebannten Bilder schon groß genug, um eine Regierungskrise heraufzubeschwören.

Das 20. Jahrhundert ist noch jung und hat gerade einen Weltkrieg überstanden. Edwards Vater, George V., und seine Frau Mary sitzen fest auf dem Thron, beide ein Symbol pflichtbewusster Würde. »Du musst dir immer deiner Position bewusst sein und dir klar sein, wer du bist«, mahnt der König seinen ältesten Sohn. Worte, die der junge Prinz bis ans Ende seines Lebens nicht vergisst, die er aber im entscheidenden Moment missachten wird. Edward fühlt sich nicht geliebt, und er versteht sehr bald, dass er im Leben keine Wahl hat. Er ist geboren, um König zu sein, und wird niemals einem Beruf nachgehen. Für einen Thronfolger gibt es keine Emanzipation von der eigenen Familie, und bis ins Erwachsenenalter können die Eltern Einfluss nehmen kraft ihrer Funktion als Monarchen.

So mischt sich auch George V. kräftig in Edwards Privatleben ein, als er von der Vorliebe seines Sohnes für Nachtclubs erfährt. Für den selbstbezogenen und verwöhnten Thronfolger ist schon das zu viel der Intervention. Bei seiner damaligen Geliebten Freda Dudley Ward macht der gescholtene Königssohn seinem Ärger Luft: »Christus! Wie ich meine verfluchte Familie verabscheue und verachte.« [Auch Prinzessin Diana wird sich später über die »bloody family« beschweren.] Und Edward wütet weiter: »Wenn seine Majestät glaubt, mich mit seinen Beleidigungen ändern zu können, macht er den größten Fehler seines dummen, nutzlosen Lebens. (…) Ich werde die Freunde haben, die ich mir wünsche & darüber hinaus möchte ich nicht, dass sie beleidigt werden oder ich werde verdammt noch mal ihn beleidigen!! (…) Worte können meinen Hass & meine Verachtung für meinen Vater heute Abend nicht beschreiben & das wird so bleiben.«

Königin Mary und König George war es nicht gelungen, eine liebevolle Beziehung zu ihrem ältesten Sohn aufzubauen. Sie waren zuallererst Monarchen eines Königreiches, in dem die Nachfahren nur in einer Hinsicht geschätzt wurden: als Garanten für den Fortbestand der Dynastie. Es war üblich, die Kinder früh in die Obhut von Erzieherinnen zu geben. Als Edward sieben Jahre alt ist, verabschieden sich seine Eltern für ganze sieben Monate, um das Empire zu bereisen. Gleiches widerfuhr später der heutigen Königin Elizabeth, die ihre Eltern monatelang nicht sah und jede Person mit »mummy« ansprach, die ihr über den Weg lief. Doch auch sie selbst ließ ihren Sohn Charles für Wochen und Monate mit den Kindermädchen im Palast zurück, wenn sie sich auf Reisen durch ihr Königreich begab. Auch wenn die »Firma« funktioniert, für die familiären Beziehungen ist die Ausnahmestellung royalen Daseins Gift. In Edward braut sich ein gefährliches emotionales Gemisch zusammen, bestehend aus Selbstbezogenheit, Sturheit, Bindungslosigkeit und Minderwertigkeitsgefühlen. Die Saat für das folgende Drama ist gelegt.

Aus der Ehe seiner Eltern waren sechs Kinder hervorgegangen, von denen die beiden ältesten Söhne alsbald zu den Hauptdarstellern eines weltweit verfolgten Skandals werden sollten. Die Brüder waren von so unterschiedlicher Natur, wie man sie sich innerhalb einer Familie nur vorstellen kann.

Edward, damals noch David genannt, ist charmant und weltgewandt. Er ist bereits viel herumgekommen, hat als Prinz von Wales die abgelegensten Winkel des Empire bereist und dabei eine gute Figur gemacht. Die Nachkriegsgesellschaft hofft, der künftige König werde die verstaubte Monarchie modernisieren und in ein glorreiches Jahrhundert führen. Sein Bruder Bertie dagegen ist ein schüchterner, in sich gekehrter, ernsthafter junger Mann, der manchmal erbarmungswürdig stottert und als Nummer zwei der Thronfolge nicht so recht weiß, was er im Leben Sinnvolles anfangen soll. Da lernt er auf einer Tanzveranstaltung eine hübsche schottische Adelige kennen: Elizabeth Bowes Lyon (die spätere Queen Mum). Bertie ist bis über beide Ohren in das hübsche quirlige Mädchen verliebt, und 1923 wird in der Westminster Abbey in London Hochzeit gefeiert. Die beiden bekommen zwei Töchter, Elizabeth und Margaret Rose. Letztere wird auf Glamis Castle geboren, dem schon beschriebenen Schloss mit dem schauerlichen Familiengespenst.

Niemand rechnet damit, dass die Yorks, wie sich Berties Familie nun nennt, jemals eine Hauptrolle in der Weltgeschichte spielen würden.

Bruder David, der Thronfolger und spätere Edward VIII., wandelt derweil im Verborgenen auf Freiersfüßen. Er hat inzwischen Gefallen gefunden an der umtriebigen Mrs. Simpson und besucht sie in ihrer Wohnung, wann immer sich die Gelegenheit ergibt. Und das ist beunruhigend oft, auch wenn der gute Ernest Simpson zunächst sittsam über die neue Freundschaft seiner Gattin zum künftigen König wacht. David liebt das Risiko. Er ist ein beherzter Reiter (wie sein Groß-Großneffe William heutzutage auch) und nimmt leidenschaftlich gerne an Fuchsjagden und Pferderennen teil, bis er eines Tages stürzt und sich schwer verletzt. Der Premierminister bittet den Prinzen daraufhin, den gefährlichen Sport nicht mehr auszuüben, denn das Land brauche den beliebten jungen Hoffnungsträger.

Zunächst verzichtet David aufs Reiten, schon bald aber steigt er wieder in den Sattel. Wenn ihn etwas fesselt und wenn er sich etwas in den Kopf gesetzt hat, kann er ziemlich eigensinnig sein, was ihn schließlich auch den Thron kosten wird.

Seine Beziehung zu Wallis Simpson wird immer enger. Wenn die beiden sich unterhalten, hat David das Gefühl, einer wahrhaft interessierten Frau gegenüberzusitzen, die nicht nur elegante Roben und repräsentative Häuser im Kopf hat, sondern auch seine Herzensangelegenheiten ernst nimmt. In seinen Memoiren schreibt David: »Eines Abends lud ich ein paar Freunde, darunter Wallis, zum Dinner ins Dorchester Hotel ein. Die Unterhaltung wandte sich meinem Interesse an den neuen Sozialplänen für Arbeitslose zu. Ich war erst diesen Nachmittag aus Yorkshire zurückgekommen, wo ich Arbeiterclubs in Städten und Dörfern besucht hatte. In der Gesellschaft, an die ich gewöhnt war, hätte ein Gespräch über diese schwierige Aufgabe wie üblich nur zu mitfühlenden Bemerkungen geführt wie etwa:

›Oh, Sir, wie langweilig für Sie. Sind Sie nicht schrecklich erschöpft?‹ Wallis hatte in den Zeitungen über das Komitee für Sozialfürsorge gelesen. Sie wollte mehr darüber wissen. Ich erklärte ihr, was es war und was es bezweckte. Und als Amerikanerin war sie neugierig darauf, wie der Arbeitstag eines Prinzen aussah. Obwohl das Orchester allerhand Lärm machte, tat ich mein Bestes, ihr auch das zu erklären.«

Ernsthafte Themen sind es also, die den künftigen Monarchen vor allem beschäftigen. Er weiß, dass es in seinem Land Menschen gibt, die nicht genug zu essen haben. England ist dabei, die über Europa hereinbrechende Neuzeit zu verschlafen, die von Industrialisierung geprägt ist. Als sei nach dem Krieg nichts geschehen, lebt die Upperclass der britischen Gesellschaft weiter in ihrer Scheinwelt der großen Ländereien und herrschaftlichen Anwesen. In London wächst das Heer der Arbeitslosen beständig, und überall im Land kämpfen die Bergleute ums Überleben, werden Zechen geschlossen, eine nach der anderen. Das Herz der britischen Wirtschaft schlägt nur noch stockend, und David entschließt sich, eine Reise zu den Bergwerken von Durham und Northumberland zu unternehmen. Was er dort zu sehen bekommt, quält sein ausgeprägtes soziales Gewissen. Er spricht mit den Menschen, die sich um ihr täglich Brot sorgen, und versucht Trost zu spenden. In Gedanken beschäftigt er sich damit, nach Lösungen für die wirtschaftlichen Probleme zu suchen. »Etwas muss getan werden«, sagt er später nach einer ähnlichen Reise und handelt sich damit den Vorwurf ein, sich ins politische Tagesgeschäft einzumischen.

Es sind Überlegungen, die er bei den ersten Treffen mit Wallis Simpson teilt, und er findet in ihr eine aufmerksame

Zuhörerin. Wie Jahrzehnte später Camilla Parker Bowles weiß auch diese kluge Frau instinktiv, wie entscheidend es im Umgang mit egozentrischen Thronfolgern sein kann, genügend Verständnis aufzubringen. Später schreibt Wallis in ihren Memoiren über eines dieser Gespräche mit dem Thronfolger: »›Aber damit langweile ich sie doch‹, sagte er, als wäre er beschämt, so viel über sich zu enthüllen. ›Im Gegenteil‹, antwortete ich. ›Mein Interesse könnte gar nicht größer sein. Bitte, bitte sprechen Sie weiter.‹ Während er mich noch fragend ansah, so als wolle er meine Aufrichtigkeit abschätzen, hörte die Musik auf, und die anderen näherten sich dem Tisch. Dann sagte er etwas Erstaunliches: ›Wallis, Sie sind die einzige Frau, die sich je für meine Arbeit interessiert hat.‹« Von nun an wird er die junge Amerikanerin nicht mehr aus den Augen lassen.

Wallis weiß, was Armut bedeutet. Sie war in Baltimore aufgewachsen, bei ihrer Mutter, die schon in jungen Jahren Witwe geworden war und nur dank der finanziellen Unterstützung eines begüterten Onkels mehr schlecht als recht durchs Leben kam. So kann sie sich durchaus in die Lage von Menschen versetzen, die andere Probleme haben als die begüterte Oberschicht der englischen Gesellschaft. Ihr Leben lang wird Wallis von der Furcht beherrscht, durch die Wirren eines unberechenbaren Schicksals wieder mittellos zu sein und aus der Society ausgestoßen zu werden. Doch seit der Prinz von Wales in ihr Leben getreten ist, eröffnen sich ihr ganz neue, vielversprechende Perspektiven.

Immer öfter wird sie nun auf das Anwesen Davids eingeladen, das im Park von Windsor liegt und Fort Belvedere genannt wird. Natürlich ist Ernest Simpson mit von der Partie, wer fühlte sich auch nicht geschmeichelt in der Gegenwart des Prinzen? Dass seine Frau sich auffallend gut mit David versteht, übersieht Ernest wohlwollend.

Wallis ist zunehmend erstaunt über Davids ungebrochenes Interesse an ihr. »So sehr ich mir den Kopf zerbrach, ich konnte keinen plausiblen Grund finden, warum dieser bezauberndste aller Männer sich ernsthaft zu mir hingezogen fühlte«, wundert sie sich in ihren Memoiren. »Ich war gewiss keine Schönheit, und er konnte unter den schönsten Frauen der Welt wählen. Ich war gewiss auch nicht mehr jung. Genaugenommen hätte man mich in meinem eigenen Land bereits zum alten Eisen gezählt. Der einzige Grund, auf den ich sein Interesse an mir zurückführen konnte, war vielleicht mein amerikanischer unabhängiger Geist, meine Direktheit, das, was ich ganz gern für einen gewissen Sinn für Humor und Spaß an mir hielt, und, nun ja, meine ungezügelte Neugier auf ihn und auf alles, was ihn betraf. (...) Und er war einsam, und vielleicht war ich eine der ersten, die zu seiner inneren Einsamkeit vorgedrungen waren. Über diesen Punkt hinaus wagte ich keine weiteren Überlegungen anzustellen; denn dafür gab es weder realistische noch irgendwie greifbare Gründe. Es fiel mir nicht schwer, mir die Anziehung, die der Prinz auf mich ausübte, zu erklären. Abgesehen von seinem hinreißenden Charme und seiner herzlichen Art, war er das Sesam-öffne-dich zu einer neuen und glanzvollen Welt, die mich faszinierte wie nichts in meinem Leben zuvor. Trotz seiner natürlichen Einfachheit, seinem echten Abscheu vor allem Gepränge, umgab ihn dennoch – auch noch in seinem schlimmsten Robinson-Crusoe-Aufzug – eine unverkennbare Aura von Macht und Autorität.«

Im Herbst des Jahres 1934 weiß auch die königliche Familie um das besondere Verhältnis zwischen David und Wallis, die alle für eine unschickliche Goldgräberin halten. Der verliebte Thronfolger beschenkt die immer noch verheiratete Amerikanerin mit teurem Schmuck und scheint keinerlei Skrupel zu empfinden, seine Favoritin auch zu royalen Empfängen einzuladen.

In ihren Memoiren notiert Wallis 1935: »Dies war das Jahr des Silbernen Jubiläums [Mary und George V. feierten das 25-jährige Thronjubiläum]. (…) Noch nie hatte ich ein solches Übermaß an Respekt, Bewunderung und Liebe erlebt. Premierminister, indische Prinzen, afrikanische Herrscher und Regenten des Empires eilten aus den entferntesten Winkeln der Erde herbei, um ihrem geliebten König die Ehre zu erweisen. Tagsüber fuhren der König und die Königin im offenen Landauer durch die Straßen. Sie nahmen jedes Mal eine andere Route und mieden auch nicht die schäbigeren Viertel der Stadt; abends fanden Staatsbankette, Bälle und andere Festlichkeiten statt. David verschaffte mir und Ernest eine Einladung zum offiziellen Ball, der am 14. Mai im Buckingham Palast stattfand. Nachdem der König und die Königin den Saal betreten und sich am Ende niedergelassen hatten, wurde der Ball eröffnet. Als David und ich vorbeitanzten, fühlte ich die Augen des Königs prüfend auf mir ruhen. Irgendetwas in seinem Blick gab mir das Gefühl, dass unter all seiner Huld und dem Pomp ein Eisberg schlummerte, (…) der Leute wie mich mit erschreckender Kälte bedrohte. Außerdem erkannte ich, dass er unter der Maske äußerer Pracht ein hinfälliger alter Mann war. Der König stand zu dieser Zeit nur wenige Tage vor seinem siebzigsten Geburtstag, und David hatte mit mir mehr als einmal über seine wachsende Sorge bezüglich der

Gesundheit seines Vaters gesprochen. Eine dunkle Vorahnung beschlich mich ...«

Auch die Unruhe im Königshaus wächst, als die amerikanische Presse Wind von der engen Beziehung des Kronprinzen zu Wallis bekommt und darüber ausführlich berichtet. Noch ist keine Zeile davon in den britischen Blättern zu lesen, die sich für königlichen Klatsch zu schade sind. Davids Eltern, Königin Mary und König George V., fühlen eine wachsende Abneigung gegenüber Wallis Simpson, die den künftigen König völlig in ihren Bann gezogen hat. Eine Frau, die niemals den englischen Thron würde besteigen können. Sie ist bereits einmal geschieden – eine Tatsache, die die Church of England, deren Oberhaupt der König ist, niemals akzeptieren würde. Auch Davids Bruder Bertie und seine Frau Elizabeth verabscheuen die unmögliche Frau an der Seite des Thronerben. Fortan wird ›Onkel David‹ nicht mehr zum Tee eingeladen. Doch niemand hat den Mut, David mit den Bedenken der Familie direkt zu konfrontieren. Wie immer wird das Problem unter den Teppich gekehrt, und alle warten darauf, dass sich die Gespenster von selbst verziehen.

David hat für sich längst den Entschluss gefasst, die Frau, die er inzwischen über alles liebt, zu heiraten. Wie aber soll er das seiner Familie beibringen? In seinen Memoiren beschreibt er später, wie schwer er damit ringt, endlich reinen Tisch zu machen: »Wenige Tage später war ich in Sandringham, wo die Familie das Weihnachtsfest feierte. Meine Brüder mit ihren Frauen waren schon vor mir eingetroffen. Mein Vater war sehr hager geworden und ging gebückt. (…) Ich fühlte mich einsam, so als gehörte ich nicht dazu. Meine Brüder waren jeder in seiner Familie geborgen; ich dagegen befand mich in einem inneren Zwiespalt, und solange der nicht ausgetragen war, würde ich keinen Frieden finden. Aber andererseits war dies weder der richtige Ort noch der richtige Zeitpunkt...« Instinktiv spürt David, dass sein Heiratswunsch in der königlichen Familie auf Ablehnung und Unverständnis stoßen würde.

Anfang des Jahres 1936, das als das »Jahr der drei Könige« in die britische Geschichte eingehen wird, spitzt sich die Situation zu. Der altersschwache König George V. stirbt am 20. Januar. 25 Jahre hatte er regiert und war in der ganzen Welt angesehen und beim Volk beliebt. Nach den Wirren des Ersten Weltkriegs hatte er Englands Thron gesichert und konnte eine funktionierende Monarchie an seinen Nachfolger übergeben. Dieser, so hatte der geschwächte George V. noch in seinen letzten Lebensmonaten gefürchtet, werde innerhalb eines halben Jahres alles ruinieren. Er hatte sich nur unwesentlich verschätzt. Mit seinem Tod geht die Königswürde auf David über, der sich von nun an Edward VIII. nennt. Am Tag der Proklamation stehen Wallis und Edward gemeinsam am Fenster des St. James Palastes in London und betrachten die Zeremonie. »Wie viel anders wird dein Leben nun sein«, sagt sie zu Englands neuem König.

Ein Leben, das er auch weiterhin mit ihr teilen will. Noch ist Edward nicht gekrönt, da schmiedet er schon Pläne, die Frau seines Herzens zu heiraten. Wallis wartet auf die Scheidung von Ernest Simpson, der sich in eine andere verliebt hat und nun seinerseits frei sein will. Schon wird am Hof über »Queen Wallis« getratscht, die sich jetzt aus der sicheren Position der Favoritin daranmacht, die sozialen Kontakte des neuen Königs in ihrem Sinne zu gestalten. Den Yorks, Bertie und Elizabeth, zahlt sie die Abneigung mit gleicher Münze heim. Sie sind bei Hofe nicht mehr willkommen. Die hagere, stets sorgfältig gekleidete Wallis lästert über die schlampige Aufmachung und die mollige Figur der späteren Queen Mum.

Nach eigenem Bekunden hat Edward keine Ahnung, welches Gewitter sich über seinem Kopf zusammenbraut. Die britische Presse verschweigt den Skandal, aber empörte Landsleute, die in Amerika oder Europa leben, sind bestens informiert und wenden sich mit Briefen an die Regierung. Aus heutiger Sicht ist die Zurückhaltung der britischen Presse nur schwer zu verstehen, zumal Edward selbst im Sommer 1936 aus seiner Beziehung zu Mrs. Simpson kaum noch einen Hehl macht. Er chartert die Jacht *Nahlin* und schippert mit Wallis im Schlepptau durchs Mittelmeer. Natürlich waren beim Landgang Reporter nicht weit, und die Zeitungen waren überall voll von Gerüchten über die Affäre. Nur in England schwiegen die Blätter.

Sir Horace Wilson, ein Berater der Regierung, notierte in seinen Akten, wie es zu der kollektiven Verschwiegenheit kam. Seine Papiere waren bis zum Jahr 2003 unter Verschluss gehalten worden. »Während (des Sommers) gab es praktisch keinen Hinweis auf (Mrs. Simpson) in der englischen Presse«, schreibt er. »... obwohl es allmählich offensichtlich war, dass ihre Affären für die amerikanische Presse sehr attraktiv waren. Es gab einige Unruhe, weil ihr Name in den Hofberichten erschien, aber der Name ihres Ehemannes stand da ebenfalls und es gab keinen äußeren Anschein für das Unheil, das sich zusammenbraute.« Nach Wilsons Aufzeichnungen waren es die Verleger der britischen

Presse selbst, die sich in einer Art »gentlemen's agreement« gegenseitig zum Schweigen verpflichtet hatte. Wilson bekennt: »Natürlich wussten wir, dass die Zeitungen in Besitz dieser Geschichten waren, (…) aber erst später wurde uns klar, dass sie sich gemeinsam zur Zurückhaltung entschlossen hatten.« Ein Akt des Respekts gegenüber der Krone, der zunehmend gefährlich wurde für die Glaubwürdigkeit der Zeitungen. Denn immer öfter richteten besorgte Leser Fragen an die Herausgeber, was es denn mit den Gerüchten auf sich habe, die in der ausländischen Presse verbreitet würden. Es war an der Zeit, die Regierung in Kenntnis zu setzen. Allmählich wuchs sich die Liebesaffäre zu einer Verfassungskrise aus.

Howell Arthur Gwynne, Verleger der *Morning Post*, wandte sich mit einem Schreiben an Premierminister Stanley Baldwin, um ihn vor dem aufkommenden Sturm zu warnen. »Die Zeitungen in der ganzen Welt sind eifrig damit beschäftigt, jedes Ereignis festzuhalten, das mit der Freundschaft des Königs zu Mrs. Simpson zusammenhängt«, unterrichtet Gwynne den Premierminister, der nun seinerseits den Skandal nicht mehr übersehen kann. Der Verleger fährt fort: »Es wird Druck auf mich ausgeübt, als Verleger einer Zeitung, die zu den loyalsten Unterstützern der Monarchie zählt, das (…) ›Große Schweigen‹ zu brechen. (…) Immer wieder habe ich meine Freunde inständig gebeten, zurückhaltend zu sein und zu schweigen.« In einer solch delikaten Angelegenheit sollte die Presse der Regierung folgen und ihr nicht etwas vorschreiben, lässt Gwynne den Premierminister wissen. »Doch für wie lange noch« soll Stillschweigen gewahrt werden?, fragt der besorgte Zeitungsmann.

Auch die BBC, zu dieser Zeit der einzige Rundfunksender, wird in das Schweigekartell einbezogen. Als sich König Edward mit dem Gedanken trägt, eine Ansprache ans Volk zu halten und um Verständnis für seine Freundschaft mit Wallis Simpson zu werben, wird die Regierung aktiv. Sir Horace Wilson sucht den Generaldirektor der BBC, John Reith, auf. In seinen Akten notiert er: »Ich habe Sir John Reith gesagt, er habe das Arrangement zu beachten, das gestern mit ihm erörtert worden war, und er solle keine Schritte unternehmen, die nicht zuerst mit uns abgestimmt sind.«

Hinter den Kulissen, für Edward unsichtbar, formiert sich der Widerstand gegen die Pläne des Königs, Wallis zu seiner Frau und damit auch zu Englands Königin zu machen. Selbstbezogen, wie er ist, hat er kein Gespür für die politischen und verfassungsrechtlichen Konflikte, die er mit seiner Entschlossenheit hervorruft. Und in seiner Familie, die so sehr daran gewöhnt ist, über Gefühle nicht zu sprechen, traut sich niemand, ihn mit dem ganzen Ausmaß der Ablehnung seiner Pläne zu konfrontieren. Nicht einmal seine eigene Mutter, Queen Mary. Sie erzählt Lady Airlie, ihrer Vertrauten: »Ich mochte mit David [Edward] nicht über seine Affäre mit Mrs. Simpson sprechen, zuallererst, weil ich ihm nicht den Eindruck vermitteln will, mich in sein Privatleben einzumischen, und auch weil er der starrsinnigste meiner Söhne ist. Etwas abzulehnen, was er tun will, führt nur dazu, dass er umso entschlossener ist, es doch zu tun. Gegenwärtig ist er sehr vernarrt, aber meine große Hoffnung ist, dass leidenschaftliche Verliebtheiten gewöhnlich verblassen ...« Doch das Gespenst denkt nicht daran, freiwillig die Bühne zu verlassen.

Während sich die Reihen gegen Wallis und den König schließen, gibt es zwei Menschen, die sich um das Wohlergehen Edwards große Sorgen machen. Einer davon ist sein Freund Winston Churchill. Der junge Politiker ist bekannt dafür, unbequeme Wahrheiten auszusprechen. So mahnt er eindringlich vor der Gefahr, die auf dem Kontinent von Adolf Hitler ausgeht. Doch die Regierung unter Stanley Baldwin hört nicht auf ihn. Der lebenskluge Churchill lässt sich von der allgemeinen Ablehnung, die Wallis entgegengebracht wird, nicht anstecken. Er hat das Paar getroffen und schreibt über die Beziehung: »Er blühte in ihrer Gesellschaft auf, und ihre Eigenschaften waren für sein Glück so wesentlich wie die Luft zum Atmen. Jene, die ihn gut kannten und beobachteten, merkten, dass seine Nervosität sich völlig legte. Er war ein ausgeglichener Mensch und nicht mehr eine kranke, gequälte Seele. Diese Erfahrung, die den meisten Menschen in ihrer Jugend widerfährt, machte er erst spät im Leben, und deshalb war sie für ihn umso kostbarer und auch zwingender. Die Verbindung war eher seelischer als sexueller Natur und wohl auch nur ausnahmsweise von Sinnlichkeit geprägt.«

Die zweite Person, die Edward in der Krise zur Seite steht, ist sein alter Studienfreund Walter Monckton. Er fungiert als Verwalter des Herzogtums Cornwall und ist ein enger Vertrauter des Königs. Auch er schreibt über das ungewöhnliche Verhältnis: »Niemand (…) der nicht (…) die Intensität und Tiefe der Liebe des Königs für Mrs. Simpson begreift, wird jemals seine Lebensgeschichte verstehen. Für ihn war sie die ideale Frau. Sie tat alles dafür, dass er sich wohlfühlte und immer sein Bestes gab, und er betrachtete sie als Quell der Inspiration. Es ist ein großer Irrtum anzunehmen, dass er sie lediglich auf die gewöhnliche physische Weise liebte. Ihre Beziehung bestand in einer Art intellektueller Kameradschaft, und zweifelsohne fühlte er sich durch die geistige Verbundenheit mit ihr weniger einsam. (…) Er fühlte zutiefst, dass er und Mrs. Simpson füreinander geschaffen waren, und es gab nur eine ehrenhafte Lösung in dieser Lage: die Ehe.«

Die Schilderungen der beiden Freunde, die die Beziehung des Paares als vorwiegend geistige Verbundenheit charakterisieren, müssen vor dem Hintergrund der Gerüchte verstanden werden, die seinerzeit im Umlauf waren. So wird Edwards Mutter, Königin Mary, zugetragen, Wallis verfüge über eine Art sexuellen Zauber, den sie in einem chinesischen Bordell erlernt habe und mit dem sie den Geliebten von einer gewissen Störung befreien könne. Auch die anglikanische Kirche ist sich nicht zu schade, sich an derartigen Spekulationen zu beteiligen. Dr. Alan Campbell Don, Kaplan des Erzbischofs von Canterbury, ließ verlauten, der König sei »sexuell anormal, was der Grund für die Kontrolle sein könnte, die Mrs. S. über ihn hat«. Edwards offizieller Biograf, Philip Ziegler, vermutet: »Es muss sich um eine Art sado-masochistischer Beziehung gehandelt haben (…) (er) genoss die Verachtung und Grobheit, mit der sie ihm begegnete.«

Welcher Natur auch immer das Verhältnis von Wallis und Edward ist, beide sind gefangen in einem emotionalen Mahlstrom, aus dem es kein Entrinnen mehr gibt. Ob es eine sexuelle Komponente gibt und wie immer diese aussieht, ist von der Geschichtsschreibung nicht zu belegen. Edward selbst bestreitet vehement, vor ihrer Scheidung von Ernest Simpson mit Wallis intim gewesen zu sein. Tatsache aber ist, dass diese Art von Gerüchten der Reputation des Monarchen schadet.

Im Sommer 1936 führen die beiden Freunde Edwards ein Gespräch über die Affäre, die sich allmählich zur Staats- und Monarchiekrise auswächst. Winston Churchill hat den Verlauf der Unterredung in einem lange Zeit geheim gehaltenen Dossier aufgezeichnet. »Ende Juli wünschte mich Walter Monckton (…) zu sprechen, und ich empfing ihn in Morpeth Mansions. Er sagte mir, dass Mrs. Simpson vorhabe, sich scheiden zu lassen, und dass ihr Ehemann darin einwilligte, weil er drauf und dran war, mit einer anderen Frau zusammenzuleben. Mr. Monckton versicherte mir, dass der König nicht daran dächte, sich mit Mrs. Simpson zu verheiraten, dass er aber glücklich wäre, sie frei zu sehen, denn ›sein Besitzerinstinkt‹ sei sehr stark. Er wollte wissen, was ich darüber dachte. Er fragte auch nach meiner Ansicht zu einer eventuellen Einladung von Mrs. Simpson nach Balmoral. Ich antwortete, dass eine solche Scheidung höchst gefährlich sei, dass die Leute frei seien, den Klatsch zu glauben oder nicht, dass aber ein Scheidungsurteil etwas ganz anderes wäre. Wenn ein Urteil gegen Mr. Simpson gefällt würde, könnte jeder Priester in der Messe behaupten, dass ein Unschuldiger wegen des engen Zusammenseins seiner Frau mit dem König verurteilt worden sei. Ich empfahl sehr, alle Anstrengungen zu unternehmen, um ein juristisches Vorgehen zu vermeiden. Was Balmoral betraf, riet ich stark davon ab, dass Mrs. Simpson an den Ort käme, auf den alle Augen Schottlands gerichtet sind und den man seit Königin Victoria und John Brown als geweiht betrachtet.«

Von Victoria und John Brown soll später noch die Rede sein. All die von Winston Churchill bedachten sensiblen

Zusammenhänge interessieren den König nicht. Wie immer reagiert Edward auf Widerstände mit einem trotzigen »Jetzt erst recht«.

So hält Wallis im Sommer 1936 entgegen Winston Churchills klugen Ratschlägen Hof im Familienschloss Balmoral, das in der Geschichte des Hauses Windsor bis heute als ein besonders magischer Ort angesehen wird. Die Herzogin von York, die spätere Queen Mum, kann den Anblick der Mätresse ihres Schwagers im schottischen Domizil der Windsors kaum ertragen. Ihr Ehemann, Prinz Bertie, hat inzwischen jeden persönlichen Kontakt zu seinem eigenmächtigen Bruder verloren.

Unterdessen wächst in den britischen Dominions Kanada, Australien, Neuseeland, Südafrika, Neufundland und dem »Freien Irland« der Widerstand gegen die Heiratspläne des Königs, die zu diesem Zeitpunkt entgegen der Aussage seines Beraters Monckton im Gespräch mit Churchill zweifelsohne existieren. Durch die ausführliche Berichterstattung in der Weltpresse sind die dortigen Regierungen bestens über den Skandal informiert.

Nun versteht auch Edward VIII. allmählich, dass er dabei ist, den Thron aufs Spiel zu setzen, vielleicht sogar die Monarchie zu gefährden. Kurz wird noch diskutiert, ob er Wallis heiraten könne, wenn diese nicht zur Königin gekrönt wird (eine sogenannte morganatische Ehe). Doch auch dieser Ausweg wird durch die Politik verstellt. Zu groß ist die Ablehnung mittlerweile auch in der britischen Bevölkerung, die nun endlich in ihren eigenen Zeitungen Berichte über die Staatskrise lesen kann.

Die Frau, die den ganzen Skandal ausgelöst hat, ist inzwischen überstürzt nach Frankreich ausgereist. Sie hat möglicherweise mehr Geheimnisse, als Edward wahrhaben will. Polizeibeamte, die für ihre Sicherheit sorgen sollen, berichten nach Großbritannien, Wallis könnte sich mit dem Gedanken tragen, nach »Deutschland abzuhauen«.

Die Vertraute des Königs war seit geraumer Zeit überwacht worden, wie 2003 veröffentlichte Regierungspapiere belegen. Die wohl verblüffendste Enthüllung ist, dass Wallis einen weiteren Liebhaber hatte, während sie mit Edward, damals noch Prinz von Wales, verkehrte. Im Juni 1935 spricht ein Polizeibericht von einem »geheimen Liebhaber, der noch nicht identifiziert werden konnte«. Kurze Zeit später gelingt das: Es handelt sich um einen Autohändler, der als gut aussehender, charmanter Abenteurer beschrieben wird. Mrs. Simpson sei sehr darauf bedacht, ihn vor ihrem Ehemann wie auch vor dem Prinzen von Wales zu verbergen.

Auch der gesellschaftliche Umgang von Wallis wird in Augenschein genommen. So berichten Polizeibeamte, Mrs. Simpson und der Prinz von Wales hätten in Lady Emerald Cunards Zirkel Oswald Mosley getroffen, den Führer der britischen Faschisten. Die britische Regierung musste alarmiert sein. Der Thronfolger im Dunstkreis eines Mannes, der Schlägertrupps organisierte und sich die deutsche SS zum Vorbild genommen hatte? Das wirft sicherheitspolitische Fragen auf. Auch die amerikanische Bundespolizei FBI hat Wallis im Visier. Ihr wird ein Verhältnis mit dem deutschen Botschafter in London, Joachim von Ribbentrop, nachgesagt. In welchem Umfang diese Informationen der britischen Regierung bekannt waren, lässt sich nicht genau nachvollziehen. Ein Memorandum von Sir Horace Wilson, kurz nach der Abdankung Edwards verfasst, gibt allerdings einen guten Einblick in die Stimmung, die sich gegen Wallis Simpson aufgebaut hatte. Sie sei selbstsüchtig, hart, berechnend, ehrgeizig, intrigant und gefährlich, schreibt Wilson. Verständlicherweise war die Regierung wenig daran interessiert, eine Lösung der Krise im Sinne von Edward und Wallis zu finden.

Noch einmal versucht Winston Churchill, Bedenkzeit für den König herauszuschinden. Die offizielle Krönung steht bevor, und vielleicht würde sich ja nach der Zeremonie ein geeigneter Ausweg finden. Churchill schreibt an Stanley Baldwin: »Mein lieber Premierminister, der König hatte mir mitgeteilt, dass er Ihre Erlaubnis hatte, mich zu empfangen, und so habe ich gestern Abend mit Seiner Majestät gespeist und lange mit ihm geredet. Ich habe von den Mitgliedern des Haushaltes nachdrücklich verlangt, dass sie einen Arzt anrufen. Seine Majestät schien mir in einem gefährlichen Zustand innerer Anspannung und nahe daran, zusammenzubrechen. Zweimal hat der König zwei ›Löcher‹ gehabt und völlig den Gesprächsfaden verloren. Obwohl er zu Anfang sehr liebenswürdig war, geriet er doch sehr schnell an den Rand der Unhöflichkeit. Seine seelische Erschöpfung festzustellen war traurig. Nichts ist schwerer zu ertragen als die Mischung aus privater und öffentlicher Anspannung. Ich habe dem König empfohlen, er solle Sie bitten, ihm Zeit zu geben, damit er nachdenken kann, jetzt, wo die Dinge sich zu einem solchen Chaos entwickelt haben. Angesichts der schwerwiegenden Folgen, sowohl verfassungsmäßiger als auch privater Natur, die Sie ihm aus Pflichtgefühl vor Augen geführt haben, bezweifle ich nicht, dass Sie ihm gegenüber Wohlwollen und Rücksicht walten lassen werden. Es wäre sehr grausam und verhängnisvoll bei dem Zustand, in dem er sich befindet, eine Entscheidung zu erzwingen.«

So weit Churchills erschütternde Beschreibung der Gemütsverfassung Edwards. Doch im Innern ist der König fest entschlossen, seinen einmal eingeschlagenen Weg weiterzugehen. Er will nicht mit einer Lüge auf den Lippen gekrönt werden. Er will Wallis heiraten, auch wenn er damit auf den Thron Englands verzichten muss. Sein Berater Walter Monckton hat es längst aufgegeben, mit dem König über das Problem zu diskutieren. Er weiß, nun muss über die Bedingungen verhandelt werden, die der Rücktritt mit sich bringt. »Das Volk muss ihn nehmen, wie er ist – ein Mann, der anders ist als sein Vater und entschlossen ist, er selbst zu sein«, schreibt Monckton.

Wallis wartet derweil noch immer in Südfrankreich auf die Scheidung von Ernest. Auch sie ist nervlich am Ende. Ihr Haus in Cannes wird von Reportern belagert, und sie fürchtet, im Falle der Abdankung des Königs in den Augen der Öffentlichkeit für die Misere verantwortlich zu sein. Im letzten Moment versucht sie offenbar, das Ruder herumzureißen. In den 2003 veröffentlichten Regierungspapieren findet sich eine Stellungnahme ihres Rechtsanwalts Theodore Goddard vom 9. Dezember 1936. Darin versichert er, dass Mrs. Simpson »absolut gewillt ist und war, mich zu beauftragen, ihr Scheidungsbegehren zurückzuziehen und alles daranzusetzen, den König von der Abdankung abzuhalten. Ich hege keinerlei Zweifel, dass dies Mrs. Simpsons aufrichtiger und ehrlicher Wille ist.«

Doch es ist zu spät. Walter Monckton ist inzwischen damit befasst, die Umstände des Abdankungsprozesses zu regeln. Edward soll seinen Titel »Königliche Hoheit« behalten, aber er muss das Land verlassen. Es wird eine einmalige Zahlung von 300.000 Pfund vereinbart, die der Nachfolger, Edwards jüngerer Bruder Bertie, für die königlichen Besitztümer Sandringham und Balmoral zahlen soll. Bertie, der nach der Abdankung König George VI. sein wird, verpflichtet sich darüber hinaus zu einer jährlichen Zahlung von 25.000 Pfund.

Nun, da alles geregelt ist und am 10. Dezember 1936 die Unterschriften unter das Abdankungsdokument gesetzt sind, kann sich der scheidende König endlich seinem Volk erklären. Da eine Radioansprache nun keine Staatsangelegenheit mehr ist, sondern die Rede einer Privatperson, darf Edward in der BBC sprechen: »Nun habe ich endlich die Möglichkeit, selbst ein paar Worte an Sie zu richten. Ich habe nie irgendetwas verbergen wollen, jedoch war es mir bis heute gemäß der Verfassung nicht möglich zu sprechen. Vor wenigen Stunden habe ich meine letzte Pflicht als König und Kaiser [von Indien] erfüllt, und nun, da mein Bruder, der Herzog von York, mir nachgefolgt ist, muss ich ihm als Erstes meine loyale Ergebenheit erklären. Dies tue ich aus ganzem Herzen. Sie kennen alle die Gründe, die mich veranlassten, auf den Thron zu verzichten. Doch möchte ich Ihnen begreiflich machen, dass ich bei meinem Entschluss weder das Land noch das Empire vergessen habe, dem ich fünfundzwanzig Jahre lang zunächst als Prinz von Wales und bis vor Kurzem als König zu dienen versuchte. Doch muss man mir glauben, wenn ich sage, dass ich es für unmöglich halte, die schwere Bürde der Verantwortung auf mich zu nehmen und die Pflichten, die mir als König obliegen, zu erfüllen ohne die Hilfe und die Unterstützung der Frau, die ich liebe.«

Umgehend verlässt Edward, der sich nun wieder David nennt und den Titel Herzog von Windsor trägt, sein Land. In Portsmouth wartet der Zerstörer *Fury* auf ihn, der ihn zum Kontinent und damit wieder näher zu seiner geliebten Wallis bringen soll. Doch noch darf er sie nicht sehen, da sie nicht rechtskräftig geschieden ist und in Südfrankreich weiter auf das Ende ihrer Ehe warten muss. David flüchtet sich nach Österreich. Auf Schloss Enzesfeld, das der Familie Rothschild gehört und sein Unterschlupf wird, findet er einen Brief von Wallis vor, der ihn trösten soll: »Mein Liebling, mein Herz ist voller Liebe für Sie und die Qual, Sie nicht sehen zu können, nach alledem, was Sie erduldet haben, ist unerträglich. Jetzt haben wir alle Welt gegen uns und gegen unsere Liebe. Was können wir tun, außer abzuwarten, dass diese unheilvollen Monate vorübergehen. Ich muss hier bleiben. Das ist ratsamer, als etwas zu unternehmen. In einem Haus bin ich vor der Presse und vor Fanatikern sicherer als in einem Hotel. (…) Man sagt, es gäbe eine Frauenorganisation, die geschworen habe, mich zu töten.«

Und auch David wird angefeindet. Am härtesten trifft ihn der Vorwurf, er habe seine Liebe zu Wallis zum Vorwand genommen, um sich aus der Last des Amtes zu befreien. Darüber schreibt er viele Jahre später: »In gewissen Kreisen hat man behauptet, dass ich kein König sein wollte, dass ich meine persönlichen Gefühle über den Thron und über meine Pflicht gestellt hätte, weil ich mich um nichts als mein persönliches Glück kümmern würde. Das ist eine Lüge. Ich sage es heute und ein für alle Mal: Mein ganzes Leben lang habe ich mich auf das Amt des Königs vorbereitet, vierzig Jahre lang; als Prinz von Wales habe ich meinem Land und dem Commonwealth ergebenst gedient. Ein Jahr lang habe ich als König mit so viel Hartnäckigkeit und Opferbereitschaft wie möglich gearbeitet. Natürlich wollte ich König sein. Und mehr noch, ich wollte König bleiben.«

Auf dem englischen Thron nimmt stattdessen am 12. Mai 1937 Davids Bruder Bertie Platz, der sich nun George VI. nennt. David verfolgt die Krönungsfeierlichkeiten am Radio. Ganz allmählich wird ihm klar, welche Kluft sich nach seiner Abdankung zwischen seiner Familie und ihm und zwischen ihm und seinem Heimatland auftut. Noch hofft er, mit der Zeit würden sich die Wogen glätten und der Weg für eine Aussöhnung könne bereitet werden. Doch als Wallis, die endlich geschieden ist, und David schließlich am 3. Juni 1937 auf Schloss Candé in Südfrankreich heiraten, ist niemand von der königlichen Familie anwesend. Aus dem Buckingham Palast verlautet: »Die Einladungen zur Hochzeit des Herzogs von Windsor und von Mrs. Wallis Warfield sind denen vorbehalten, die die letzten Monate mit ihnen verbrachten. Da man seiner Majestät dem König geraten hat, kein Mitglied der Königlichen Familie zu entsenden, um sie zu repräsentieren, wird niemand aus der Verwandtschaft seiner Königlichen Hoheit anwesend sein.«

David und Wallis bekommen zu spüren, wie die Windsors ihre Geister vertreiben. Das familiäre Band ist zerschnitten. Noch vor der Hochzeit hatte Davids Berater Walter Monckton mit einer niederschmetternden Nachricht aufgewartet. Er überbrachte einen Brief Georges VI., der erläuterte, warum der König der künftigen Herzogin von Windsor den Titel »Königliche Hoheit« verweigert. »Mein lieber David. Ich gebe diesen Brief Monckton, damit er ihn

Ihnen aushändigt, und werde versuchen, die außergewöhnliche Situation, die wegen Ihrer Frau entsteht, die durch die Hochzeit mit Ihnen nicht ›Königliche Hoheit‹ werden kann, zu erklären. Ich habe lange und viel darüber nachgedacht, und man hat mir gerade gesagt, dass Sie mit dem Thronverzicht alle Ihre Titel aufgegeben haben, besonders Ihr Recht auf den Titel ›Königliche Hoheit‹, da Sie nach dem Gesetz nun nicht mehr in der Erbfolge stehen. Da ich möchte, dass Sie diesen Titel weiterhin tragen, muss ich ihn Ihnen wieder verleihen. Doch gleichzeitig hat man mir versichert, dass es mir unmöglich sein wird, Mrs. Warfield zur Königlichen Hoheit zu ernennen aufgrund der Patente [Verlautbarungen über Privilegien] von Königin Victoria, die definitiv entschieden hat, dass der Titel nur von den nahen Verwandten des Herrschers, die in der ›Thronfolge‹ stehen, getragen werden darf.«

Wallis sollte für immer eine Außenseiterin bleiben, das Familiengespenst der Windsors. In der königlichen Familie wurde die Abdankung Edwards nicht als heroischer Verzicht eines Mannes gesehen, der für seine große Liebe alles aufgibt. In ihren Augen hatte er seine Pflicht verletzt und damit Schande über alle nahen Verwandten gebracht. Es ist ein Trauma, das nie vergessen werden wird.

Davids Mutter, Queen Mary, befindet sich in einem Schockzustand, und der neue König George, der ehemalige Herzog von York, ist einem Nervenzusammenbruch nahe. Als Zweiter in der Thronfolge ist er denkbar unvorbereitet für die Aufgabe, die nun auf ihn wartet. Zwar hat er an seinem Sprachfehler gearbeitet, aber ein Leben in der Öffentlichkeit hatte er sich nie gewünscht. Sind ihre beiden Töchter Elizabeth und Margaret Rose anwesend, werden

König George und Königin Elizabeth (die spätere Queen Mum) künftig nie mehr von Wallis Simpson sprechen, die sich nun Herzogin von Windsor nennen darf.

Mit der Abdankung Edwards hat sich für die junge Familie der Yorks das ganze Leben verändert, und es wird von nun an nie mehr in normalen Bahnen verlaufen. Zunächst steht ein Umzug an: Sie tauschen ihr vergleichsweise bescheidenes Heim am Piccadilly Nr. 145 mit dem Buckingham Palast. Alles hier ist riesig, die Gänge und Fluchten verwirrend. Es zieht, und den ganzen Tag stehen Menschen vor dem Tor und starren auf die Fenster, als könne sich dort jeden Augenblick etwas Unglaubliches ereignen. Elizabeth, elf Jahre alt, starrt hinter den dichten Vorhängen zurück. Sie wird eines Tages Königin sein, nicht, weil es die Erbfolge so vorsah, sondern weil ›Onkel David‹ seine Pflichten vergessen hatte. Vor dem Palast thront überlebensgroß die Statue von Elizabeths Ururgroßmutter, der legendären Queen Victoria. Sie war die erste Monarchin, die im Buckingham Palast auch wohnte.

Für Elizabeths Mutter, Königin Elizabeth, hält das neue Leben Herausforderungen bereit, die ihr Unbehagen bereiten. Die Tochter eines schottischen Adeligen ist nicht in der königlichen Familie groß geworden. Sie muss sich nun an ihren Vorgängerinnen Victoria und ihrer Schwiegermutter Queen Mary messen lassen. Mit ihrer etwas gedrungenen Figur entspricht sie nicht dem Modegeschmack der Zeit, den Wallis Simpson so perfekt verkörpert. »Eine Frau kann niemals zu reich und niemals zu dünn sein«, soll diese einmal geäußert haben.

Doch die neue Königin lernt schnell. Sie findet einen

Schneider, der ihr glamouröse Kleider entwirft, die in Details an die höfischen Gewänder zu Victorias Zeiten erinnern. Schnell hat sie sich eine charakteristische Art angeeignet, dem Volk huldvoll zuzuwinken. Es wird bis zu ihrem Tod ihr Markenzeichen bleiben. Ebenso wie ein feines Lächeln, das ihre Lippen umspielt und das selbst Wallis in der Ferne erzürnen lässt. Sie schreibt an David: »Dieser zufriedene Ausdruck auf dem Gesicht der Herzogin von York [die zu dieser Zeit längst Königin ist] ist lustig anzusehen. Wie sie das alles genießt.« Hier irrt Wallis, die sich noch immer Hoffnung macht, eines Tages doch noch siegreich nach England zurückzukehren. Sir Horace Wilson, Berater von Premierminister Baldwin, schreibt: »Mir erscheint es klar, dass sie die Absicht hat, einen eigenen Hofstaat zu gründen, und (...) ihr Bestes geben wird, die Dinge für die neuen Inhaber des Throns unangenehm zu machen. (...) Man kann nicht annehmen, dass sie die Hoffnung aufgegeben hat, Königin von England zu werden.«

Die Queen ist beunruhigt. Ihr Mann, König George VI., fühlt sich noch immer nicht sicher auf dem Thron. Er weiß nicht, was als Nächstes auf ihn wartet. Alles deutet darauf hin, dass sein Bruder sich neue Verbündete sucht. 1937 besuchen Wallis und David Berlin und treffen mit Adolf Hitler zusammen, der aus seinem Judenhass und seinen Expansionsgelüsten längst keinen Hehl mehr macht. Die britische Regierung ist ebenso entsetzt über das Verhalten des ehemaligen Königs und seiner Frau wie die königliche Familie. Das Verhältnis zwischen König George und dem Herzog von Windsor hat sich dramatisch abgekühlt, und es entwickelt sich eine erbitterte Familienfehde. Gestritten wird um Geld und noch immer um den Titel »Königliche

Hoheit« für Wallis. Der Mittler zwischen den verfeindeten Parteien ist Walter Monckton, der auch mit der Queen Briefverkehr pflegt. In einem Schreiben an ihn bezeichnet sie Wallis als die »Niedrigste der Niedrigen« und als schlechtes Beispiel für England.

1940 wird der Herzog von Windsor, auf Betreiben seines ehemaligen Unterstützers Winston Churchill, zum Gouverneur der Bahamas ernannt. Hitler hat da bereits Frankreich, das ehemalige Exil Davids, besetzt. Nach Ausbruch des Zweiten Weltkriegs mehren sich die Gerüchte, die Windsors seien Nazi-Sympathisanten. Entsprechende Hinweise erreichen auch die Bundespolizei FBI. Als sich Gerüchte verdichten, Hitler-Deutschland benutze Wallis und David als Spitzel, reagiert der damalige Chef des FBI, der legendäre John Edgar Hoover. Seine Sorge ist groß, die Windsors könnten den Deutschen geheime Informationen zukommen lassen und so die Schlagkraft der Alliierten schwächen. Er ordnet an, das Paar im Auge zu behalten. Doch wirklich brisante Informationen über die Windsors erhält das FBI durch eine zufällige Begebenheit, die an einen drittklassigen Spionage-Thriller erinnert.

Es ist der 29. September 1941, New York City. FBI-Agent L. L. Laughlin klopft an die Pforte des Franziskanerklosters in der Quincy Street. Dort lebt ein deutscher Mönch, der vor den Nazis fliehen musste und sich Pater Odo nennt. Ob er wohl einen deutschen Priester namens Dr. Hoffmann kenne, will Laughlin von dem Ordensmann wissen. Hoffmann steht im Verdacht, für die Gestapo als Spitzel tätig zu sein. Offenbar kann Pater Odo, ein frommer Mann mit einem offenen runden Gesicht, keine Auskunft geben. Jedenfalls enthält Laughlins Protokoll der Begegnung im Kloster keine weiteren Bemerkungen zum Fall Hoffmann. Was der gewissenhafte Agent aber auf den folgenden zwei Seiten aufschreibt, wirft ein grelles Licht auf die Liebesgeschichte des Jahrhunderts, in der der König von England den Thron für die Frau seines Herzens opfern musste, angeblich nur, weil sie geschieden war.

Zunächst eröffnet Pater Odo dem verblüfften FBI-Mann, er sei verwandt mit Königin Mary von England. Tatsächlich trägt der unscheinbare Mönch einen glanzvollen Namen: geboren in Stuttgart, hieß Odo bis zu seinem Eintritt in den Benediktinerorden Herzog Karl Alexander von Württemberg. Königin Mary, geborene von Teck, entstammte einer Seitenlinie des Hauses Württemberg. Je länger der Pater spricht, desto überzeugter ist Laughlin, keinen Spinner vor sich zu haben, sondern tatsächlich einen Verwandten der Witwe des verstorbenen Königs George V. und Mutter von Edward VIII., der abdankte. Laughlin kombiniert und bringt nun der Neugier halber das Gespräch auf den Herzog und die Herzogin von Windsor, die gerade erst zu Besuch in Washington waren. Ob der Pater die beiden getroffen habe, fragt er. Da öffnet der fromme Mann alle Schleusen, und ein Wortschwall ergießt sich, der seine ganze Abneigung gegen Wallis offenbart. Wie die gesamte königliche Familie wolle auch er nichts mit ihr zu tun haben. Queen Mary selbst habe ihm erzählt, dass sie ihren Sohn so lange nicht wiedersehen wolle, wie er mit dieser Frau zusammen sei. Sie habe ein Treffen mit ihm abgelehnt, da er ohne seine Ehegattin nicht erscheinen wollte. Der Herzog habe aber seinen Bruder, König George VI., getroffen und ihm folgende Forderungen vorgelegt: Er wolle Oberkommandierender der britischen Expeditionsstreitkräfte werden, außerdem Feldmarschall, wie er es als König von England war, und Wallis solle der Titel »Königliche Hoheit« verliehen werden. Darüber hinaus solle sie »Erste Prinzessin Englands« genannt werden. Der König habe die Ansinnen seines Bruders rundweg abgelehnt und ihn aufgefordert, das Land zu verlassen.

In dem kargen Raum des Klosters in der Quincy Street hört FBI-Mann Laughlin die unglaublichste Geschichte seines Lebens. Inzwischen ist er verstummt, während Pater Odo sich immer weiter in Rage redet. Seine Ausführungen wenden sich jetzt den sexuellen Aspekten des Königsdramas zu. Einmal, so erzählt Odo, habe die Herzogin von Windsor auf einer Party in Paris erzählt, der Herzog sei impotent. Keine Frau außer ihr selbst habe seine sexuellen Wünsche befriedigen können. Dies, so fügt Pater Odo an, sei der wahre Grund, weshalb die Leute, die Bescheid wüssten, die Herzogin so ablehnten. Königin Mary habe ihm darüber hinaus erzählt, Wallis sei die Geliebte des ehemaligen deutschen Botschafters in London, von Ribbentrop, gewesen, was ihm Premierminister Stanley Baldwin und der britische Geheimdienstmann Cornell Cooper bestätigt hätten.

Zum Zeitpunkt dieses ungewöhnlichen Gesprächs im Kloster war Joachim von Ribbentrop bereits Hitlers Außenminister. Es ist nicht schwer, sich das fassungslose Gesicht L. L. Laughlins vorzustellen, als Pater Odo fortfährt. Ribbentrop, das wisse er mit Sicherheit, habe Wallis jeden Tag 17 Nelken zukommen lassen, als er noch in London war. Eine Nelke für jede sexuelle Begegnung mit ihr.

Mögen für den züchtigen Ordensmann die sexuellen

Details auch von besonderer Pikanterie gewesen sein, so sind es doch die folgenden Aussagen, die die politische Brisanz der Abdankungsaffäre deutlich machen. Pater Odo erzählt Laughlin von einem Gespräch, das er mit Lord Baldwin, dem ehemaligen Premierminister, geführt habe. Dieser erklärte ihm, die Briten hätten Edward loswerden wollen, weil er mit seiner Mätresse einen Skandal verursacht habe, aber auch wegen seiner Begeisterung für die Nazi-Ideologie und seines Wunsches, England ohne das Parlament zu regieren. Baldwin habe es so eingeschätzt: Der Herzog wollte das Parlament unterdrücken und an die Spitze einer Partei gelangen, die ihn zum Diktator Englands erheben würde. Queen Mary habe ihm, Pater Odo, auf Deutsch gesagt: »Ich kenne diesen Sohn nicht mehr.«

So weit die Aufzeichnungen des FBI-Agenten Laughlin, der losgezogen war, um einem kleinen Spitzel auf die Spur zu kommen, und unverhofft Ohrenzeuge eines Berichtes aus der Gerüchteküche des britischen Empire wurde.

Sein als vertraulich eingestuftes Protokoll wurde bis vor Kurzem unter Verschluss gehalten. Geheimdienstpapiere sind keine absolut verlässlichen Quellen, und dem Herzog von Windsor konnte niemals Geheimnisverrat nachgewiesen werden, aber die Erzählung Pater Odos lässt deutlich die Nervosität erahnen, mit der Regierung und Königshaus auf das Paar reagierten. Noch immer werden Briefe Queen Mums an Walter Monckton unter Verschluss gehalten, die möglicherweise weiteren Aufschluss über die Hintergründe der Abdankungsaffäre und die anschließende erbitterte Familienfehde liefern könnten.

Bis heute geht Wallis Simpson als Gespenst im Hause Windsor um, auch wenn ihre Ehe mit David bis zum Ende hielt. Das unglaubliche Drama um die geschiedene Amerikanerin und den eigensinnigen König, der ihretwegen sein Land aufgeben musste, ist eine offene Wunde in der Geschichte der Windsors geblieben. »Es war für die Familie ein Desaster, als Edward VIII. abdankte«, erklärt die Biografin Penny Junor. »Er hatte sich für seine Liebe entschieden, gegen die Monarchie und seine Pflicht. Prinz Charles wuchs mit dieser Geschichte auf, sie wurde ihm dauernd vorgehalten. Er weiß sicher, dass so etwas nie, nie mehr geschehen darf. Jedes Familienmitglied ist sich bewusst, dass dies heutzutage zerstörerisch sein kann. Damals wurde die Situation durch die Regierung gerettet und durch die Tatsache, dass Edwards Bruder und seine Frau, die spätere Queen Mum, eingesprungen sind. Sie waren ein fantastisches Paar. Sie retteten die Monarchie, die am Rande des Abgrunds stand.«

Das Königreich blieb der Familie Windsor also erhalten, aber auch eine Fehde, die ihre Schatten noch heute auf die Nachkommen wirft, auch wenn die damals handelnden Personen längst gestorben sind. »Ich bin nicht sicher, ob die Familie Wallis Simpson jemals wirklich vergeben hat. Queen Mum war sehr, sehr verbittert ihretwegen«, erklärt Penny Junor. »Sie war absolut unnachgiebig. Sie hatte das Gefühl, ihren Mann zu früh verloren zu haben, wegen des Stresses, den eigentlich sein Bruder hätte haben sollen. (…) Er war in seiner Jugend nicht darauf vorbereitet worden, König zu sein. Und plötzlich wurde es ihm aufgezwungen, und er fand es sehr schwierig. Seine Frau, Königin Elizabeth [Queen Mum] war fantastisch, sie war sehr stark und charismatisch und sie half ihm (…) aber der Stress forderte seinen Tribut.«

Da waren sie nun unverhofft auf dem Thron gelandet, George VI. und Königin Elizabeth, und ihre beiden Töchter Elizabeth und Margaret Rose waren die Nummer eins und zwei der britischen Thronfolge. Ein Leben im royalen Käfig lag vor ihnen, und sie waren entschlossen, als Familie die Bürde zu meistern. »Die Firma« besann sich auf die Tradition.

3

Die Familienfirma

In welche Richtung der neue König das Haus Windsor zu lenken gedachte, hatte er schon mit der Wahl seines Königsnamens deutlich zum Ausdruck gebracht. Aus Bertie wurde George VI., womit er zu verstehen gab, dass er an die Tradition seines pflichtbewussten und konservativen Vaters George V. anknüpfen wollte. Ein intaktes Heim, eine vorbildliche Familie, Sittenstrenge und Disziplin sollten den Skandal um seinen Bruder Edward vergessen machen. Dabei hatte George VI. drei starke Frauen als Verbündete: seine Frau Queen Elizabeth und seine hübschen Töchter Elizabeth und Margaret Rose. Schon bald war dieses Familienquartett beim Volk ausgesprochen beliebt. »Wir vier«, wie der König seine Familie gerne nannte, waren für ihn der Kern seiner Regentschaft und zugleich ein Vorbild für die Menschen, die sich die königliche Familie als ein repräsentatives nationales Symbol wünschten.

Während des 19. Jahrhunderts hatte sich in Großbritannien die Idee der Familienmonarchie entwickelt. Queen Victoria und ihr Ehemann Albert mit ihren neun Kindern und ihrer unerschütterlichen Liebe zueinander dienten als glänzendes Beispiel.

Benjamin Disraeli, Premierminister des Jahres 1868 und noch einmal von 1874 bis 1880, beschrieb es folgendermaßen: »Der Einfluss der Krone ist nicht nur an politische Belange gebunden. England ist ein auf sich bezogenes Land. Hier wird das Heim geachtet und das Herz geheiligt. Die

Nation wird von einer Familie repräsentiert – der Königlichen Familie; und wenn diese Familie mit dem Sinn für Verantwortung und dem Gefühl für öffentliche Pflichterfüllung erzogen wird, ist es schwierig, ihren heilsamen Einfluss auf die Nation zu überschätzen.«

Diese Vorbildfunktion war die Daseinsberechtigung für die Monarchie, und zwar die einzige, nachdem die viktorianische Blütezeit vorbei war und der politische Einfluss und die Macht der englischen Monarchie mit dem langsamen Verschwinden des Empire immer weiter abnahmen.

Nach außen verkörperte George VI. das Bild vom treusorgenden Familienvater perfekt. Das Glück wurde eifrig auf Zelluloid gebannt. »Wir vier« wurden zum Lieblingsmotiv der britischen Wochenschau. Dass das Idyll nicht ohne Fehler war, blieb der Presse verborgen. Noch gab es keine plappernden Butler und Kindermädchen, die über die gefürchteten Wutausbrüche des Königs berichtet hätten. Und die etwas pummelige Figur der Königin wurde mit geschicktem Licht und künstlerischer Retusche in die richtigen Proportionen gebracht. Alles wirkte wie geschnitzt nach dem Bild der Monarchie, das 1867 der viktorianische Ökonom Walter Bagehot in seiner Abhandlung *The English Constitution* (Die englische Verfassung) für die Ewigkeit festgehalten hat: »Eine Familie auf dem Thron ist eine interessante Idee. Es bringt den Stolz des Souveräns auf das Level des unbedeutenden Lebens herunter. Kein Gefühl kann als kindischer betrachtet werden als der Enthusiasmus der Engländer bei der Hochzeit des Prinzen von Wales. Sie behandelten etwas als großartiges politisches Ereignis, was, betrachtet man die Sache an sich, etwas sehr Geringes war. Aber kein anderes Gefühl entspricht mehr der gewöhnlichen menschlichen Natur, und das wird wahrscheinlich so bleiben.«

Hochzeiten, hier ist die des künftigen Königs Edward VII., eines Sohnes von Victoria, beschrieben, sind die höchsten Feiertage der Monarchie, da hier dem Volk ein Versprechen gegeben wird. Die Familie auf dem Thron soll weiterleben, die Dynastie durch Nachwuchs am Leben erhalten werden. Das Märchen von Prinz und Prinzessin wird weitergehen. So war es auch mehr als hundert Jahre später bei der Hochzeit von Charles und Diana. Und trotz deren tragischer Geschichte wird es wieder so sein, wenn einst Prinz William seine Auserwählte zum Altar führt.

Um diesem Idealbild der Monarchie zu entsprechen, müssen die Thronfolger beizeiten lernen, mit zwei Persönlichkeiten durchs Leben zu gehen: mit dem Antlitz des Monarchen auf der einen und der Privatperson auf der anderen Seite, möglichst ohne dabei ernsthaften seelischen Schaden zu nehmen. Wer dem nicht gewachsen ist, gefährdet den Machterhalt. Wer das eigene Seelenheil über die Pflichterfüllung stellt, hat auf dem Thron nichts verloren.

Deshalb wurden Wallis und Edward zu den schon reichlich vorhandenen Familienopfern ins Verlies verbannt, ein Platz, der später auch für die unbotmäßige Diana, Prinzessin von Wales, vorgesehen war. Hatte die sich wieder einmal über die Gefühlskälte ihrer Schwiegerfamilie geärgert, bezeichnete sie die Windsors gerne als »The Germans«, die Deutschen. Mit Blick auf ihren eigenen jahrhundertealten Stammbaum wies sie treffsicher auf die Herkunft der Verwandtschaft der Königsfamilie hin, die König George V. während des Ersten Weltkriegs zwecks Machterhalts aus dem kollektiven Gedächtnis hatte löschen wollen.

Als der Krieg ausbrach, schwappte eine gewaltige antideutsche Welle durch England. Mit dem deutschen Kaiser Wilhelm II. und George V. standen sich zwei Enkel Victorias feindlich gegenüber. Gewaltige Wutausbrüche entluden sich gegen alles, was deutsch klang. »Die Leute beleidigen selbst deutsche Gouvernanten«, erinnerte sich später Lord Louis Mountbatten, ein Urenkel Victorias. »Sie attackierten auf der Straße sogar deutsche Dackel. Und unter jedem Bett vermuteten sie einen Spion. In der Presse wurde diese Hysterie gezielt geschürt, was alles noch schlimmer machte. Auch mein Vater wurde wegen seines deutschen Namens vehement angegriffen.«

Lord Mountbattens Vater, Prinz Ludwig von Battenberg, war in Österreich zur Welt gekommen, als Sohn eines Prinzen von Hessen-Darmstadt. Er hatte eine Enkelin Victorias geheiratet und war in Großbritannien zum Vizeadmiral des Ersten Seelords aufgestiegen. Sein Amt musste er zu Beginn des Krieges wegen der fanatischen antideutschen Ausbrüche aufgeben. König George V. gab das sehr zu denken. Vielleicht war es dem Volk nicht so bewusst, aber seit der Heirat Königin Victorias mit ihrem deutschen Cousin Albert 1840 lautete der Nachname der Königsfamilie Sachsen-Coburg-Gotha. Victoria selbst entstammte dem Geschlecht der Hannoveraner.

Mit dem Krieg geriet die gesamte bis dahin geltende politische Ordnung in Europa ins Wanken, deren Wurzeln durch eine Jahrhunderte während Heiratspolitik gelegt worden waren, die dazu geführt hatte, dass nahezu alle Herrscher Europas enge Verwandte waren. Griechenland, Norwegen, Deutschland, Rumänien, Schweden, Jugoslawien, Dänemark und Spanien – überall saßen Nachkommen

Königin Victorias auf dem Thron. Auch das russische Zarenpaar gehörte zum erweiterten Familienkreis des englischen Königs. Als die Romanows von den roten Revolutionären vom Thron gejagt wurden, baten sie um Unterschlupf in London. Aus Angst, die revolutionären Kräfte im eigenen Land gegen sich aufzubringen, verweigerte George V. den Romanows Asyl. Fast die ganze Familie wurde in den Kriegswirren gewaltsam ausgelöscht. Der König sah nun auch den englischen Thron in Gefahr, zumal im Empire immer häufiger die Frage gestellt wurde, wie er denn den Krieg gegen Deutschland gewinnen wolle, wo er doch selbst ein Deutscher sei. Die Namensfrage bedurfte nun dringend der Klärung. Wenn sich schon nicht die deutschen Wurzeln aus dem Stammbaum entfernen ließen, so könnte wenigstens ein englischer Familienname dem Volk deutlich machen, dass George V. sich als Engländer fühlte.

Doch die Ratlosigkeit war groß. Was könnte angemessen sein? Tudor, Stewart, England? Oder York oder Lancaster? Nichts schien passend. Schließlich kam ein kluger Lord auf die Idee, dass es im 14. Jahrhundert einen König Edward von Windsor gegeben habe. Da ein Schloss und ein Städtchen mit diesem Namen bereits existierten, wurde der Vorschlag sogleich aufgegriffen. Am 17. Juli 1917 billigte der Kronrat folgende Erklärung des Königs:

»Da Wir den Namen und den Titel Unseres Königlichen Hauses und Unserer Familie einer Prüfung unterzogen haben, sind Wir zu dem Entschluss gelangt, dass Unser Haus und Unsere Familie fortan als das Haus und die Familie von Windsor betitelt und bekannt sein soll. Ferner haben wir für Uns selbst und für Unsere und auch alle Nachkommen Unserer Großmutter Queen Victoria seligen und ruhmreichen

Andenkens beschlossen, auf die Verwendung aller deutschen Titel und Würden künftig zu verzichten (…) Weiterhin erklären wir hiermit, dass Wir für Uns selbst und für (…) alle übrigen Nachkommen unserer genannten Großmutter Victoria, die Untertanen dieses Reiches sind, auf sämtliche Titel und Ehren der Herzöge und Herzoginnen von Sachsen und Prinzen und Prinzessinnen von Sachsen-Coburg-Gotha und auf alle sonstigen deutschen Würden, Titel, Ehren und Namen verzichten.«

Damit waren die deutschen Wurzeln gekappt, die in England lebenden Verwandten, die Tecks und Battenbergs, hießen fortan Cambridge und Mountbatten. Die deutsche Verwandtschaft wurde ins Verlies der Familiengeschichte verbannt. Bis heute werden die Sachsen-Coburg-Gothas behandelt, als gehörten sie nicht dazu.

Was Großmutter Victoria wohl zu alledem gesagt hätte? Sie hatte die Familie einstmals ermahnt, »das deutsche Element in unserem Haus« zu ehren und zu pflegen; das war in einer Zeit vor den großen Kriegen gewesen. Vielleicht wäre sie entsetzt gewesen, hatte sie ihren deutschen Ehemann doch über alles geliebt und sich bei der Coburger Verwandtschaft ausgesprochen wohlgefühlt. Vielleicht hätte sie aber auch Verständnis für Georges Entscheidung gehabt, da sie der relativ jungen Dynastie, die sich nun die »Windsors« nannte, in einer heiklen politischen Lage Thron und Macht gesichert hatte.

Allerdings war es ein gravierender Einschnitt in das psychologische Gleichgewicht und in das historische Erbe einer ganzen Familie, der gewisse seelische Erschütterungen nach sich ziehen musste.

Ein Neffe des Königs beschrieb später eine schizophrene

Atmosphäre am Hof, zweifelsohne eine Folge des willkürlichen Umgangs mit der Familiengeschichte: »Für die Jüngeren von uns war es schwierig, sich mit dem moralischen Widerspruch, der zwischen der Glorifizierung von Korrektheit und Pflicht auf der einen Seite und der völligen Vernachlässigung zentraler christlicher Tugenden wie Vergebung, Verständnis und Liebe zwischen den Angehörigen einer Familie auf der anderen Seite bestand, abzufinden.«

Nichts kann den Fluch der Windsors besser beschreiben als dieses Zitat, und er lastet bis heute auf den Mitgliedern der berühmtesten Familie der Welt. Es ist der eisernen Disziplin der heutigen Queen Elizabeth zu verdanken, dass alle seelischen und moralischen Erschütterungen, die das Haus Windsor in seiner folgenden Geschichte zu erleiden hatte, nicht zum Untergang der Monarchie geführt haben.

Die kleine Prinzessin Elizabeth, genannt Lilibet, war nach der Abdankung Edwards VIII. mit einem Mal Thronfolgerin. Damit war ihr ganzes Leben von nun an vorausbestimmt, sie hatte keine andere Wahl mehr. Ihre Schwester Margaret bedauerte sie aufrichtig. »Du Ärmste«, sagte sie zu Elizabeth, die sich jetzt ganz den Regeln des Hofes und der Monarchie unterwerfen musste. Ihr Vater, George VI., begann mit ihr über ernste Themen zu sprechen. Ihre Kinderfrau, Marion Crawford, genannt Crawfie, schrieb: »Lange bevor andere Kinder sich mit Politik beschäftigten, war Lilibets Interesse daran geweckt. Sie wollte wissen, was in der Welt da draußen vorging.«

Die Prinzessin war nun oft dabei, wenn sich ihre Eltern mit ausländischen Diplomaten zum Essen trafen. Gewissenhaft, wie es ihre Natur war, hatte sie auch die Krönungsfeierlichkeiten ihrer Eltern verfolgt und ihre Beobachtungen in einer kleinen Broschüre festgehalten, die sie mit einem rosa Band verziert hatte. »Die Krönung, 12. Mai 1937« hatte sie in ihrer Kleinmädchenschrift über das Werk gesetzt. »Für Mummy und Papa, von Lilibet, geschrieben von ihr selbst.« Wie würdevoll ihre Eltern aussahen! George VI. und Elizabeth gaben ihr Möglichstes, um vergessen zu lassen, dass von nun an nur der Ersatzkönig auf dem Thron Englands sitzen würde. Ob die elfjährige Elizabeth sich wohl vorstellte, wie es eines Tages bei ihrer Krönung sein würde? Wann wurde ihr wohl bewusst, dass es ihre wichtigste Aufgabe im Leben sein würde, ihrerseits für Nachwuchs im Haus Windsor zu sorgen?

Schon zwei Jahre nach der Krönung ihrer Eltern sollte die dreizehnjährige Lilibet den Mann ihres Lebens kennenlernen und in ihrer zielstrebigen Art niemals mehr einen anderen Heiratskandidaten in Betracht ziehen. In Europa zogen die düsteren Vorboten des Zweiten Weltkriegs auf, als die königliche Familie im Juli 1939 das Royal Naval College in Dartmouth besuchte. Lord Louis Mountbatten, der Sohn des im Ersten Weltkrieg so schmachvoll ausgeschiedenen Admirals, begleitete die Majestäten und versäumte es nicht, seinen jungen Neffen vorzustellen. Philip Mountbatten war ein groß gewachsener, gut aussehender Kadett und entfernt mit Elizabeth verwandt, da seine Mutter eine Urenkelin Königin Victorias war. Geboren 1921 auf der griechischen Insel Korfu, hieß er zunächst Prinz Philip von Battenberg, bevor er wie sein übriger Clan 1917 die englische Version seines Nachnamens annahm. Er stammte aus dem Haus Hessen und war ein Cousin der kleinen Lilibet. Doch bis zu ihrer Begegnung war sein Leben so ganz anders verlaufen als ihr behütetes Dasein im Buckingham Palast. Philips Großvater war einst König von Griechenland gewesen, aber die Familie musste nach einem Putsch aus Korfu fliehen, als der kleine Prinz gerade ein Jahr alt war. Seine Eltern, Prinz Andreas und Prinzessin Alice, hatten sich früh getrennt, und Prinz Philip kam nach einigen Umwegen in ein schottisches Internat, Gordonstoun. Eine Einrichtung mit strengen Regeln, gegründet von einem deutschen Juden, der vor den Nazis geflohen war. Für Philip waren es prägende Jahre, die er später auch den eigenen Söhnen nicht ersparen wollte.

Für Lilibet war es Liebe auf den ersten Blick, als sie an jenem Julitag 1939 Philip zum ersten Mal traf. Der sportliche junge Mann war ein Draufgänger, der es verstand, die beiden Prinzessinnen mit allerhand Unsinn zu unterhalten. »Wie gut er ist, Crawfie«, flüsterte Elizabeth ihrer Kinderfrau zu. »Wie hoch er springen kann!« Für sie kam kein anderer Mann mehr in Frage, auch wenn es noch ein paar Jahre bis zur Hochzeit dauern sollte. Die künftige Königin hatte eine der schwierigsten Aufgaben für einen Thronfolger sozusagen im Vorbeigehen gelöst: den richtigen Partner für ein royales Leben zu finden, in dem Liebe eine glückliche Fügung, aber keine notwendige Voraussetzung für eine Ehe ist.

Die königliche Familie hatte sich 1939 wie jedes Jahr auf das schottische Schloss Balmoral in die Sommerferien begeben. George VI. war ein leidenschaftlicher Jäger, und das riesige Anwesen bot allerhand begehrenswerte Trophäen: Hasen, Fasane, Birkhühner, Moorhühner und Hirsche. Doch mitten im Getümmel der täglichen Pirsch musste der König erkennen, dass auf dem Kontinent Adolf Hitler nicht mehr von seinen geplanten Eroberungsfeldzügen abzubringen war. Die britische »Appeasement«-Politik, die den Diktator beschwichtigen sollte, war gescheitert. George VI. ließ seine Familie auf Schloss Balmoral zurück und nahm den Zug nach London, um in der heiklen politischen Situation Flagge zu zeigen. »Warum verdirbt dieser Hitler alles?«, soll Elizabeth die plötzliche Abreise ihres Vaters kommentiert haben.

Am 1. September griffen die Deutschen Polen an. Der Krieg war da. Elizabeth und Margaret wurden nach Birkhall gebracht, einem kleineren Cottage in der Nähe von Balmoral Castle. Hier waren sie in relativer Sicherheit. Ihre Mutter, die Queen, beeilte sich, dem König in London beizustehen. Auch im Krieg ist die Rolle des Monarchen eine zwiespältige Angelegenheit, wie sein ganzes Amt. Er ist das Oberhaupt der Streitkräfte, hat aber im Kriegsgetümmel nichts zu suchen. Zu groß die Gefahr, getötet zu werden oder gar als Geisel in die Hände des Feindes zu fallen und damit die Regierung erpressbar zu machen. Ein Oberhaupt, das seine Schutzbefohlenen im Ernstfall nicht verteidigen kann: Wie soll der König da Tapferkeit zeigen? Eine schwierige Situation, mit der sich auch jüngst Prinz Harry herumschlagen musste, der nicht mit seinen Kameraden in den Irak ziehen durfte.

Für das Dilemma Georges VI. hatte die wie immer patente Königin ein Rezept. Der Beitrag der Royals zum Krieg musste ein symbolischer sein. Während andere Aristokraten ihre Kinder in Kanada oder Amerika in Sicherheit brachten, entschied sie, dass Elizabeth und Margaret Rose im Land bleiben sollten. »Die Kinder würden nicht ohne mich gehen, ich würde nicht ohne den König gehen, und der König wird das Land niemals verlassen«, sprach sie in die Mikrofone der Kriegsberichterstatter und begründete damit den Mythos einer Volksheldin, der die Aura Queen Mums bis zu ihrem Tod umgeben sollte. Die Prinzessinnen wurden nach Windsor Castle gebracht, das mit seinen dicken, wehrhaften Mauern als Trutzburg bestens geeignet war. Sie wurden weiter unterrichtet, allerdings verschwanden die deutschen Grammatikbücher aus den Schulstunden. Margaret, schon in jungen Jahren eine glühende Patriotin, warf wutentbrannt ihre Deutschhefte auf den Boden und beteuerte, die Sprache niemals mehr studieren zu wollen. Ihre Eltern bekamen die Prinzessinnen nur abends und an den Wochenenden zu Gesicht, wenn sie in der Royal Lodge in Windsor übernachteten.

Ansonsten verbrachte das Königspaar die Tage demonstrativ im Buckingham Palast, und als sich deutsche Gotha-Bomber der Hauptstadt näherten, durchlebten sie wie alle anderen Einwohner auch die Schrecken des »German Blitz«. Tatsächlich wurde der Palast im September 1940 von deutschen Bomben getroffen, was die Verwandtschaft auf dem Kontinent noch weiter in Misskredit brachte. Besonders verhasst war Carl Eduard Herzog von Sachsen-Coburg und Gotha. Schon früh hatte er mit Hitler sympathisiert, der ihn 1936 zum SA-Obergruppenführer beförderte. Ironischerweise stammte Carl Eduard aus der englischen Linie von Victorias Verwandtschaft, trug den Titel Herzog von Albany und war erst mit 15 Jahren nach Deutschland gekommen. Zunächst lebte er in der Obhut Kaiser Wilhelms II., der sein Cousin war. 1905 übernahm Carl Eduard die Regierung des Doppelherzogtums Sachsen-Coburg und Gotha und tat sich als Förderer der Luftfahrt hervor. In der Gothaer Waggonfabrik wandte man sich auf seine Anregung hin der Fertigung von Flugzeugen zu. In der Folge entstanden dort auch Bomber für Hitler, die im Zweiten Weltkrieg den gefürchteten »Blitz« nach England trugen. Carl Eduard hatte schon im Ersten Weltkrieg auf Seiten der Deutschen gekämpft und war deshalb 1917 seiner englischen Titel entledigt worden. Seine Verstrickung in Hitlers Regime führte wohl dazu, dass die Familie der Sachsen-Coburg-Gothas bis heute im Haus Windsor als Problemfall betrachtet wird.

Tapfer harrte Carl Eduards englische Verwandtschaft während des Zweiten Weltkriegs in London aus. König George VI. und Königin Elizabeth waren jetzt die beliebtesten Royals der Geschichte und wurden begeistert bejubelt, wenn sie nach den Angriffen durch zerbombte Stadtviertel schritten. Ihr Mut wirkte schärfer als jede Waffe. »Gott sei gedankt für diesen guten König!«, rief jemand aus der Menge, und der König antwortete: »Gott sei gedankt für ein gutes Volk.«

Viele andere gekrönte Häupter in Europa waren von den Nazis überrannt worden. König Haakon von Norwegen hatte sich nach London geflüchtet, von wo aus er den Widerstand gegen Hitler in seinem Land dirigierte. Königin Wilhelmine von Holland hielt von London aus Radioansprachen an ihr Volk. Auch Lilibet trug ihren Teil bei und verlas im Rundfunk einen Text an englische Kinder: »Meine Schwester Margaret Rose und ich wissen aus eigener Erfahrung, was es bedeutet, von denen getrennt zu sein, die man am meisten liebt«, war ihre zarte hohe Stimme aus den Empfängern zu vernehmen.

Die Prinzessinnen konnten in Windsor Castle das Dröhnen der deutschen Bomber hören, die im November 1940 auf dem Weg nach Coventry waren, um die Stadt dem Erdboden gleichzumachen. Das Leben im Schloss ging weiter, wenn auch wenig königlich. Mit ihren kleinen Koffern in der Hand flüchteten sich Lilibet und Margaret Rose mit ihren Kinderfrauen in das Verlies des Schlosses, wenn wieder einmal die Sirenen vor einem Fliegerangriff warnten. Heizung und Beleuchtung waren eingeschränkt, aber trotz dieser Unannehmlichkeiten fand für die Mädchen regelmäßig Unterricht statt. Zweimal in der Woche erschien ein Hauslehrer, der sonst Stunden in Eton erteilte, dem Elite-Internat, das später auch Elizabeths Enkel Prinz William besuchen sollte.

Der gelehrte Mann war ein großer Bewunderer von Königin Victoria und verstand es, seine Begeisterung auf die Thronerbin zu übertragen. Überhaupt waren die Räume des Familienschlosses der Windsors wie ein lebendiges Bühnenbild englischer Geschichte. Auf einem Hügel oberhalb der Themse gelegen, ist es seit über neunhundert Jahren ein unübersehbares Symbol der Monarchie. Im 11. Jahrhundert hatte sich William der Eroberer diesen Ort ausgesucht, um hier ein Schloss nach seinen Plänen erbauen lassen. Es gehörte zu einer Verteidigungskette rund um London, aber seine Nähe zu den königlichen Jagdgründen machte es auch zu einer attraktiven Residenz. 39 Königinnen und Könige hat das Schloss kommen und gehen sehen, es ist das älteste noch bewohnte royale Anwesen, das auf eine so lange Geschichte zurückblicken kann. Immer wieder ließen die gerade regierenden Herrscher etwas verändern und verbessern. So mischten sich normannische, mittelalterliche und gotische Stilelemente. Eine Blüte erlebte Windsor Castle unter der Regentschaft von Queen Victoria. Sie liebte es, hier Staatsgäste zu empfangen, und ihr engagierter Prinzgemahl Albert ließ im großen Park landwirtschaftliche Versuchsbetriebe anlegen.

Überall im Schloss finden sich die Insignien des Hosenbandordens und seines Patrons, des Drachentöters St. Georg. Es ist der wichtigste Ritterorden, der seinen Namen wahrscheinlich den Gürteln verdankt, die an den mittelalterlichen Rüstungen befestigt waren. Noch heute ist der Hosenbandorden die höchste Auszeichnung, die der englische Monarch zu vergeben hat. Sein Motto »Honi soit qui mal y pense« (Ein Schelm, der Arges dabei denkt) geht wahrscheinlich auf einen Ausspruch König Edwards III. zurück. 1948 ordnete Elizabeths Vater, George VI., eine Vollversammlung des Hosenbandordens auf Schloss Windsor an, um das sechshundertjährige Jubiläum zu feiern, und seither findet hier jedes Jahr im Juni eine Prozession des »Order of the Garter« statt.

Zu den Schätzen des Schlosses gehören mittelalterliche Ritterrüstungen und Waffen, die ganze Zimmerfluchten füllen und reich verziert sind. Von unschätzbarem Wert ist die Gemäldesammlung, die die Repräsentationsräume schmückt. Die Werke von Lucas Cranach, Pieter Breughel, van Dyck und Canaletto, um nur die Berühmtesten zu nennen, würden jedem Museum der Welt zur Ehre gereichen. Viele der wertvollen Kunstschätze waren im Zweiten Weltkrieg in Sicherheit gebracht worden, aber das prächtige Familienschloss, in dem die Prinzessinnen Elizabeth und Margaret für fünf Jahre Zuflucht gefunden hatten, verfehlte sicher nicht seine Wirkung auf die beiden jungen Mädchen.

Gelegentlich fanden kleinere Partys statt, die die vergnügte Margaret sichtlich genoss, während die ernsthaftere Elizabeth dazu neigte, manchmal aus heiterem Himmel eine finstere Miene aufzulegen und vor sich hin zu brüten. Eine Eigenheit, die man auch heute noch gelegentlich bei der Queen beobachten kann. Im steifen und geregelten Hofleben kam den beiden Mädchen jede Abwechslung recht, und als 1943 zu Weihnachten das Theaterstück »Aladin mit der Wunderlampe« aufgeführt werden sollte, kannte die Aufregung kaum Grenzen. Vielleicht auch, weil sich ein besonderer Gast angesagt hatte: Prinz Philip, mit dem Elizabeth während der Kriegsjahre einen unregelmäßigen Briefwechsel führte. Die künftige Königin war jetzt siebzehn Jahre alt und nach wie vor sehr verliebt in den schneidigen Marinesoldaten. Sein Bild stand inzwischen gerahmt auf ihrem Nachttisch. Und so allmählich dämmerte es auch Prinz Philip, wie ernst ihre Beziehung werden könnte. Nach Kriegsende, 1946, verbrachte er auf Einladung der Königsfamilie drei Wochen im Buckingham Palast. Das junge Paar sollte sich besser kennenlernen, abgeschirmt von der Öffentlichkeit. George VI. fand den humorvollen Seemann sympathisch und sah geflissentlich über seine deutschen Verwandtschaftsbeziehungen hinweg, obwohl er sonst jede Gelegenheit nutzte, sich von seinen deutschen Ahnen, den Sachsen-Coburg-Gothas, zu distanzieren.

Offiziell wurden die Heiratsgerüchte, die nun bald in Umlauf waren, vom Palast noch dementiert. Ein letztes Mal musste sich Elizabeth für längere Zeit von Philip trennen: Die königliche Familie unternahm 1947 eine Reise nach Südafrika. Es sollte ihr letzter gemeinsamer Auslandsbesuch werden. Im Gefolge war ein gut aussehender Mann mit unterwegs, der im Leben von Prinzessin Margaret bald eine wichtige Rolle spielen sollte: Peter Townsend, der als Pilot im Krieg gekämpft hatte. Der ehemalige Jagdflieger wurde als Held verehrt, da er als Erster einen deutschen Bomber über Großbritannien abgeschossen hatte. Nun diente er als königlicher Stallmeister, und seine Aufgabe war es, die Töchter Georges VI. auf Reisen zu begleiten.

Vor allem Elizabeth zog die Aufmerksamkeit der Südafrikaner auf sich. Die frische, hübsche Prinzessin verströmte jugendlichen Charme, legte aber gleichzeitig eine ernste Gewissenhaftigkeit an den Tag. Ihren 21. Geburtstag feierte sie auf dieser Reise, und aus Anlass ihres Eintritts ins Erwachsenenalter sollte sie eine kleine Ansprache halten. In einem südafrikanischen Garten hatte man dazu ein Mikrofon aufgebaut, vor dem sich die Prinzessin am 21. April niederließ, um ihre Selbstverpflichtung gegenüber dem Commonwealth abzugeben. Ihre Stimme war hoch, aber fest, als sie sprach: »Es gibt ein Motto, dem sich zahlreiche meiner Vorfahren verpflichtet gefühlt haben, ein edles Motto, das lautet: ›Ich dien‹. Von dieser Verpflichtung waren viele ehemalige Thronfolger beseelt, die bei ihrem Eintritt in das Mannesalter eine ritterliche Selbstverpflichtung eingegangen sind. Ich kann es ihnen in dieser Hinsicht nicht ganz gleichtun (…) aber ich kann vor dem gesamten Empire ein feierliches Gelöbnis ablegen, das ich an dieser Stelle aussprechen möchte. Es ist ganz einfach: Vor Ihnen allen erkläre ich, dass ich mein Leben, sei es kurz oder lang, Ihrem Dienst widmen möchte und dem Dienst an der großen imperialen Familie, der wir alle angehören.«

Es gibt keinen Zweifel, dass Elizabeth dieses Versprechen ernst nahm, und ihre folgende Regentschaft, die wir heute überblicken können, rechtfertigt jedes ihrer Worte. Für ihren Vater muss es eine Erleichterung gewesen sein, seine Tochter so ernsthaft und pflichtbewusst auf die Würde einer Königin zustreben zu sehen. Zwar war George VI. erst 51 Jahre alt, aber er wirkte bereits verlebt und gebrechlich. Jahrzehntelanger Tabakkonsum hatte ihn krank gemacht, er litt unter Bronchialasthma. Queen Elizabeth, seine Frau, machte allerdings Sorgen und Stress für sein Leiden verantwortlich, die ihm die Bürde des Königtums bescherten. Eine Last, die nach ihrer Ansicht sein älterer Bruder Edward hätte tragen müssen, der ja einst auf das Amt vorbereitet worden war.

Die nun volljährige Prinzessin Elizabeth schien entschlossen, den von ihrem Vater eingeschlagenen Weg der traditionsbewussten Pflichterfüllung weiterzugehen. Sie zögerte nun auch nicht länger, ihre persönlichen Umstände so zu gestalten, wie es einer Thronfolgerin abverlangt wurde. Wenn sie einst die Nachfolge ihres Vaters antreten würde, sollte wieder eine Familie an der Spitze der Monarchie stehen.

Am 9. Juli 1947 wurde die Verlobung von Prinzessin Elisabeth und Philip Mountbatten offiziell bekannt gegeben. Um allen anti-deutschen Ressentiments die Spitze zu nehmen, hatte Philip seinen königlichen Titel als Prinz von Griechenland aufgegeben und die britische Staatsbürgerschaft angenommen. Der König war glücklich über die Beziehung der beiden, die nicht nur durch ihre verwandtschaftliche Bindung wie füreinander geschaffen schienen, sondern auch offensichtlich ineinander verliebt waren. Sie fühlten sich wohl miteinander, und Philip versprach, die künftige Königin in allen Lebenslagen zu unterstützen. Ein ritterlicher Schwur, den George VI. mit einer entsprechenden Ehrung belohnte: Der Schwiegersohn in spe wurde zum Mitglied des Hosenbandordens ernannt. Allerdings erst ein paar Tage nachdem Elisabeth dieselbe Ehre zuteil geworden war. »Um ihren Vorrang vor Philip zu unterstreichen«, erklärte der König. Als Thronfolgerin nahm sie in der royalen Rangordnung die erste Stelle ein, und der Prinzgemahl hatte ihr zu folgen. Und obwohl Philip mit der Hochzeit zur Königlichen Hoheit aufsteigen würde, blieb ihm ein Platz in der Thronfolge verwehrt. Er durfte sich künftig Baron von Greenwich, Earl von Merioneth und Herzog von Edinburgh nennen.

Der 20. November 1947 begann für Elizabeth wie jeder ihrer Tage: Ihre Zofe brachte den Morgentee an ihr Bett, und die Dudelsackpfeifer umrundeten wie an jedem gewöhnlichen Morgen den Buckingham Palast. Vor den Toren hatten sich bereits die Schaulustigen gesammelt, die der Braut an ihrem Hochzeitstag so nah wie möglich sein wollten. Das lang ersehnte Ereignis brachte endlich wieder Glanz in den tristen Nachkriegsalltag.

Um neun Uhr morgens betrat Norman Hartnell, der Schneider, der schon Elizabeths Mutter zu einer vorteilhafteren Erscheinung verholfen hatte, mit seinem Team die königlichen Gemächer. Vor den Augen der Braut entfaltete er sein Meisterwerk, das Kleid, das sie an diesem unvergesslichen Tag tragen würde. Leise raschelte der cremefarbene Satin unter seinen Händen, der mit zehntausend Perlen verziert war, die Hartnell aus Amerika hatte besorgen müssen. Sie bildeten feine Schleifen, Blüten und Girlanden auf dem schimmernden Stoff des bodenlangen Gewandes und auf der nahezu fünf Meter langen Schleppe. Das Muster war inspiriert von Botticellis Darstellung des Frühlings, eine poetische Anspielung auf Wiedergeburt und Wachstum – in den bitteren Zeiten nach dem Krieg wirkte dies wie ein Versprechen auf eine bessere Zukunft. Eine Stunde und zehn Minuten dauerte das Ankleiden, und nun sollte die Tiara im Haar der Braut befestigt werden, die den Schleier halten würde. Ihre Mutter, die Königin, hatte ihr das Schmuckstück zu diesem Anlass »ausgeliehen«. Die kleine Krone war aus Diamanten gefertigt, die einst Queen Victoria an Queen Mary weitergegeben hatte, und diese wiederum an ihre Schwiegertochter Queen Elizabeth.

Die Braut war wunderschön anzusehen, doch nun fehlte noch der Strauß, den sie auf dem Weg in die Westminster Abbey in den Händen tragen sollte. Eine wilde Suche begann, und schließlich fand man die Blumen in einem kühlen Vorratsschrank. Weiße Orchideen, verwoben mit einem Myrtezweig, der von einem besonderen Busch in Osborne House stammte, dem königlichen Landsitz auf der Insel Wight. Prinz Albert, Ehemann Victorias, hatte den Setzling einst aus seiner deutschen Heimat Coburg mitgebracht, und seine Zweige waren seit 1850 in jedes royale Brautbouquet eingeflochten worden. Mit dieser »deutschen« Tradition hatte auch George VI. nicht brechen wollen, der ansonsten ebenso peinlich darauf bedacht war wie sein Vater 1917, die verwandtschaftlichen Verbindungen nach Deutschland zu verleugnen. Zur Hochzeit seiner Tochter war jedenfalls niemand aus den dortigen Adelshäusern geladen, womit der König den anti-deutschen Ressentiments seiner Landsleute nach dem Krieg Rechnung trug. Selbst die drei Schwestern des Bräutigams, die mit deutschen Ehemännern verheiratet waren, blieben von der Zeremonie ausgeschlossen. Und auch zwei wohlbekannte Familiengespenster fehlten am Hochzeitstag ihrer Nichte: der Herzog und die Herzogin von Windsor. Zehn Jahre waren seit Edwards peinvoller Abdankung vergangen, und noch immer war die Familie nicht versöhnlich gestimmt.

Elizabeth hatte sich für eine ältere Version des Eheversprechens entschieden, in dem sie gelobte, ihrem Mann zu gehorchen und zu dienen. Wohl wissend, dass es ihrem Rang und ihrer Position entsprechend an ihm war, ihr Gehorsam zu erweisen, wollte sie dieses Ungleichgewicht vor dem Altar wohl wieder wettmachen. Es war ihre Art zu zeigen, welchen Charakter ihre Ehe haben sollte: den einer traditionellen Familie mit dem Mann als Oberhaupt.

Ihr Vater war tief bewegt von der Trauung, die seine Tochter nun von seiner Kernfamilie, von »Wir Vier«, entfernte. Noch einmal versicherte er sie seiner Liebe in einem handgeschriebenen Brief, den Elizabeth nach der Trauung entgegennahm: »Ich war so stolz auf Dich und tief gerührt, als Du gemeinsam mit mir Deinen langen Gang durch die Westminster Abbey zurückgelegt hast, aber als ich dann Deine Hand dem Erzbischof übergeben habe, hatte ich plötzlich das Gefühl, etwas sehr Kostbares verloren zu haben. Du warst während der Feier so ruhig und gefasst und hast Deine Worte mit solcher Überzeugung gesprochen, dass ich wusste, alles ist in Ordnung.

Ich bin so froh, dass Du Mami schriftlich und mündlich versichert hast, dass die lange Wartezeit vor Deiner Verlobung und später bis zu Deiner Hochzeit zu Deinem Besten gewesen sei. Ich befürchtete schon, Du glaubtest, ich sei in diesem Punkt hartherzig gewesen. Ich wollte doch so gern, dass Du mit uns nach Afrika reist. Unsere Familie, die

›Königliche Familie‹, muss unbedingt zusammenbleiben, mit den passenden Ergänzungen zum richtigen Zeitpunkt. Ich habe Dich all die Jahre voller Stolz unter Mamis kluger Anleitung heranwachsen sehen, und Du weißt ja, dass sie für mich der wundervollste Mensch der Welt ist. Und ich weiß, dass ich bei unserer Arbeit immer auf Deine und jetzt auch auf Philips Hilfe rechnen kann. Dein Abschied hat in unserem Leben eine große Lücke hinterlassen, aber vergiss nicht, dass Dein altes Zuhause Dir immer bleibt und dass Du dorthin so viel und so oft wie möglich zurückkehren kannst. Ich sehe, wie glücklich Du mit Philip bist, was nur recht ist, aber vergiss uns darüber nicht ganz. Das wünscht sich Dein Dich liebender Papa.«

Dieser Brief war ein anrührendes Zeugnis väterlicher Zuneigung, der darüber hinaus den inneren Zusammenhalt der Familienfirma beschrieb. Philip war nun also eine notwendige Ergänzung, denn auch eine Thronfolgerin muss für Nachwuchs sorgen, um die Dynastie am Leben zu halten, und dazu braucht sie natürlich einen Mann. Viel ist in den folgenden Jahren über Prinz Philip geschrieben worden, darunter auch wenig Schmeichelhaftes. Man dichtete ihm Verhältnisse an, für die es natürlich niemals Beweise geben wird, denn der Gemahl der Königin gehört einer Generation an, die das »Kiss and don't tell« noch beherzigte. Ein offenherziger Bericht aus den Schlafgemächern der Royals, wie ihn später Diana lieferte, war damals undenkbar. Eines hat Philip aus heutiger Sicht eingehalten: Es sei seine erste, einzige und letzte Aufgabe, Elizabeth niemals im Stich zu lassen, wie er seinem Privatsekretär anvertraute. Daran hat er sich gehalten. Das Paar feierte 2007 diamantene Hochzeit.

Mehr noch als der Vater seine Tochter vermisste Prinzessin Margaret ihre Schwester, die mit ihrem Marineoffizier ein annähernd normales Leben führte und ihn sogar für einen Monat nach Malta begleitete, wo er stationiert war. Die Schwestern waren in ihren Jugendjahren ein untrennbares Team gewesen, und obwohl Margaret manches Mal neidisch auf die bevorzugte Erziehung Elizabeths war, so liebte sie ihre ältere Schwester doch aufrichtig. Nun musste sie bei den Eltern zurückbleiben und sich daran gewöhnen, ihr Leben als Royal zweiter Kategorie mit Sinn zu erfüllen. Elizabeth bekam kurz hintereinander zwei Kinder, Charles und Anne. Der erstgeborene Sohn war nun Thronfolger, Margaret stand nur noch an Platz drei. Sie war blühend schön und hatte eine verführerische Ausstrahlung, aber immer noch keinen ernstzunehmenden Verehrer. Ihren 21. Geburtstag feierte sie mit den Eltern in Balmoral, wo wie jeden Sommer gejagt und gefischt wurde. Sie sah sich als »Charlies Tante« bereits vorzeitig altern, ohne eine sinnvolle Aufgabe im Leben erfüllt zu haben. Sie liebte Musik, Tanz und Theater, doch eine Profession daraus zu machen, war ihr nicht gestattet. Sie nahm immer mehr Termine in Vertretung ihres Vaters wahr, aber sehr oft waren es so aufregende Veranstaltungen wie die Eröffnung einer neuen Pumpenstation. Margaret, die ihren Zweitnamen Rose schon lange abgelegt hatte, flirtete mit diesem und jenem, aber der Richtige war für sie nicht dabei.

Derweil unternahm ihre Schwester mit ihrem Ehemann glamouröse Reisen nach Kanada und in die USA und 1952 ins ostafrikanische Kenia, von wo aus es weiter auf Weltreise gehen sollte. Sie waren gerade zu Besuch in einem Wildpark, als aus England schlimme Kunde kam. In der Nacht vom 5. auf den 6. Februar war der König gestorben. Zwar schien sein Gesundheitszustand seit einiger Zeit besorgniserregend, er sah schmal und abgehärmt aus. Aber mit seinem Ableben hatte die Familie nicht gerechnet, war er doch erst 56 Jahre alt.

Als Erster erfuhr Philip in Kenia vom Tod des Schwiegervaters. Augenzeugen berichteten von seiner tiefen Erschütterung, war er sich doch schlagartig bewusst, wie tiefgreifend sich nun sein Leben und das seiner Frau verändern würde. Elizabeth war nun Königin, mit erst 26 Jahren. Nur Victoria war mit 18 jünger gewesen, als sie den Thron Englands bestieg. Es war an Philip, seiner Frau die traurige Nachricht zu überbringen. Diesmal gab es keine Zeugen, aber Menschen, die Elizabeth kurz darauf sahen, erzählten von ihrer gefassten Haltung. Ihr Schicksal hatte sich erfüllt, und sie schien entschlossen, ihrer Pflicht mutig entgegenzugehen. Sie tat das mit derselben Disziplin und Ernsthaftigkeit, die ihr bis heute eigen sind. Der Tag ihrer Krönung wurde auf den 2. Juni 1953 festgesetzt.

Philip geriet in eine depressive Phase, war er doch jetzt der Mann im Schatten. Regierung, Parlament und Hofbeamte gaben zu verstehen, dass sie nicht an einem aktiven Herzog von Edinburgh interessiert waren. Anders als Albert wurde er nicht offiziell zum Prinzgemahl erhoben und hatte kein Recht, sich an Regierungsangelegenheiten zu beteiligen. Und noch eine weitere Entscheidung, die diesmal die Queen kraft ihres Amtes traf, verbesserte seine Laune nicht. Mit der Eheschließung wäre der Familienname des königlichen Paares eigentlich Mountbatten gewesen. Elizabeth verfügte, dass es beim Namen Windsor für die Dynastie bleiben sollte. Punkt.

Der 2. Juni war für das große Ereignis ausgewählt worden, weil für dieses Datum gutes Wetter in London vorhergesagt war. Tage zuvor begannen bereits die Proben. Auch die Hauptperson des Spektakels war sehr beschäftigt. Die wie immer ernsthafte Elizabeth wollte gut vorbereitet sein und lief schon mit der Königskrone auf dem Kopf durch den Palast. Die »Imperial State Crown« ist das beeindruckendste Juwel des Kronschatzes und hat ein imposantes Gewicht. Mit nahezu einem Kilogramm lastet die reich verzierte Insignie königlicher Herrschaft schwer auf dem gekrönten Haupt. Einige der berühmtesten Edelsteine sind in die Krone eingearbeitet, darunter auch ein Diamant mit dem Namen »Cullinan II«, bekannt auch als »Stern von Afrika«.

Krönungsfeiern im englischen Königshaus sind seit Jahrhunderten prunkvolle Zeremonien, die dem Volk einen neuen Monarchen bescheren. Doch bis zu Elizabeths großem Tag waren die Bürger von diesem Ereignis ausgeschlossen. Diesmal sollten die Untertanen ihrer Majestät teilnehmen dürfen, denn dank der modernen Erfindung des Fernsehens konnten sie live dabei sein. Ausgespart wurde nur der heilige Moment der Salbung, der hinter einem Wandschirm vollzogen wurde. Vier Stunden und zwanzig Minuten dauerte die Zeremonie, die trotz der Fernsehübertragung eine mystische Aura um die neue Queen verbreitete. Noch lag über allem ein Schleier des Magischen, den der Verfassungsrechtler Walter Bagehot als essenziellen Bestandteil der Monarchie beschrieben hat. Mit dem Sakrament der Salbung war Elizabeth zu einem Menschen geworden, der künftig zwei Persönlichkeiten in sich tragen würde: die Monarchin und die Privatperson.

Millionen von Menschen glaubten noch an den Mythos des Royalen, an die Reinkarnation des viktorianischen Geistes in ihrer neuen Queen. Als der Erzbischof von Canterbury die Krone über das Haupt Elizabeths erhob, ertönten in der Westminster Abbey die Rufe: »Gott schütze die Königin«. Anschließend feuerten die Kanonen Salut, und die Gefolgsleute der Queen legten ihren Eid ab. Unter ihnen auch ihr Gemahl. Sein Schwur lautete: »Ich, Philip, Herzog von Edinburgh, gelobe Euch Lehenstreue und irdische Anbetung. Und treu und wahrhaft werde ich Euch dienen und leben und sterben im Kampf gegen all Eure Feinde. So wahr mir Gott helfe.« Ein ritterlicher Eid, der seine Wurzeln im Mittelalter hat und der ein romantisches Verständnis von Königtum in ein Zeitalter übertrug, das mit seinen Massenmedien bald schon für die Entzauberung der Monarchie sorgen sollte – mit tatkräftiger Unterstützung der königlichen Familie selbst.

Einen Vorgeschmack auf kommende Turbulenzen lieferte Margaret, die Schwester der Königin, kaum hatte der Erzbischof von Canterbury dieser die Krone aufs Haupt gedrückt. Es handelte sich nur um eine kleine, verschämte Geste Margarets, aber sie löste die erste Staatskrise der Regentschaft Elizabeths aus, weil sie von den allgegenwärtigen Kameras eingefangen worden war und nun der Interpretation bedurfte. Margaret hatte im Gefolge der Königin die Westminster Abbey verlassen und blieb stehen, um sich mit dem ebenfalls anwesenden Peter Townsend zu unterhalten. Da er zu den Hofbeamten zählte, hätte sich niemand weiter gewundert, doch Margaret nutzte den Augenblick zu einer intimen Handbewegung: Sie streifte einen Fussel vom Ärmel Townsends, der zur Feier des Tages die Uniform der

Royal Air Force trug. Ein kleiner Faden, der sich vielleicht während der Zeremonie vom Mantel einer adeligen Witwe gelöst hatte, um sich auf dem Tuch seiner Jacke festzusetzen, wie der Offizier später scherzte. Dies genügte, um den Blätterwald rauschen zu lassen und eine Affäre ans Licht der Öffentlichkeit zu zerren, die sich bislang ganz im Stillen entwickelt hatte.

Margaret und der gut aussehende Peter Townsend hatten Gefallen aneinander gefunden. Er war ohnehin durch seine Stellung bei Hof oft in ihrer Nähe, und eines Tages hatten die beiden begonnen, lange Gespräche miteinander zu führen. Townsend hatte eine unglückliche Ehe hinter sich, und als er geschieden war, fasste er all seinen Mut zusammen und warb um die Prinzessin. Kurz vor der Krönung hatte er Sir Alan Lascelles, den Privatsekretär der Queen, informiert, dass er die Absicht habe, Margaret zu heiraten. Dieser wies den in seinen Augen allzu naiven Bräutigam in spe in die Schranken. »Sie müssen entweder verrückt sein oder ein schlechter Mensch!«, herrschte er Townsend an, der sich eigentlich Unterstützung für sein Anliegen erhofft hatte. Lascelles gehörte zu jenen altgedienten Hofbeamten, die die Auffassung vertraten, dass es zwischen ihresgleichen und den Majestäten keine irgendwie gearteten intimen Beziehungen geben dürfe. Sogleich nach Townsends »Geständnis« machte sich Lascelles auf, um die Angelegenheit mit der Queen und Philip zu besprechen. Er legte seine Meinung dar und bezog sich dabei auf den »Royal Marriages Act« von 1772. Danach brauchte Margaret die Zustimmung ihrer Schwester, der Königin, um heiraten zu dürfen, da sie noch nicht 25 Jahre alt war. Darüber hinaus müssten auch das Parlament und das Empire sowie das Commonwealth zustimmen, da es sich bei Margaret um die Nummer drei der Thronfolge handelte. Blieb noch die Frage, wie die Kirche auf die Verbindung reagieren würde, da Captain Townsend ja geschieden war. Noch kam das im Leben eines Menschen, der dem Thron nahe war, einem Sündenfall gleich. Die Abdankung Edwards VIII. war noch frisch im Gedächtnis, und sein Schatten lag schwer auf der jungen Regentschaft Elizabeths. Die Umstände der Beziehung von Margaret und Townsend waren ähnlich gelagert und daher besorgniserregend. Drohte eine neue Staatskrise?

Die Queen, die mit ihren Gedanken bei ihrer bevorstehenden Krönung war und für ihre Schwester und Townsend große Sympathien hegte, beschloss, die Sache erst einmal auf sich beruhen zu lassen.

Nachdem die Affäre nun nach dem »Fussel-Zwischenfall« öffentlich diskutiert wurde, fand es Lascelles an der Zeit, den Premierminister zu informieren. Winston Churchill quittierte die Neuigkeit mit der ihm eigenen britischen Trockenheit: Prinzessin Margaret sei ja nur »einen Autounfall vom Thron entfernt«, das machte die Angelegenheit pikant. Die religiösen Gesichtspunkte ließen ihn vorerst kalt, was dem Staatsmann vielmehr Kopfzerbrechen bereitete, war das Commonwealth. Es war nur eine theoretische Möglichkeit, aber ein Kind aus der Verbindung des geschiedenen bürgerlichen Offiziers mit der Prinzessin könnte den Mitgliedstaaten eines Tages als Staatsoberhaupt aufgezwungen werden. Wie im Fall von Edward und Wallis war von dieser Seite die größte Ablehnung zu befürchten. Eine weitere Schwächung der britischen Vormachtstellung im Commonwealth, das nach dem Zweiten Weltkrieg immer mehr an Bedeutung verlor, konnte die Krone gefährden, und dies musste der Machtpolitiker Churchill ernst nehmen. Der Mensch Churchill empfand ebenso wie die Königin mit dem jungen Paar, das offenbar sehr verliebt war. Er war gewillt, nach einem Ausweg zu suchen. Allerdings zum Missfallen seiner Frau, die ihm vorwarf, schon in der Abdankungsaffäre um Edward auf der falschen Seite gestanden zu haben.

Um Ruhe in die Angelegenheit zu bringen, wurde entschieden, Townsend solle für einige Zeit ins Ausland abgeordnet werden. Wie ihre Großmutter Mary hoffte die Queen offenbar, dass sich die bösen Geister irgendwann von selbst verziehen würden. Vielleicht wäre die Trennung für das zarte Pflänzchen Liebe ja zu viel. Ihrer Schwester die Ehe rundweg abzuschlagen schien der Königin offenbar eine zu große Härte. Townsend wurde als Attaché nach Brüssel abkommandiert, ohne sich noch einmal von Margaret verabschieden zu können, die mit ihrer Mutter, Queen Mum, auf einer offiziellen Reise in Rhodesien weilte. »Es blieb mir nichts anderes übrig, als anzunehmen«, sagte Townsend später. »Es gab keine Alternative. Aber indem sie mich überhastet abschoben, begingen die Verantwortlichen einen schweren Fehler, wie sich noch zeigen sollte. Sie rechneten damit, dass dadurch unsere Beziehung beendet sein würde. Das aber war nicht der Fall.«

Von nun an gewann die Affäre immer deutlichere Züge eines romantischen Liebesdramas. In der Presse wurden die beiden als die sprichwörtlichen Königskinder porträtiert, die nicht zueinander kommen konnten. Es war der Beginn von Margarets Boulevard-Karriere als unverstandene enttäuschte Lebedame, deren erste große Liebe nicht erfüllt wurde und die daraufhin am Leben scheitern musste.

Was zunächst scheiterte, war die Beziehung zu Townsend, obwohl dessen Auszeit in Brüssel nicht der Schlusspunkt war. Während seines Exils hatten die beiden sich fast täglich geschrieben, und noch immer war die Presse voller Heiratsgerüchte. Wie groß würde der Verzicht sein, den Margaret für eine Liebesheirat auf sich nehmen müsste? Verzicht auf ihren königlichen Titel? Ihren Sitz im Staatsrat? Die Thronfolge? Die Spekulationen trieben Blüten, die bis in die Geschichtsschreibung hineinrankten und sich noch bis zum Jahr 2004 hartnäckig hielten, als bis dahin unter Verschluss gehaltene Staatspapiere veröffentlicht wurden.

Erst 1955 beendete Prinzessin Margaret überraschend das Verhältnis mit Townsend. Am 31. Oktober gab sie eine Erklärung heraus, die Peter selbst für sie verfasst hatte: »Hiermit möchte ich bekannt geben, dass ich mich entschlossen habe, Oberst Peter Townsend nicht zu heiraten. Ich bin mir bewusst, dass ich eine Zivilehe hätte eingehen können, wenn ich auf meine Thronfolgerechte verzichtet hätte, aber eingedenk der Kirchenlehre, nach der die christliche Ehe unauflöslich ist, und im Bewusstsein meiner Verantwortung gegenüber diesem Staat bin ich zu dem Entschluss gelangt, diese Gesichtspunkte allen anderen überzuordnen. Dies ist meine freie Entscheidung, bei der mich Oberst Townsend rückhaltlos unterstützt hat. Ich möchte allen von ganzem Herzen danken, die in dieser schweren Zeit für mein Glück gebetet haben.«

Über das Ende dieser großen Liebe ist viel spekuliert worden. Margaret wurde als Opfer gesehen, das gezwungen wurde, sich für die Pflicht und gegen den Mann ihres Lebens zu entscheiden. Doch ist diese Beziehung tatsächlich an der Härte des Palastes, an der Unnachgiebigkeit der Politik gescheitert? Zwei Jahre nach dem Tod der Prinzessin wurden im Jahr 2004 jene Regierungspapiere veröffentlicht, die auch andere Interpretationen zulassen. Offenbar war der damalige Premierminister, Anthony Eden, der Churchill abgelöst hatte, aufgeschlossener für die Heirat der Prinzessin als bis dahin bekannt. Nur wenige Tage bevor Margaret selbst die Trennung bekannt gab, hatte die Regierung eine Erklärung verfasst, mit der ihre Heirat im Parlament angekündigt werden sollte. Darin wurden auch die Bedingungen genannt, unter denen man ihr die Ehe mit Peter Townsend gestatten wollte. Sie hätte lediglich ihren Platz in der Thronfolge aufgeben müssen, der ja ohnehin nach Charles' Geburt eine eher theoretische Chance auf die Krone war. Die Trauung hätte in einem Standesamt stattfinden müssen, wie es später bei Charles und der geschiedenen Camilla Parker Bowles geschah. Vom Entzug des Titels »Königliche Hoheit«, auf den Margaret stets großen Wert legte, war in diesem Regierungsdokument nicht die Rede. Auch ihre Apanage hätte sie behalten können, die nach der Eheschließung sogar noch erhöht worden wäre.

Der Premierminister Eden, selbst geschieden, hatte auch schon einen Brief an die Regierungen des Commonwealth vorbereitet, der die Haltung der Queen umschrieb. Sie könne die Heirat offiziell zwar nicht gutheißen, wolle ihrer Schwester aber nicht im Wege stehen. Denkbar war offenbar auch, dass Margaret weiter öffentliche Aufgaben in der königlichen Familie hätte übernehmen können und keinesfalls, wie der unglückliche Edward, damit rechnen musste, des Landes verwiesen zu werden. Die Papiere legen nahe, dass Margaret freie Hand hatte, ihr Leben mit Peter Townsend zu teilen, wenn sie dies denn unbedingt gewollt hätte. Sie aber hat sich für die Auflösung der Beziehung entschieden. Warum, das wird weiter Gegenstand von Spekulationen bleiben. Eine bürgerliche Ehe sei ihr zu wenig gewesen, heißt es. Auf den Rang in der Thronfolge hätte sie niemals verzichtet, sagen andere, dazu sei sie zu stolz darauf gewesen, die Tochter eines Königs und die Schwester der Königin zu sein. Vielleicht fürchtete sie auch, nicht mehr im Mittelpunkt der feierfreudigen Society zu stehen, deren Feste sie sichtbar genoss.

Bleibt noch die Frage, ob sie mit Peter Townsend glücklicher geworden wäre als ohne ihn. Niemand kann sie beantworten, aber fortan wurde Margaret als die traurige Prinzessin porträtiert, die ihre Liebe auf dem Altar der Monarchie opfern musste. »Ein Akt äußersten Selbstverzichts«, schrieb einmal ein Biograf. Das darf aus heutiger Sicht der Dinge bezweifelt werden.

Peter Townsend jedenfalls wurde glücklich, auch ohne Margaret. Er heiratete eine junge Belgierin und bekam mit ihr drei Kinder. Margaret verliebte sich schließlich in den Fotografen Anthony Armstrong-Jones, mit dem sie zwar nicht ein Leben lang zusammenblieb, der sie aber zur zweifachen Mutter machte.

Am Hof kehrte nach dem etwas abrupten Ende der »Fussel-Affäre« erst einmal Ruhe ein. Elizabeth und Philip bekamen zwei weitere Kinder, Andrew und Edward. Nun hätte es schon einer Kette unglücklicher Autounfälle bedurft, um die Dynastie der Windsors auszulöschen. Winston Churchill musste sich in dieser Angelegenheit also keine Sorgen mehr machen, und auch sein Nachfolger Anthony Eden nicht. Natürlich konnte niemand ahnen, wie schlimm es noch werden würde und dass Edwards und Margarets Liebesdramen erst der Vorgeschmack waren. Ausgerechnet ein Autounfall sollte die britische Monarchie in eine Krise bisher ungekannten Ausmaßes stürzen. Prinzessin Dianas spektakulärer Tod im Pariser Tunnel brachte die Familienfirma 1997 an den Rand des Ruins. Royale Rituale schützen nicht vor Selbstzerstörung, wie die Königin leidvoll erfahren musste, und sie sind auch nicht der Garant für Popularität.

Es ist die lange Regentschaft Queen Elizabeths, die die Windsors zur berühmtesten Familie der Welt gemacht hat. Sie hat einen Standard gesetzt, der es ihren Nachfolgern schwer machen wird, und das in einer Zeit, in der die Massenmedien die königlichen Hoheiten entzaubert haben, manches Mal auch mit ihrer kräftigen Mitwirkung. Die Zutaten des Familiendramas könnten aus einer Seifenoper stammen: Intrigen, Ehebruch, Scheidungen und sogar ein Drogenskandal. Walter Bagehot, der Verfassungstheoretiker aus viktorianischen Zeiten, würde sich heute sicher mit Grausen abwenden und freiwillig zu den Familiengespenstern ins Verlies steigen. Dort ginge es vielleicht sittsamer zu. Jedenfalls bliebe das Tageslicht ausgesperrt, das er als den größten Feind der Monarchie ausgemacht hatte. Das Magische muss im Dunkeln bleiben, damit das Geheimnis bewahrt werden kann, empfahl der kluge Mann. Er konnte natürlich nicht mit Kameras und Mikrofonen rechnen.

Für Queen Elizabeth ist es eine der größten Herausforderungen, die Würde der Krone zu wahren und gleichzeitig als menschliche Monarchin wahrgenommen zu werden. Sie muss von ihren Untertanen gesehen werden können, ebenso wie ihre Familie. Indem sie für jedermann sichtbar repräsentative oder karitative Aufgaben wahrnehmen, verleihen sie dem Königtum Sinn. Aber wie viel normales Leben darf gezeigt werden? Ist es noch würdig, wenn man den Hoheiten beim Picknick zusehen darf?

Die Windsors entschieden sich im Jahr 1969, ein wenig den Schleier zu lüften, der den Palast zwar magisch, aber doch auch weit entfernt vom Volk erscheinen ließ. Das Massenmedium Fernsehen sollte die königliche Familie in die Wohnstuben ihrer Untertanen bringen, und zu diesem Zweck entstand ein Dokumentarfilm. Er zeigte die Königin, Philip (den sie inzwischen zum Prinzen erhoben hatte) und die Kinder in alltäglichen Szenen, die aber zuvor sorgfältig ausgewählt und einstudiert worden waren. In Alltagskleidung, ohne Prunk und Pomp, sah man die Queen beim Studium der Staatspapiere, die ihr wie schon zu Victorias Zeiten in einem roten Aktenkoffer gereicht wurden. »Working Monarchy« – eine Königsfamilie, die hart für ihre Apanage arbeitet. Das sollte die Botschaft sein.

Aber es gab auch ganz privat anmutende Szenen: die Queen beim Füttern der geliebten Corgis und der ähnlich aussehenden Dorgis. Letztere sind eine von ihr speziell gezüchtete Hunderasse, die durch eingekreuzte Dachshunde Corgis mit Schlappohren hervorbringt. Sie liebe alles, was vier Beine hat und furzt, hatte Prinz Philip einmal gescherzt. Seine respektlosen Bemerkungen waren gefürchtet, konnten sie doch zuweilen zu diplomatischen Verwicklungen führen. Auch seine Frau verschonte er nicht und hatte damit sogar einmal Gerüchte über eine ernsthafte Ehekrise ausgelöst. Vielleicht war es seine Art, mit seiner untergeordneten Stellung umzugehen, die auch für die Queen nicht immer leicht zu handhaben war.

Ein jahrelanger Streitpunkt in der Ehe der beiden war die Frage des Familiennamens. Philip hatte immer wieder ernsthafte Versuche unternommen, die Königin zu überzeugen, Windsor durch Mountbatten zu ersetzen. Schließlich wurde ein Kompromiss gefunden. Es blieb bei Windsor für die Königsfamilie. Die weiteren Verwandten sollten den Doppelnamen Mountbatten-Windsor tragen. Eine Geste der Queen an ihren Mann, der bei offiziellen Anlässen immer einen Schritt hinter ihr bleiben musste. Privat sah das anders aus, da hatte er gerne die Zügel in der Hand, und sie ließ ihn gewähren. Einige Szenen des Dokumentarfilms mit dem Titel *The Royal Family* lassen dies erahnen. Hier konnte sich Philip als der Patriarch zeigen, der er im Herzen immer war, ob beim Wandern oder Schmücken des Weihnachtsbaums.

Höhepunkt des auf Zelluloid gebannten Familienidylls war ein Picknick an einem See in der Nähe des geliebten Schlosses Balmoral, das schon von Königin Victoria und ihrem Mann Albert als magischer Ort verehrt wurde. In diesem heiligen Gral surrten nun die Filmkameras und beobachteten die königlichen Hoheiten beim Anheizen des Grills und dem Wenden von Würstchen. »Wir sind wie ihr«, sollte dem Volk suggeriert werden, und das nahm die Botschaft dankbar auf. Süchtig wie nach den Fortsetzungen einer Seifenoper verlangte der Fernsehkonsument von nun an immer mehr intime Ware aus dem Windsor-Clan. Der Schleier des Magischen war gelüftet.

4

Das Geheimnis von Rosenau

Eine Familie auf dem Thron, das Ideal des Staatstheoretikers Walter Bagehot, wurde von keinem englischen Monarchen stärker verkörpert als von Victoria, die mit ihrem deutschen Mann Albert eine Musterehe führte. Die Königin, die den Thron 1837 bestiegen hatte und bis zu ihrem Tod im Jahr 1901 regierte, wird als Urmutter der Windsor-Dynastie gesehen, auch wenn der Name erst 16 Jahre nach ihrem Ableben sozusagen erfunden wurde. Neun Kindern schenkte Victoria das Leben, eher der Pflicht gehorchend als aus überschwänglicher Kinderliebe, da sie jede Schwangerschaft als große Belastung empfand. Alle Nachkommen mehrten durch eine geschickt gelenkte Heiratspolitik die verwandtschaftlichen Bindungen zu Königshäusern auf dem ganzen Kontinent und machten Victoria zur »Großmutter Europas«. Der letzte deutsche Kaiser, Wilhelm II., war ebenso ihr Enkel wie der spätere englische König George V. Sie war die letzte Herrscherin eines intakten Empire, das bis nach Indien reichte, doch die Vorboten von Revolten und Revolutionen, die Europa in der zweiten Hälfte des 19. Jahrhunderts erfassen sollten, waren schon am Horizont zu erahnen.

Victoria hat Maßstäbe gesetzt, die für jeden ihr nachfolgenden Monarchen eine Herausforderung sind. Im vertrauensvollen Umgang mit ihren Premierministern, in ihrer disziplinierten Lebensweise, die von ihrem Mann Albert geprägt wurde, in ihrer Begeisterung für das Leben in der freien Natur hat sie das Verständnis der modernen britischen Monarchie geprägt. Sie lebte den »Windsor-Style« vor, noch bevor sich die Dynastie ihren Namen gab.

Mit Albert errichtete Victoria den Familiensitz Osborne House und Schloss Balmoral, das seither jeden Sommer von den Windsors als Feriendomizil genutzt wird. Wie sehr sie diesen Ort in den schottischen Highlands liebte, hat sie ihrem Tagebuch anvertraut: »Wir kamen nach Balmoral um Viertel vor drei. Es ist eine hübsche kleine Burg im alten schottischen Stil mit einem malerischen Turm und einem Garten nach vorn mit einem hohen, bewaldeten Hügel. Dahinter erstreckt sich der Wald zum Dee, und die Hügel erheben sich ringsherum. Innen befindet sich eine hübsche, kleine Halle mit einem Billard-Zimmer, daneben ist das Esszimmer. Im oberen Stock (den man über eine solide, breite Treppe erreicht) sofort rechts, genau über dem Esszimmer, ist unser Wohnzimmer, ein stattliches großes Zimmer. Daneben liegt unser Schlafzimmer, das direkt in ein kleines Ankleidezimmer führt, das Albert benutzt. Auf der gegenüberliegenden Seite, einige Stufen tiefer, sind die drei Zimmer für die Kinder. (…) Die Damen wohnen unten, die Herren oben. Wir aßen sofort zu Mittag, und um halb vier wanderten wir los, erklommen den bewaldeten Hügel, der gegenüber unseren Fenstern liegt. Auf dessen Gipfel liegt eine *cairn* [schottisch für Steinpyramide], die man über einen hübschen, verschlungenen Pfad erreicht. Die Aussicht von dieser Stelle auf unser schönes Haus unten ist entzückend: Links erblickt man die schönen Hügel um den Lochnagar [ein See], rechts in Richtung Ballater sieht man das Tal, durch das sich der Dee schlängelt, umgeben von schönen, bewaldeten Hängen, die uns sehr an den Thüringer

Wald erinnern. Alles war ruhig, so einsam – es war wohltuend, den Blick schweifen zu lassen, und die reine Bergluft war überaus erfrischend. Alles schien Freiheit und Frieden zu atmen, ließ einen die Welt mit all ihren traurigen Verstrickungen vergessen.«

Noch heute bietet Schloss Balmoral diesen romantischen Anblick und dient der königlichen Familie als schützende Fluchtburg, wenn die irdischen Probleme wieder einmal bedrohlich nahe rücken. Auch Victoria und Albert pflegten dort ein Familienidyll, das die düsteren Schatten ihres bisherigen Lebens verdrängte. Albert stammte aus einer zerbrochenen Familie, und Victoria war eigentlich nur am Leben, weil ohne sie der englische Thron für das Haus Hannover verloren gewesen wäre. Ihre Kindheit verbrachte sie verborgen und abgeschirmt im Kensington Palast, bis sie sich mit ihrer Krönung zur Königin von allen Fesseln befreien konnte und endlich ein eigenständiges Leben führen durfte. Die Würde und die Pflichten einer Monarchin nahm sie dankbar an.

Der 28. Juni 1838 war ein strahlend schöner Tag. London vibrierte, Menschen drängten sich auf den Straßen, um das historische Ereignis nicht zu verpassen. Heute sollte Victoria zur Königin Englands gekrönt werden, ein reizendes Geschöpf von 18 Jahren. Sie war nicht eigentlich schön zu nennen, ihr Gesicht war ein wenig zu rund, mit leicht vorstehenden, großen Augen, einer etwas zu langen, gebogenen Nase und roten Pausbäckchen. Sie war von kleinem Wuchs, und schon in jungen Jahren hatte ihr ein gesunder Appetit eine füllige Figur eingebracht. Aber sie weckte in ihren künftigen Untertanen die stolzesten Hoffnungen. Sie erwarteten, dass es mit der Monarchie nun endlich wieder bergauf gehen würde, denn deren Ansehen war durch die Vorgänger Victorias arg ramponiert. Die Brüder George IV. und William IV., Victorias Onkel, und deren Vater, George III., hatten sich durch Zügellosigkeit, Biederkeit und Senilität ausgezeichnet. Einen direkten Thronfolger gab es nicht, alle ehelichen Kinder der beiden letzten Könige waren jung verstorben. So kam es, dass deren hübsche junge Nichte Victoria die Regentschaft übernahm und den Menschen im Königreich wieder Hoffnung auf eine bessere Zukunft machte. Millionen hatten sich im Herzen Londons versammelt, um die Fahrt der königlichen Kutsche zur Westminster Abbey zu verfolgen. Ihr ohrenbetäubender Jubel übertraf Victorias kühnste Erwartungen. »Ihre gute Laune und übergroße Ergebenheit waren unvergleichlich, und ich kann wirklich nicht sagen, wie stolz es mich macht, die Königin einer solchen Nation zu sein.«

Das Gedränge in den Straßen war so groß, dass Victoria fürchten musste, erdrückt zu werden. In Westminster Abbey erwarteten acht Schleppenträgerinnen die Ankunft der Königin. Sie waren in weißen Satin gehüllt, der mit Ähren und Rosen bestickt war. Victoria setzte ihr Diamantdiadem ab und schritt ohne Kopfbedeckung auf den Bischof von Durham zu, der die Zeremonie leiten sollte. Leider, so verzeichnete die Königin in ihrem Tagebuch, war der gute Mann nicht richtig darüber im Bilde, wie die Krönung vollzogen werden sollte. Forsch, wie sie war, ließ sich Victoria auf dem Stuhl des heiligen Edward nieder und wartete, bis ihr die Krone aufs Haupt gedrückt wurde. »(…) das war, ich muss es gestehen, ein überaus schöner und eindrucksvoller Augenblick; alle Pairs und deren Gemahlinnen setzten im gleichen Augenblick ihre Kronen auf (…). Der Erzbischof kam und hätte mir eigentlich den Reichsapfel übergeben sollen, aber ich hatte ihn schon, und er war, wie sonst auch, ganz verwirrt und wunderte sich und wusste von nichts und – ging wieder fort (…) Der Erzbischof hatte mir auch – höchst unangenehm – den Ring an den falschen Finger gesteckt, und die Folge war, dass ich die größte Mühe hatte, ihn wieder abzuziehen.«

Trommeln, Trompeten und Kanonenschüsse rundeten den Akt der Krönung ab, trotz aller Missgeschicke ein imposantes Spektakel, fand Victoria. Glücklicherweise waren an ihrem großen Tag noch keine Fernsehkameras live dabei, denn sonst wären die Peinlichkeiten und Pannen nicht verborgen geblieben, die Victoria amüsiert und voller Mitgefühl verfolgte. »Die Inthronisation und Huldigung, zuerst der Bischöfe, dann meiner Onkel und zuletzt aller Pairs in angemessener Reihenfolge, war sehr prächtig (…) Als der arme Lord Rolle – er ist 82 und schrecklich gebrechlich – versuchte, die Stufen hinaufzusteigen, fiel er und rollte ganz hinunter, verletzte sich aber gar nicht; als er versuchte, nochmals hinaufzusteigen, erhob ich mich und ging ihm bis an die Stufen entgegen, um einen weiteren Sturz zu verhindern.«

Victoria hat ein großes Herz, und sie empfindet »mächtige Liebesgefühle«, wie sie es später selbst analysiert. Ein Wunder, dass sie so zärtlich empfinden kann, war ihre Kindheit doch voller dunkler Tage. Sie sah sich selbst als unglückliches Wesen und verabscheute ihre Mutter, die die Tochter von der Außenwelt abschottete und dominierte. Das ging sogar so weit, dass sie mit Victoria in einem Bett schlief, bis die 18-Jährige Königin wurde und selbstbewusst genug war, dem ein Ende zu bereiten. Für die Mutter Victorine war Victoria ein wertvolles Unterpfand, ein Schatz, über den sie eifersüchtig wachte. Sie erhoffte sich Einfluss und Privilegien, wenn ihre Tochter erst den englischen Thron bestiegen hatte.

Victoria war kein Kind einer Liebesheirat, wäre nie geboren worden, hätten ihre Onkel Nachkommen gehabt. Als sich abzeichnete, dass sie keine rechtmäßigen Erben mehr zeugen konnten, besann sich der vierte Sohn Georges III. seiner Pflichten. Edward, Herzog von Kent, trennte sich von seiner französischen Mätresse und hielt im deutschen Amorbach um die Hand Victorines von Sachsen-Coburg-Saalfeld an, einer verwitweten Herzogin von Leiningen. Eine Ehe nur zum Zweck der Aufzucht von Nachkommen, die dem Haus Hannover den englischen Thron sichern sollten. Seit 1714 waren die Welfen aus der Lüneburger Linie in Personalunion Herrscher über Kur-Hannover und Großbritannien.

Die Verbindung Edwards mit Victorine erwies sich als fruchtbar, und als sie im achten Monat schwanger war, machte sich das Paar aus Amorbach auf den Weg nach London, damit das Kind, wie es sich für einen künftigen englischen Monarchen gehörte, auf britischem Boden zur Welt kommen konnte. Mit der Kutsche ging es buchstäblich über Stock und Stein, doch die Schwangere erwies sich als zäh, und am 26. April 1819 vermeldeten die Zeitungen die Ankunft der Kents im Kensington Palast. Am 24. Mai brachte Victorine dort ihre Tochter zur Welt, die auf den Namen Victoria Alexandrine getauft wurde.

Acht Monate später starb der Vater, Edward Herzog von Kent. Victorine war jetzt Witwe und Victoria die einzige

Hoffnung für den englischen Thron. Hätte sie noch einen Bruder bekommen, wäre dieser der künftige König gewesen, da die britische Thronfolgeregelung die Söhne den Töchtern vorzieht. Doch nun lebte Victoria ein einsames Leben im Palast, mit einer Mutter, die sich in England fremd fühlte und die in der Königsfamilie nicht gut gelitten war. »Ich wurde sehr schlicht erzogen«, vertraute Victoria später ihrem Tagebuch an. »(...) hatte niemals ein eigenes Zimmer, bevor ich nicht beinahe erwachsen war – schlief immer im Zimmer meiner Mutter, bis ich den Thron bestieg. (...) Als kleines Kind lernte ich gar nicht gern und machte jeden Versuch, mich das Alphabet zu lehren, zunichte bis zum Alter von fünf Jahren, als ich mich bereit fand, es zu lernen, indem ich mir vorschreiben ließ. (...) Wir lebten sehr schlicht und einfach: Frühstück gab es um halb neun, Mittagessen um halb zwei, Abendessen um sieben, bei dem ich üblicherweise anwesend war, sofern es kein reguläres großes Bankett war, und ich aß Brot und Milch aus einer kleinen Silberschale. Tee wurde als etwas Besonderes nur in späteren Jahren spendiert.«

Victoria war fünf Jahre alt, als die deutsche Gouvernante Fräulein Luise Lehzen ihre Erziehung übernahm. Sie brachte Abwechslung in das einsame Dasein des Mädchens, das gewöhnlich nur mit der Stiefschwester Feodora, einer Tochter der Mutter aus erster Ehe, dem Berater Baron Stockmar und dem Privatsekretär John Conroy Kontakt hatte.

Mit Lehzen wurde es etwas lustiger, die beiden bastelten Puppen, ein ganzer Hofstaat war da bald beisammen, der Victoria die fehlende Gesellschaft ersetzte. Die Figuren hatten ihre Vorbilder in der Geschichte oder stammten aus Romanen und Theaterstücken. Sie liebte die Oper und geriet in ihren Tagebuchaufzeichnungen ins Schwärmen, wenn ihr eine Aufführung wieder einmal besonders gut gefallen hatte.

Am Hof wird vorwiegend Deutsch gesprochen, und eigentlich ist ihr England fremd. Viel sieht sie nicht von ihrem künftigen Königreich, es ist eine Zeit, in der die Monarchie noch abgeschirmt hinter Palastmauern existieren kann. Der Schleier des Magischen trennt die Herrscher von einem Volk, dessen Lebensbedingungen sie nicht kennen oder die sie gar nicht interessieren. Doch Victoria ist eine gute Beobachterin, und bei einer ihrer Reisen über Land sieht die 13-Jährige Szenen, die sie beeindrucken und verstören.

»Gar kein schöner Tag. 10 Minuten vor 9. Wir haben gerade in Birmingham die Pferde gewechselt, wo ich vor zwei Jahren war, und wir besuchten die Fabriken, die sehr merkwürdig sind. Es regnet sehr heftig. Wir sind gerade durch eine Stadt gefahren, wo Kohlegruben sind und man aus der Entfernung vielerorts das Feuer in den Maschinen flackern sehen kann. Die Männer, Frauen und Kinder, das Land und die Häuser sind alle schwarz. Aber ich kann mit keiner Beschreibung eine Vorstellung davon geben, wie seltsam und ungewöhnlich alles aussieht. Das Land ist überall sehr öde. Kohle liegt herum, und das Gras ist ganz verdorrt und schwarz. Eben sehe ich ein ungewöhnliches Gebäude, aus dem Feuer flammt. Das Land ist weiterhin schwarz, Maschinen flammen, Kohle überall in Hülle und Fülle, schwelende und brennende Kohlehaufen, dazwischen elende Hütten und Karren und zerlumpte kleine Kinder.«

Das war ein seltener Einblick in die soziale Realität Englands, die ansonsten von Victoria ferngehalten wurde. Zwar erhielt sie Unterricht, doch erfuhr sie nichts über die Lebensbedingungen der Menschen, deren Königin sie einmal sein würde. Es war die Kehrseite eines Landes, das so stolz war auf seine koloniale Macht und seine prachtvolle Geschichte. Die Industrialisierung hielt Einzug, und mit ihr einher gingen Bevölkerungsexplosion, Verelendung und Hunger. Noch fühlte sich die Monarchie nicht dafür zuständig, am Schicksal der Massen Anteil zu nehmen. Doch in Victoria regte sich ein soziales Gewissen, das später in ihrer Ehe durch die wohltätige Beflissenheit Alberts ergänzt werden sollte.

Kaum ist die 18-Jährige zur Königin gekrönt, wird sie an ihre erste Pflicht als Monarchin erinnert: Sie muss für den Fortbestand der Dynastie sorgen. Eigentlich hat sie gar keine Lust zu heiraten, ist sie doch gerade erst dem Diktat der Mutter entronnen und hat zum ersten Mal im Leben das Gefühl, tun und lassen zu können, was sie will. Der wichtigste Mann in ihrem Leben ist zu dieser Zeit der Premierminister Lord Melbourne. Er ist viele Jahre älter als sie, und doch ist es mehr als ein Vater-Tochter-Verhältnis, das sie mit ihm verbindet. Sie genießt die erotische Spannung, die in ihren intimen Gesprächen mit Melbourne unterschwellig mitschwingt. Ihm vertraut sie, seinem Rat schenkt sie Gehör, und er ist es auch, mit dem sie das Thema Heirat diskutiert.

»Ich fragte, warum ich in den nächsten drei, vier Jahren überhaupt heiraten solle? Ob er eine Notwendigkeit sehe? Ich sagte, der Gedanke ans Heiraten ängstige mich; dass ich es gewohnt sei, meinen Willen durchzusetzen; dass ich meinte, es stünde 10 zu 1, dass ich mit irgendjemand auskommen werde.« Victoria selbst rechnet sich also keine allzu großen Chancen auf eine glückliche Ehe aus. Doch Melbourne lässt das Problem nicht auf sich beruhen, denn er weiß um den Ernst der Angelegenheit, da das private Glück der Königin auch Einfluss auf die Politik haben würde. Alle europäischen Prinzen im heiratsfähigen Alter werden unter die Lupe genommen, doch Victoria ist keiner recht. Dann müsse man eben einen Mann für sie herstellen, bemerkt Melbourne einmal mit spitzer Zunge.

Aber Victoria hat bereits ein Auge auf einen hübschen jungen Coburger Prinzen geworfen, der ihr sehr von ihrem Onkel Leopold ans Herz gelegt worden war. Zunächst hatte sie ihn abgelehnt, weil sie sich einfach nicht entscheiden wollte.

Aber bald schon ist sie sicher: wenn schon einen Ehemann, dann diesen! Als die beiden sich zum zweiten Mal treffen, ist sie verzückt: »Um halb acht begab ich mich ans obere Ende des Treppenaufgangs und empfing meine zwei lieben Vettern Ernst und Albert – die größer geworden sind und sich verändert haben und noch besser aussehen. Mit einiger Gefühlsbewegung betrachte ich Albert – *er ist so schön.* (...) Albert saß mir gegenüber – er sieht so gut aus und ist so wohlgefällig. (...) Albert ist wirklich ganz bezaubernd und sieht so überaus gut aus, solch schöne blaue Augen, solch eine exquisite Nase und solch ein hübscher Mund mit einem niedlichen Schnurrbart und einem feinen, ganz feinen Backenbart; eine schöne Gestalt, breit in den Schultern und schmal in der Hüfte; mein Herz verlangt nach ihm.«

So geht es in einem fort, und ihr geliebtes Tagebuch füllt sich Zeile um Zeile mit den Vorzügen Alberts. Schließlich macht sie ihm einen Heiratsantrag. Zeitlebens wird sie ihren

Gatten idealisieren, und in ihren Tagebucheintragungen porträtiert sie ein romantisches Familienidyll.

Doch Albert ist kein glücklicher Mensch. Er trägt in seinem Herzen ein stilles Leid, das er in seiner Kinderzeit im Coburger Schloss Rosenau erlitten hat. Er spricht nicht über das Familiengeheimnis, obwohl es seine moralischen Vorstellungen stark geprägt und seinen Wunsch nach einer vorbildlichen Ehe geweckt hat. Es ist die Geschichte seiner unglücklichen Mutter Luise, die in vielen Facetten spätere Dramen im englischen Königshaus vorwegnimmt.

Schloss Rosenau liegt inmitten eines englischen Landschaftsgartens oberhalb der Residenzstadt Coburg. In seiner langen Geschichte hat es viele Herren kommen und gehen sehen: reiche Emporkömmlinge, menschenscheue Naturliebhaber, verwöhnte Fürsten, nationalsozialistische Arbeitsdienstler und amerikanische Besatzungstruppen. Sogar Mörder sollen hier ihr Unwesen getrieben haben. Doch ganz anders als das schottische Spukschloss Glamis ist Rosenau ein heimeliges Schmuckstück. Neben der Veste Coburg, Schloss Callenberg und Schloss Ehrenburg ist es die vierte Residenz des Herzogtums, das sich zwischen Harz, Thüringer Wald und Erzgebirge erstreckt. Erste Erwähnung findet die Rosenau bereits im Mittelalter, aber zu ihrem heute noch zu besichtigenden Glanz verhalf ihr Herzog Ernst I. von Sachsen-Coburg-Saalfeld in den Jahren vor der Geburt seiner Söhne Ernst II. und Albert, des späteren Ehemanns Königin Victorias. Ernst I. gefiel sich als Lebemann, und seine skandalösen Frauengeschichten waren Tagesgespräch im Herzogtum. Er war preußischer General, stammte von den Wettinern ab und hatte 1806 bei Auerstedt gegen Napoleon gekämpft.

Kaum im Herzogtum Coburg an der Macht, begann er 1808 mit der Restaurierung der halb verfallenen Rosenau. Ein Zeitgenosse beschreibt den bedauernswerten Zustand des Gemäuers: »Denke Dir, dass erst im Jahre 1808 die jetzige Gestaltung der Rosenau begann, das Schloss war bis dahin die schmutzige und unfreundliche Wohnung eines bäurischen Pächters, der prächtige Marmorsaal ein Schutthaufen und Holzstall, und wo jetzt am Fenster des Giebels das geschäftige Hoffräulein des Ausblicks der schönen Natur sich erfreut, da nisteten noch vor kurzem nur Tauben und Schwalben, mitunter wohl auch Eulen und Fledermäuse.«

Ernst I. ließ den mittelalterlichen Rittersitz gründlich entrümpeln und im neugotischen Stil umgestalten. Spitzbogen betonten jetzt das mittelalterliche Erscheinungsbild, und kostbare schwarz lackierte Wiener Biedermeiermöbel verliehen den Repräsentationsräumen eine elegante Erscheinung. Im Park ließ der Hausherr zwei Seen, eine Turniersäule und eine Felsengrotte mit Wasserfall errichten.

Als das Schloss nach fast zehnjährigem Umbau zu Ernsts Zufriedenheit umgestaltet war, fand es der 33 Jahre alte Herzog nun endlich an der Zeit, um eine passende Braut zu werben. Bei seinem fragwürdigen Leumund kein leichtes Unterfangen, aber schließlich konnte er die 16-jährige Luise von Sachsen-Gotha-Altenburg für sich interessieren. Die Prinzessin war nicht nur hübsch, sie war auch die einzige Erbin des Herzogtums Gotha, und das machte sie aus machtpolitischen Gesichtspunkten besonders attraktiv. Am 31. Juli 1817 wurde sie in Gotha mit Ernst I. verheiratet. Zu Ehren seiner Braut hatte dieser sich ein romantisches Überraschungsfest einfallen lassen: In der Dunkelheit ließ er sie zum Schloss Rosenau bringen, das im Fackelschein besonders geheimnisvoll wirkte. Auf den Wiesen tummelten sich mittelalterlich gewandete Festgäste; Ritter und Pferde waren zum Turnier gerüstet, und überall hingen Girlanden. Luise war beeindruckt. Sie schrieb schwärmerisch an eine Jugendfreundin: »Die alte Burg ist höchst geschmackvoll eingerichtet, ganz verwundert ist man, wenn man hereintritt, im unteren Stockwerk ist ein wunderschöner Saal, ganz von perlgrauem Marmor (...) Neben diesem Saale ist eine Bibliothek, wo Ritterromane sind.«

Kaum verheiratet, wurde Luise schwanger und gebar 1818 ihren ersten Sohn, Ernst II. Doch schon bald begann es in der Ehe zu kriseln. Ernst I. war gelangweilt von seiner jungen, naiven Frau, die sich die Zeit mit Belanglosigkeiten vertrieb. Mode und Ausflüge waren ihre bevorzugten Beschäftigungen. Der Herzog dagegen liebte das Landleben und die Jagd und nutzte jede Gelegenheit, das Schloss zu verlassen und sich in die Arme verständnisvoller Mätressen zu flüchten. Luise blieb in Rosenau zurück, umgeben von übellaunigen und intriganten Höflingen.

Als am 26. August 1819 der zweite Sohn, Albert, zur Welt kam, war die Ehe schon nicht mehr zu retten. Ein Rittmeister sprang in die Bresche, um die schöne Luise zu trösten, was natürlich nicht unbemerkt blieb und dem Herzog sogleich hinterbracht wurde. Der Skandal war perfekt. Ernst I. jagte Luise vom Hof, ohne ihr den Anteil ihrer Mitgift zurückzugeben. Sie wurde mit Schimpf und Schande ins saarländische St. Wendel verbannt, und trotz ihres Widerstandes wurde die Ehe geschieden. Die Söhne Ernst II. und Albert durfte sie bis zu ihrem Lebensende nicht wiedersehen.

Den ohnehin zarten Albert traf das Familiedrama hart, er war erst fünf Jahre alt und wurde kränklich. Wie sein Bruder konnte er den Verlust der Mutter kaum verkraften. Still und in sich gekehrt, verschloss er sein Leid in seinem Herzen. In den folgenden Jahren lernte er bis zur Erschöpfung, abends war er so müde, dass er gelegentlich auf dem Stuhl einschlief und zu Boden fiel. Eine Angewohnheit, die er auch später als Ehemann Victorias nicht bekämpfen konnte. Mathematik, Geografie, Geschichte, Religion, Chemie, Fremdsprachen, Musik, Zeichnen, Sport, alles sog Albert begierig in sich auf, so, als versuche er, das Unglück seiner Kindertage durch besonderen Fleiß wiedergutzumachen. »Ich will an mir arbeiten, um ein guter und nützlicher Mann zu werden«, erklärte er. 15 Jahre lang wurden er und sein Bruder Ernst II. von einem Privatlehrer unterrichtet, der mit ihnen auch Reisen unternahm.

Und noch ein väterlicher Freund war um das Wohl der Prinzen besorgt: Onkel Leopold. Jener Leopold von Sachsen-Coburg-Saalfeld, der auch Victoria in jungen Jahren beriet und den sie besonders mochte. Er war der Bruder Victorines, der Mutter der künftigen englischen Königin. Victoria und Albert waren ihm ans Herz gewachsen, mangels eigener Familie; seine Frau war im Kindbett verstorben. Leopold war es, der immer wieder bei Victoria ein gutes Wort für Albert einlegte, bis diese sich tatsächlich in den Cousin verliebte. Später sagte Albert, bereits seit er drei Jahre alt war, habe er gewusst, dass er Victoria einmal heiraten werde. Für sie wiederum war er ein Engel, der perfekte Mann.

Ihre Verlobungszeit dauerte siebzehn Wochen, in denen sich Victoria schmachtend nach Albert verzehrte, der auf die Rosenau zurückgekehrt war, um seine persönlichen Dinge zu ordnen. »Wir küssten uns immer wieder, und ich schmiegte mich an seine liebe, weiche Wange, so jung und rot wie eine Rose (…) Dann war es zehn Uhr, die Zeit seiner Abreise (…) Ich gab Albert einen letzten Kuss, sah, wie er in die Kutsche stieg und abfuhr. Ich weinte sehr, fühlte mich elend und war doch glücklich, da ich wusste, dass wir uns so bald wieder sehen werden. Oh, wie liebe ich ihn, wie heftig, wie innig, wie heiß! Ich weinte und war so traurig. Schrieb mein Tagebuch. Ging spazieren. Weinte.«

Eine Flut von Briefen und Geschenken wurde zwischen London und Rosenau ausgetauscht, Albert entwarf eigenhändig eine goldene Brosche für seine Verlobte, in Form eines Orangenzweigs mit weißen Blüten und Knospen. Passend dazu verfasste der musisch begabte Bräutigam am letzten Tag des Jahres 1839 seine Komposition *Der Orangenzweig*. In seiner feinen Handschrift hatte er eine Widmung vorangestellt: »Für seine Frau Victoria von ihrem treuen Albert.« Kurz bevor er Schloss Rosenau verließ, um nach London überzusiedeln, wurde der Prinz zum Ritter des Hosenbandordens geschlagen.

Am 10. Februar 1840 stand das Paar endlich vor den Traualtar in der Kapelle des St. James Palastes. Victoria hatte es kaum erwarten können, und wie bei ihrer Krönung säumten Neugierige die Straßen, um einen Blick auf Braut und Bräutigam erhaschen zu können. Auch der morgendliche Regen hatte nicht abschreckend gewirkt. Wie gewöhnlich hielt Victoria ihre Eindrücke von der Zeremonie in ihrem Tagebuch fest: »Um halb 1 fuhren wir los, mein liebster Albert hatte sich schon zuvor auf den Weg gemacht. Ich trug ein weißes Gewand aus Satin mit einem sehr tiefen Volant aus Honiton-Spitze nach altem Muster.« Ihr brünettes Haar war umkränzt mit Orangenblüten und im Nacken zu einem Knoten geschlungen, der den Schleier hielt. Die Schleppe ihres Hochzeitskleides war so schwer, dass sie von zwölf Brautjungfern getragen werden musste. Jede von ihnen hatte ein Geschenk des Bräutigams erhalten, eine Brosche in Form eines Adlers, die er selbst entworfen hatte. Sie bestand aus Türkisen und Perlen, zum Zeichen wahrer Liebe, einem Rubin, der die Leidenschaft repräsentierte, und einem unvergänglichen Diamanten.

Auch die Braut hatte sich für den besonderen Tag geschmückt. »Ich trug mein türkisches Diamanthalsband samt Ohrringen und Alberts schöne Saphirbrosche. Mama und die Herzogin von Sutherland fuhren mit mir in der Kutsche. Nie zuvor habe ich eine solch große Menschenmenge gesehen wie die im Park, und sie jubelten mir höchst enthusiastisch zu (...) Die Zeremonie war sehr eindrucksvoll und edel und schlicht (...) Ich fühlte mich so glücklich, als mir der Ring angesteckt wurde – von Albert. Sobald der Gottesdienst vorbei war, kehrte die Prozession zurück, so wie sie gekommen war, mit der Ausnahme, dass mein geliebter Albert mich nun hinausbegleitete. Der Beifall war sehr groß (...)«

Die romantisch verklärten Schilderungen Victorias täuschten über viele Widerstände hinweg, die ihre Heirat mit dem ausländischen Prinzen ausgelöst hatte. Albert schien die Ablehnung, die ihm aus der Bevölkerung und vor allem am Hof entgegenschlug, deutlicher wahrzunehmen. So richtig glücklich wirkte der Bräutigam nicht, und noch kurz vor der Hochzeit schrieb er einen Brief an seine Großmutter im heimatlichen Coburg, der seine ganze Besorgnis unterstreicht: »In weniger als drei Stunden stehe ich mit meiner lieben Braut am Altar. Ich muss in diesem heiligen Augenblick noch einmal Dich um Deinen Segen bitten, den zu erhalten ich gewiss bin und der mein Schutz und meine Freude sein soll. Ich muss schließen. Gott helfe mir!« Es scheint, als wäre Albert lieber am Schreibtisch sitzen geblieben, als sich auf den Weg zu seiner eigenen Trauung zu machen, die er offenbar eher als Opfergang empfand denn als glückliche Vermählung. Sicher war er seiner Braut zugetan, er war zärtlich und liebevoll, aber er spürte die Last der Verantwortung, und er war unsicher, wie er seine künftige Rolle als Gemahl der Königin ausfüllen könnte. »Ein Lamm, das zur Schlachtbank geführt wird«, so beschrieb Prinzessin Diana später ihre Gefühle vor der Trauung mit Prinz Charles. Albert hätte dies sicher nachfühlen können.

Bei Hofe waren hässliche Gerüchte über den jungen Prinzen aus dem deutschen Coburg in Umlauf. Vor allem Alberts Mutter Luise beschäftigte die klatschsüchtigen Palastschranzen. Nachdem die Herzogin von der Rosenau verstoßen worden war, hatten sich zahlreiche Liebhaber in ihrem Bett abgewechselt, Grund genug, ihr auch einen liederlichen Lebenswandel während ihrer Ehe mit Ernst I. von Sachsen-Coburg-Gotha zu unterstellen. Der Rittmeister, so wurde geflüstert, sei damals nicht ihr einziger Liebhaber gewesen. Ein gewisser Baron Solms habe sich schon früher in die Ehe gedrängt – ein böser Verdacht, der seinerzeit bereits am Hof in Coburg die Runde gemacht und die junge Luise in große Bedrängnis gebracht hatte. Könnte es denn sein, dass der zweitgeborene Albert gar nicht der leibliche

Sohn von Ernst I. war? Er sehe dem Bruder und dem Vater so gar nicht ähnlich, hieß es. Üble Unterstellungen, die am englischen Hof begierig aufgenommen wurden. Auch bei dieser Wendung der Geschichte befällt gelegentliche Leser von Boulevard-Zeitschriften das Gefühl, ihr in jüngster Zeit schon einmal begegnet zu sein. Prinz Harry, der zweite Sohn Prinzessin Dianas, ist heute ähnlichen Gerüchten ausgesetzt wie sein Vorfahr Albert.

Aber nicht nur Alberts Aussehen schien ein Problem, für die englischen Hofbeamten war ebenso seine Herkunft ein Stein des Anstoßes, auch wenn er ein Verwandter ihrer Königin war. Seine deutsche Abstammung bereitete ihnen einiges Kopfzerbrechen. Sollte er einen neuen, englischen Titel bekommen? Selbst der gute Onkel Leopold, inzwischen König der Belgier, fühlte sich bemüßigt, seine Meinung kundzutun, und riet, Alberts deutsche Abstammung so bald wie möglich vergessen zu machen. Was, wenn er sich in die Regierungsgeschäfte einmischte? Möglicherweise, so befürchtete die Politik, könnte er mit seiner liberalen Haltung das britische Gemeinwesen durcheinanderbringen.

Kaum verheiratet, verpasste man Albert sogleich eine Lektion in britischem Recht. Sein Jurastudium in Bonn schien wohl keine Gewähr für den rechten Blick auf die englische Verfassung. Alle hofften, der Gemahl der Königin werde sich ganz aus der Politik und dem Regieren heraushalten. Nur gut, dass der Bräutigam nachweislich protestantisch war, sonst hätte sich sicherlich auch noch die Kirche Englands eingemischt. Seit dem 18. Jahrhundert sind Katholiken in der Nähe des Thrones undenkbar. Dafür hatte der heiratswütige und frauenverschlingende Heinrich VIII.

gesorgt, der mit dem Papst in Rom brach, weil ihm keine Scheidung möglich war.

Nach der Vermählung mit Albert war Victoria zunächst überglücklich. Wie gewohnt hielt sie ihre Gedanken im Tagebuch fest, in dem sie ihre Schwärmerei für ihren Gatten und auch ihre Freude an den ehelichen Vergnügungen unverhüllt preisgab. »Schon der zweite Tag nach unserer Hochzeit; seine Liebe und seine Sanftmut sind jenseits von allem; und diese liebe, weiche Wange zu küssen, meine Lippen auf die seinen zu drücken ist himmlische Wonne. Ich fühle ein reineres, unirdischeres Gefühl als je zuvor. Oh, war je eine Frau so gesegnet wie ich.«

Schon bald war Victoria »unwohl«, ein Zustand, der sie sehr irritierte. Die frühe Schwangerschaft missfällt ihr, und sie sieht sich so gar nicht als »Mamma d'une nombreuse famillie«, als Mutter einer vielköpfigen Familie, wie sie dem geliebten Onkel Leopold anvertraut. Doch ihre Sinnlichkeit und ihre Liebe zu Albert ließ sie immer aufs Neue schwach werden, und in 21 Jahren Ehe brachte sie neun Kinder zur Welt. Zunächst, noch im Jahr der Hochzeit, Victoria, Vicky gerufen, die später nach Berlin heiraten und die Mutter des deutschen Kaisers Wilhelm II. werden würde. Danach den Thronfolger Bertie, der seinen Eltern wegen seines liederlichen Lebenswandels viel Kummer bescheren würde und der dann als König Edward VII. seine Bedürfnisse immer im Vordergrund sah. Es folgten Alice, Alfred, Helena, Louise, Arthur, Leopold und Beatrix. Kaum war die letzte Tochter auf der Welt, schickte sich die erstgeborene Vicky an, Victoria zur Großmutter zu machen.

Die Schwangerschaften der Königin waren begleitet von

prä- und postnatalen Depressionen, und nicht selten hing der Haussegen schief, da Victoria ihr Temperament nicht zügeln konnte. Manchmal sorgte sich der ruhigere Albert um den Geisteszustand seiner Frau, lag doch in der hannoverschen Linie durchaus eine Spur Wahnsinn. Wann immer sich seine Frau »unpässlich« fühlte, war der Prinz zur Stelle, um sie beim Regieren zu unterstützen. Auch für die Kindererziehung nahm er sich Zeit, gab sogar selbst Unterricht. Schon morgens um sieben Uhr begann er zu arbeiten, beschäftigte sich mit Politik und sozialen Fragen. Zwar bekleidete er kein offizielles Amt, aber er wusste sich zu beschäftigen und wurde mit der Zeit zum klugen Ratgeber für die Königin.

Aus dem Liebespaar war mit den Jahren eine gesetzte, fast bürgerlich anmutende Familie geworden, in der Disziplin, Pflichterfüllung und Zurückhaltung oberste Prinzipien waren. Wo immer es ihm gelang, bremste Albert das Ungestüm seiner Frau, er sagte ihr, wo es langging und was zu erledigen sei. Seine zahlreichen Memoranden an sie, die er im Laufe ihrer Ehe verfasste, begann er mit den Worten »Liebes Kind!«. Häuslichkeit war ihm ein großes Bedürfnis, und so trieb er den Ausbau königlicher Landsitze voran. Auf der Isle of Wight war es Osborne House, das nach seinen Plänen hergerichtet wurde. Im schottischen Hochland entdeckten Albert und Victoria Schloss Balmoral, »mein geliebtes Paradies«, wie es die Königin später beschrieb und dessen Umgebung Albert so sehr an seine Heimat in Deutschland erinnerte. Hier wanderte, schrieb und malte Victoria mit Hingabe. Sogar die deutsche Tradition, zu Weihnachten einen Tannenbaum zu schmücken, führte der Prinz in die königliche Familie ein. Es waren bürgerliche

Werte, nach denen Albert seine Familie ausrichtete, und im Umgang mit der Politik lehrte er die Königin eine liberale, überparteiliche Haltung.

Das viktorianische Zeitalter war Mitte des 19. Jahrhunderts eigentlich ein albertinisches. Seine größte Zustimmung erfuhr der Prinz in der Bevölkerung und in der Politik 1851 mit der Organisation der ersten Weltausstellung in London, die in einer kühnen Glas-Eisen-Konstruktion, dem Crystal Palace, stattfand und die ökonomische Vormachtstellung Englands unterstrich. Durch den Freihandel wuchs der Wohlstand, und mit ihrem soliden und dem Bürgertum zugeneigten Regierungsstil konnte Victoria die revolutionären Erschütterungen vermeiden, die andernorts in Europa herrschten.

Zur Weltausstellung notierte Victoria: »Dieser Tag ist einer der größten und ruhmreichsten unseres Lebens, und mit ihm ist – zu meiner Freude und meinem Stolz – der Name meines innig geliebten Albert auf ewig verbunden! Es ist ein Tag, der mein Herz mit Dankbarkeit erfüllt (...) Der Park bot einen wundervollen Anblick. Riesenmengen, die sich durchdrängten, Kutschen und Truppen, die vorbeizogen, ganz wie am Krönungstag, und ich hatte die gleichen Ängste (...) Es regnete ein wenig, als wir losfuhren; aber bevor wir uns dem Kristallpalast näherten, schien und funkelte die Sonne auf das Riesengebäude, auf dem die Fahnen aller Nationen flatterten.«

Die zweite Hälfte des 18. Jahrhunderts war von imperialem Säbelrasseln geprägt. Im Krimkrieg (1853-1856) unterstützten England und Frankreich das Osmanische Reich gegen die Eroberungsgelüste Russlands. Es war Victoria, die den Erzfeind Frankreich auf ihre Seite zog dank ihres persönlichen Einsatzes bei Napoleon III. Das Empire wuchs beständig: Neuseeland, Indien und Burma kamen hinzu. Letzteres sollte Victorias geliebter Albert nicht mehr erleben.

Das Jahr 1861 wurde für Victoria zum Schicksalsjahr. Zuerst starb ihre Mutter, die ihr eine so freudlose Kindheit beschert hatte, der sie aber dennoch in den späteren Jahren versöhnlich gegenübergestanden hatte. Victoria neigte zu emotionalem Überschwang, der sich in der Trauer um Victorine maßlos Bahn brach. Treu, innig und zärtlich habe sie ihre Mutter geliebt, schrieb sie an Onkel Leopold, der im fernen Belgien auf dem Thron saß, aber noch immer über alle Familienangelegenheiten unterrichtet wurde. Der Kummer der Königin war sicher aufrichtig, auch wenn es eine Zeit gegeben hatte, in der sie den Einfluss ihrer Mutter auf ihr Leben gehasst hatte.

Aber mit diesem Trauerfall sollte es nicht genug sein. Nun bereitete Albert Sorge. Schon im Jahr zuvor war es ihm nicht besonders gut gegangen. Immer wieder quälten ihn Fieber, Gelenk- und Zahnschmerzen. Mit 1 Meter 70 Körpergröße war der Prinzgemahl zwar eine stattliche Erscheinung für die damalige Zeit, aber schon von Kindesbeinen an war er nicht sehr robust gewesen. Dazu hatte sicher auch der nie verwundene Kummer um seine verstoßene Mutter beigetragen, doch Albert neigte auch dazu, sich das Leben selbst schwer zu machen. Ständig war er überarbeitet, weil er glaubte, sich mit allen Problemen der Welt befassen zu müssen. Trotz des ständig wachsenden Wohlstandes in England gab es noch immer viel Armut, in Deutschland drohte ein Krieg, und in den USA standen sich Nord- und Südstaaten feindlich gegenüber. Was, wenn von dort keine Baumwolle mehr geliefert würde, auf die Großbritannien dringend angewiesen war?

Solcherlei Gedanken beschwerten Albert, aber auch in der Familie, die sich so gerne als heil und vorbildhaft darstellte, gab es Sorgen. Der achtjährige Prinz Leopold, der jüngste Sohn Alberts und Victorias, war Bluter, und sein Gesundheitszustand verschlechterte sich. Außerdem hatte sich die Königin nach dem Tod der Mutter wieder einmal völlig zurückgezogen und Albert mit den Regierungsgeschäften und den Familienangelegenheiten alleingelassen.

Auch auf den Thronfolger Bertie, den Prinzen von Wales, konnte sich Albert kaum stützen. Im Gegenteil, der sorglose und lebenslustige junge Student kam an keinem Rock vorbei und gefährdete das Ansehen der Monarchie und der königlichen Familie. Die jüngste Affäre Berties mit der temperamentvollen Schauspielerin Nellie Clifden ließ Albert vor Zorn erbeben. Obwohl schon gesundheitlich geschwächt, machte er sich auf nach Cambridge, um den Sohn zur Raison zu bringen. Schüttelfrost peinigte den Prinzgemahl, als er nach Windsor zurückkehrte. Victoria, die die Schwächen Alberts gerne überspielte, hielt das für eine der vielen vorübergehenden Krisen. Es schien ihr nicht notwendig, weitere Ärzte zu Rate zu ziehen, als sich Alberts Zustand weiter verschlimmerte. Sie sah es sogar noch als Zeichen der Besserung an, als Albert immer häufiger in einen tiefen Schlaf fiel. Nach der Ruhelosigkeit der vorangegangenen Tage schien es nun bergauf zu gehen. Doch am 7. Dezember ahnte sie, wie ernst es um ihren geliebten Mann wirklich stand. Im Tagebuch notierte sie: »Ich ging auf mein Zimmer und weinte schrecklich und fühlte mich, ach! Als ob mein Herz brechen müsste – ach! Solche Pein, die jedes Leid in diesem Jahr übertraf. O Gott! Hilf ihm und schütze ihn!«

Albert fantasierte nun in seinen Fieberträumen, aber wenn er zu sich kam, erkannte er Victoria an seinem Bett, die dort unter Tränen um ihn bangte. »Gutes Weibchen«, lobte er sie auf Deutsch mit letzter Kraft.

In ständiger Sorge um die Regierungsgeschäfte, perfektionistisch bis zur Selbstaufgabe und gesundheitlich immer labil, erlag Albert am 14. Dezember 1861 schließlich dem Typhus.

Victoria, mit nur 42 Jahren Witwe geworden, war untröstlich. An den Premierminister Palmerston schrieb sie: »An Arbeit kann die Königin noch gar nicht denken; denn ihre ganze Seele, verletzt und zerschmettert wie sie ist, und ihr gänzlich gebrochenes Herz leben nur in jener zukünftigen Welt, die ihr näher denn je ist, da sie ihn beherbergt, der ihres Lebens Leben war, den Sonnenschein ihres Seins, ihren Führer, ihre Stütze – ihr Alles, der zu rein, zu vollkommen für diese Welt war. Die Königin fühlt, dass ihr Leben, aus weltlicher Sicht – zu Ende ist; es ist ihr Wunsch, es bald zu verlassen, um mit ihm zu sein, für den sie ihres hundertmal gegeben hätte, dem sie barfuß durch die Welt gefolgt wäre!«

Albert, der an sich immer nur die höchsten Ansprüche gestellt hatte und seine Anstrengungen zu Lebzeiten nie gewürdigt sah, wurde von der Londoner *Times* posthum in den Himmel gehoben: »Die Nation wurde vom größten nur möglichen Unglück getroffen. Prinz Albert, das Herzstück unseres sozialen Systems, der Pfeiler unseres Staates, wurde uns plötzlich entrissen.«

Von nun an kleidete sich Victoria nur noch in Schwarz

und wurde zum Inbild der trauernden, realitätsfernen Witwe. Um Albert trieb sie einen regelrechten Totenkult, überall ließ sie Büsten mit seinem Antlitz errichten, und abends ging sie mit seinem Nachtgewand schlafen. Ein früher Tod war ihr nicht vergönnt, wie sie es sich gewünscht hatte. Zweimal reiste sie nach Coburg ins Schloss Rosenau, um ihre Trauer zu bewältigen. Schließlich zog sie sich immer mehr ins schottische Hochland nach Balmoral zurück. Sie machte ihren ältesten Sohn Bertie, den Thronfolger, für den frühen Tod des Vaters verantwortlich und konnte ihm lange nicht verzeihen, dass er mit seinen liederlichen Eskapaden und Weibergeschichten großen Kummer über Albert gebracht hatte.

Fortan kümmerte sich Victoria mit Hingabe um die Ehestiftung für ihre Kinder und Enkel. Bertie, der spätere Edward VII., wurde mit der dänischen Prinzessin Alexandra verheiratet. In der Ehe, so hoffte die Monarchin, die die Schwiegertochter persönlich begutachtet und für tauglich befunden hatte, werde der Thronfolger das Format für seine künftige Aufgabe finden. Doch zeitlebens frönte Edward dem leiblichen Wohl, und sein bis zum Tod währendes Verhältnis mit der schönen Mätresse Alice Keppel sollte sogar im 20. Jahrhundert noch einmal die Gemüter erregen.

Auch Victoria wurde im Herbst ihres Lebens eine Liaison unterstellt, mit ihrem treuen Diener, dem Schotten John Brown. Der ungezwungene Naturbursche nahm den Platz des starken Mannes an der Seite der Königin ein, ohne jedoch das Andenken an Albert zu verdrängen. Ob die innige Verbindung zwischen Herrin und Diener auch eine sexuelle Komponente hatte, ist nicht nachzuweisen, doch für den Skandal bei Hofe genügten schon entsprechende Gerüchte. Der Zorn des Volkes wuchs, denn es bekam seine Königin nie zu sehen. Obwohl sie nach wie vor über das politische Geschehen informiert war und die Regierungsgeschäfte im Sinne Alberts fortführte, hatte sich die Witwe von fast allen repräsentativen Aufgaben zurückgezogen. Eines Morgens fand sich am Tor des Buckingham Palastes ein Schild mit der Aufschrift: »Wegen Geschäftsschließung zu vermieten«. Die Aktion eines Scherzboldes, die eine bittere Wahrheit verkündete: Die Familienfirma stand kurz vor dem Bankrott, die Monarchie steckte in der Krise.

Ab und an ließ sich die Königin nun wieder in London blicken. Auch im hohen Alter von achtzig Jahren, stark seh- und gehbehindert, nahm sie noch Anteil an den Geschehnissen in der europäischen Politik. Es sind sozusagen Familienangelegenheiten, die die »Großmutter Europas« in ihren Briefen an die geliebte Tochter Vicky kommentiert. Besonders deren Sohn, Wilhelm II., Kaiser von Deutschland, gab Anlass zur Sorge. »Die Verstimmung zwischen England und Deutschland bedrückt und besorgt mich in der Tat sehr, genau wie Dich und viele andere. Aber ich glaube, dass sie sich langsam wieder auflösen wird, wenn Wilhelm seine Reden und kolonialen Eseleien aufgibt. Er hat den Frieden schon wieder gefährdet, was unglaublich ist.«

Victoria konnte zwar noch ihr diamantenes Thronjubiläum feiern, doch als sie am 22. Januar 1901, 39 Jahre nach Alberts Tod, starb, begann der Glanz über dem britischen Empire zu erlöschen. Das Jahrhundert des Schreckens war angebrochen. Die Enkel Victorias, Kaiser Wilhelm II. und George V., sollten sich schon bald als erbitterte Feinde gegenüberstehen.

Queen Victoria, die Urmutter des Hauses Windsor, brachte neun Kinder zur Welt. Den frühen Tod ihres Mannes, Prinz Albert, konnte sie nie verwinden.

Unter der Regentschaft von Queen Victoria erlebte Windsor Castle eine Blüte. Sie nutzte es gerne für den Empfang von Staatsgästen.

Edward VII. galt zeitlebens als Lebemann. Seine Gattin, Alexandra von Dänemark, sah großzügig über seine Eskapaden hinweg.

Bis zu seinem Tod hatte Edward VII. ein Verhältnis mit der Mätresse Alice Keppel. Die Ehepartner der beiden duldeten die Liaison.

Das in Schottland gelegene Glamis Castle, in dem die „Queen Mum" von klein auf viel Zeit verbrachte, ist Schauplatz so mancher Gespenstergeschichte.

Das im 19. Jahrhundert errichtete Balmoral Castle, im Sommer Feriendomizil der Windsors, wird seit Queen Victorias Zeiten als magischer Ort verehrt.

Für die Amerikanerin Wallis Simpson verzichtete Edward VIII. auf den Thron. Damit war das familiäre Band zerschnitten.

Prinzessin Margaret und ihr Geliebter Peter Townsend wurden nie ein Ehepaar. Offen bleibt, ob die Schwester der Queen Zwängen gehorchte oder eine freie Entscheidung traf.

„Das Geheimnis einer glücklichen Ehe ist, unterschiedliche Interessen zu behalten", sagte Prinz Philip, der seit sechzig Jahren mit der Queen verheiratet ist.

Die Märchenhochzeit von Prinz Charles und Prinzessin Diana war nicht der Auftakt für eine glückliche Ehe, wie die folgenden Jahre zeigen sollten.

In trauter Zweisamkeit trotzen Charles und Camilla dem unwirtlichen Wetter. 2005 heiratete der Thronfolger die Frau, die er schon lange liebte.

Prinz William und seine Freundin Kate Middleton sind die Hoffnungsträger für die britische Monarchie.

Eine Familie, einträchtig vereint auf dem Balkon des Buckingham Palastes – anlässlich der alljährlich stattfindenden Militärparade „Trooping the Colour".

5

Schreckensjahre

Als die Ururenkelin Victorias, Elizabeth II., 1953 gekrönt wurde, hatte das 20. Jahrhundert zwei Weltkriege hinter sich, die Millionen von Menschen das Leben gekostet hatten und das einstmals enge Verhältnis zwischen Deutschland und England auf nicht absehbare Zeit vergiftet zurückließen. Für die Familie Windsor war die politische Großwetterlage heikel, da sie ihre Wurzeln im Feindesland hatte. Trotzdem war es Elizabeths Eltern und Großeltern gelungen, die Monarchie in die Nachkriegszeit hinüberzuretten und aus den Schlachten sogar gestärkt hervorzugehen. »Während des Zweiten Weltkriegs waren der König und die Königin weithin sichtbar. Das hatte eine fantastische therapeutische Wirkung«, erklärt die Biografin der Windsors, Penny Junor. »Das Volk fühlte, dass es da jemanden gab, der sich kümmerte und die Gefühle der ganzen Nation demonstrierte. England war in einer Krise und brauchte Führung, diese kam von König George VI. und Königin Elizabeth.«

Mit diesem emotionalen Rückenwind, diesem starken Band aus gemeinsam geteilten Emotionen, segelte deren Tochter Elizabeth II. in ihre Regentschaft. Wie einst Victoria sollte sie die Hoffnungen auf eine bessere Zukunft erfüllen. Die Schlachten der Weltkriege waren geschlagen, doch vor der jungen Queen lagen Scharmützel familiärer Natur, die das Haus Windsor beinahe zum Einsturz bringen sollten. Es begann, was viele später als »königliche Seifenoper« beschrieben haben.

Die ersten Hauptdarsteller, die die Bühne der Monarchie Mitte des 20. Jahrhunderts betraten, waren Elizabeth II. und ihr Prinzgemahl Philip. Ein solides Paar, voller Pflichtbewusstsein und Disziplin – mit ihrem bürgerlichen Familiensinn wirkten sie wie eine Reinkarnation von Victoria und Albert. Als der deutsche Bundespräsident Theodor Heuss 1958 zum Staatsbesuch in London weilte, herrschte politisch noch immer Eiszeit zwischen den ehemaligen Kriegsgegnern. Kaiser Wilhelm II. war das letzte deutsche Staatsoberhaupt, das England besucht hatte; fünfzig lange Jahre war das her.

Am Abend des 20. Oktober fand im Buckingham Palast ein Staatsbankett statt, das der Queen ein Höchstmaß an diplomatischem Geschick abverlangte. Das Trennende überbrücken, ohne das Verbindende zu stark zu betonen – das war die Absicht ihrer Ansprache. Zu Heuss gewandt, sagte sie: »Die tragischen Ereignisse des letzten halben Jahrhunderts in den Beziehungen zwischen unseren Ländern gehören der Geschichte an. Wie Sie selbst gesagt haben, können gewisse Taten und Geschehnisse, die zu unseren Lebzeiten in Europa begangen worden sind, durch nichts wieder ausgelöscht werden. Heute aber sind sie vor allem bedeutsam als Warnung und Beispiel für die ganze Welt, was geschehen kann, wenn die Demokratie zusammenbricht.«

Auch ihre familiären Beziehungen ließ die Queen nicht unerwähnt: »In der Vergangenheit waren unsere beiden Länder zuweilen eng verbunden. In der Tat reichen die Verbindungen zwischen meiner Familie und den alten deutschen Staaten viele Generationen weit zurück. Elizabeth, die Schwester Karls I., heiratete den Kurfürsten von der

Pfalz und wurde die Großmutter meines Vorfahren, König George I. Vor hundert Jahren heiratete Victoria Prinz Albert von Sachsen-Coburg-Gotha, und mein Mann und ich sind direkte Nachkommen aus dieser Verbindung.«

Theodor Heuss ergänzte diesen Exkurs in die Ahnengalerie mit einer Bemerkung über die im Schwabenland gelegene Burg Teck, von der Queen Mary stammte. »Ich kann Ihnen in meiner engeren Heimat die Burg Teck zeigen, wo die Ahnen Ihrer Frau Großmutter, der Königin Mary, saßen; es fließt auch schwäbisches Blut in Ihren Adern!« Unwahrscheinlich, dass die Queen dies vergessen hatte und erst vom deutschen Bundespräsidenten darauf aufmerksam gemacht werden musste. Eher wahrscheinlich, dass dieses Geplänkel am Rande zuvor von beflissenen Sekretären hochnotpeinlich abgestimmt worden war. Die Königin hatte aus Höflichkeit an ihre deutschen Wurzeln erinnert, was keinesfalls als sentimentale Hinwendung zu ihrer eigenen Familiengeschichte interpretiert werden sollte. An diesem Abend war sie Monarchin und tat, was ihre Aufgabe war: dem Staatsgast geschäftsmäßig freundlich zu begegnen. »Unsere Länder waren eng verbunden«, hatte die Queen festgestellt, »und sind es nicht mehr«, hätte sie ergänzen können.

Die Nachfahren ihrer Familie in Sachsen-Coburg-Gotha hat Elizabeth II. jedenfalls nie besucht. Dort, im Familienschloss Callenberg, residiert heute Prinz Andreas von Sachsen-Coburg-Gotha, der Ururgroßenkel Alberts. Er spricht gerne von Königin Victoria und ihren Besuchen, die sich in den Gästebüchern der Familie nachlesen lassen. Sie habe es geliebt, auf Schloss Callenberg zu malen, das eine prächtige Aussicht über das Coburger Hügelland bietet. Ein bisschen bedauernd klingt es, wenn er über die wenigen Kontakte erzählt, die er zum englischen Zweig seiner Familie hatte. Die Queen selbst habe er nie getroffen, nur die beiden Söhne Andrew und Charles seien jeder einmal zu Besuch gewesen. Charles habe sehen wollen, wo seine Vorfahren herkommen. Dabei ist es dann geblieben. Der Bruch innerhalb der Familie sei bis heute spürbar, erzählt Andreas von Sachsen-Coburg-Gotha.

Prinz Charles verlebte keine glückliche Jugend, glaubt man seinen Biografen. Er war gerade einmal fünf Jahre alt, als seine Eltern zu einer großen Commonwealth-Rundreise aufbrachen. Monate waren sie unterwegs, und Charles blieb in der Obhut seiner Kinderfrauen zurück. Elizabeth war zuerst Monarchin, dann Mutter. Eine Stunde am Tag hatte sie für ihre Kinder Zeit, in denen sie ihnen vor allem beibrachte, ihre Emotionen in der Öffentlichkeit zu verbergen.

»Es war eine sehr solide Familie«, glaubt Penny Junor. »Aber da gab es wenig Zärtlichkeit und Lob. Charles war ein kleiner Junge, der sehr wenig Selbstvertrauen hatte. Und obwohl er jeden nur erdenklichen Reichtum hatte, fühlte er sich nicht geliebt und nicht geborgen.« Es war seine Großmutter, Queen Mum, zu der er ein starkes emotionales Verhältnis entwickelte, das bis ans Ende ihres Lebens bestand. Gab es Streit oder erhob jemand die Stimme, zog sich Charles in sein Schneckenhaus zurück. Sensibel und schüchtern, hielt er sich lieber zurück, während seine Schwester Anne laut und lebhaft war.

Elizabeth und Philip hatten entschieden, ihre Kinder so ›normal‹ wie möglich aufwachsen zu lassen, doch damit gerieten sie schnell an die Grenzen, die ein Leben in einem

Palast und eine besondere öffentliche Stellung nun einmal mit sich bringen. Charles war zunächst zu scheu, um eine öffentliche Schule zu besuchen, und musste zu Hause unterrichtet werden. Er wusste, dass er anders war als andere, er hatte früh verstanden, was es bedeutet, sich royal verhalten zu müssen. Er war der Thronfolger und als solcher in einer einzigartigen und einsamen Position. Die innere Stärke, die seinen Vater und seine Mutter auszeichnete, fehlte ihm. Prinz Philip, der Duke of Edinburgh, kam zu der Überzeugung, dass eine strenge Erziehung das beste Mittel sei, aus dem weichen Kind einen starken Mann zu formen. Schließlich würde er eines Tages ein Reich regieren müssen, und das verlangte nach Mut, Führungskraft und Entschlossenheit. Aus Charles sollte ein brauchbares Mitglied der »Firma« werden.

Die Biografin Penny Junor beschreibt das Berufsethos der königlichen Familie: »Es ist der Duke of Edinburgh, der sie als Firma bezeichnet. Was er damit meint, ist, dass sie ein Business betreiben. Und das ist es: ein Unternehmen. Wenn Sie sich den Buckingham Palast anschauen, dann ist er auf den ersten Blick ein wundervolles altes Gebäude, ein historisches Monument, mit Kilometern von rotem Teppich und schönen Antiquitäten. Sicherlich gibt es da viel Pomp und Pracht. Aber tatsächlich ist es ein Firmenbüro, eine sehr zeitgemäße, hoch entwickelte Organisation, die sich Monarchie nennt. Die besten Leute arbeiten dort für sie. Die Zeit ist lange vorbei, in der Armeegeneräle ihren Ruhestand damit verbrachten, die Monarchie zu unterstützen. Die Angestellten im Buckingham Palast werden von Headhuntern angeworben und kommen aus allen Sparten des öffentlichen Lebens. Und sie gehören nicht nur der Upperclass an; es sind ausgezeichnet trainierte Leute, die eine sehr straffe, kalkulierte Monarchie-Maschinerie steuern. Es ist ein Geschäft.« Das sich keine Schwächen leisten darf wie etwa zaudernde, charakterschwache Thronerben.

Früh wurde Charles deshalb mit den Gespenstern des Hauses Windsor vertraut gemacht, er hörte Gruselgeschichten, die nicht aus einem Märchenbuch stammten, sondern aus dem Familienalbum. König Edward VIII., der die Liebe der Monarchie vorgezogen und abgedankt hatte, spielte darin die Rolle des bösen Buben. »Für die Familie ist das ein Desaster gewesen, und Charles wuchs damit auf, es war wie eine Gutenachtgeschichte für ihn«, erzählt Penny Junor. »Er wusste beizeiten, dass dies etwas war, was niemals mehr passieren durfte. Jedes Familienmitglied weiß, dass das verheerend sein würde.«

Die Grundschulzeit verbrachte Charles in Hill House, im Zentrum Londons und unweit des Edelkaufhauses *Harrods* gelegen. Geführt wurde die Privatschule von einem eigenwilligen ehemaligen Artillerie-Oberst, aber die Lehrerinnen dort waren jung und hübsch und die Prügelstrafe galt als verpönt. Ein strengeres Regiment lernte er dann in Cheam kennen, das erste Internat, das er besuchte. Niemals sei er je wieder so einsam gewesen wie an seinem ersten Tag dort, erinnerte er sich später. Doch es sollte noch schlimmer kommen: Albtraum seiner Teenager-Jahre wurde das Internat Gordonstoun. Prinz Philip war nach wie vor davon überzeugt, das Beste für seinen sensiblen Sohn sei nun mal Abhärtung. Elizabeth erhob normalerweise wenig Einspruch, wenn es um familiäre Dinge ging. Zwar war sie die Monarchin, aber zu Hause hatte ihr Ehemann das Sagen.

Und der war von der segensreichen Erziehung überzeugt, die er selbst genossen hatte.

Prägend für Philip war seine Schulzeit im deutschen Internat Salem gewesen, das einen Ableger in Schottland hatte: Gordonstoun, geleitet von dem jüdischen Pädagogen Dr. Kurt Hahn, der vor den Nazis aus Deutschland hatte fliehen müssen. Die Schule war spartanisch eingerichtet, und ihr eilte ein Ruf der Strenge voraus. Die Jungen schliefen in Sälen mit vierzehn harten Holzbetten, die Wände waren kahl und farblos, und von den Decken baumelten nackte Glühbirnen. Charles war bereits eingeschüchtert, als er mit seinem Vater am 1. Mai 1962 dort eintraf, begrüßt von einer Abordnung älterer Zöglinge in Schuluniform, die an die Bekleidung von Pfadfindern erinnerte. Was ihn in den folgenden Jahren erwartete, übertraf seine schlimmsten Befürchtungen. Offiziell war es verboten, Mitschüler zu hänseln, doch in der Dunkelheit von Schlafsälen und Schulfluren ließen die pubertierenden Jünglinge ihren sadistischen Trieben freien Lauf. Der kleine Prinz mit den auffällig abstehenden Ohren wurde zum bevorzugten Opfer, da half ihm auch seine herausragende gesellschaftliche Stellung nicht. Im Gegenteil. Beim Sport wurde er besonders hart und unfair attackiert. »Wir haben dem künftigen König von England eins draufgegeben«, brüsteten sich seine Gegenspieler. Charles fühlte sich wie der einsamste Mensch auf Erden. Niemals würde er die Zuneigung seiner Kameraden gewinnen können, dessen war er sich sicher. Und statt härter zu werden und sich zu wehren, zog er sich immer weiter in sein Schneckenhaus zurück. »Prince Charles hasste Gordonstoun«, weiß die Biografin Ingrid Seward zu berichten. »Seine Mitschüler waren entweder total anbiedernd, oder sie traktierten ihn und waren scheußlich zu ihm. Es war einfach die falsche Schule für einen so sensiblen jungen Mann. Er hatte eine schreckliche Zeit dort, wirklich furchtbar, und ich glaube nicht, dass er in Gordonstoun auch nur einen einzigen Freund gewonnen hat. Wäre er nach Eton gegangen, hätte er vielleicht heute noch Freunde aus der Schulzeit. Aber es lief alles komplett falsch für ihn.«

Charles flüchtete sich in die Natur und in die schönen Künste, ein Verhalten, das er auch als Erwachsener nie ablegte. Er liebte es, seine Großmutter auf ihrem Landsitz Birkhall im schottischen Hochland zu besuchen oder in den Ländereien um Balmoral auf die Jagd zu gehen. Am Ende seiner Schulzeit war aus Charles ein einsamer Einzelgänger geworden. Würde er das Format haben, eines Tages die Krone in eine glückliche Zukunft zu tragen?

Penny Junor, die den Thronfolger persönlich kennt, verteidigt ihn gegen alle Zweifel. »Queen Elizabeth nachzufolgen ist schwer. Sie ist unglaublich populär auf der ganzen Welt, und sie hat sich niemals eine Blöße gegeben. Jeder bewundert sie, egal ob man die Monarchie mag oder nicht. Das wird mit Charles nicht so sein. Er ist ein Monarch für eine andere Zeit. Die Queen war wie ihr Vater, der auch nicht der aufregendste Regent war. Sie hat nichts getan, was besonders bemerkenswert wäre, aber sie hat uns mit sicherer Hand durch eine Zeit unglaublichen Wandels geführt. Während ihrer Regentschaft über 55 Jahre gab es die größten Veränderungen in Technik und Gesellschaft. Und sie hat das überstanden, indem sie einfach dieselbe geblieben ist. Sie ist ein Fixstern in einer sich sehr schnell wandelnden Welt. Das war perfekt für ihre Zeit. Ich glaube, wenn Charles König wird, werden wir andere Anforderungen an ihn haben. Dank Queen Elizabeth ist der Fortbestand der Monarchie gesichert. Er muss Elizabeth dafür danken. Wir leben in einem Zeitalter der Nützlichkeiten, und die Menschen wollen sehen, welchen Nutzen sie von der Monarchie haben. Sie werden nicht nur damit glücklich sein, wenn die königliche Familie aus ihren Kutschen winkt und bei Rundgängen Blumen einsammelt. Und ich glaube, Charles wird dem gewachsen sein.«

Nach stürmischen Jahren, die die Monarchie und das Volk, ja, die ganze Weltöffentlichkeit in Atem gehalten und auf eine emotionale Achterbahnfahrt geschickt haben, ist Charles gereift. Doch in der zweiten Hälfte des 20. Jahrhunderts stürzte er mit seiner turbulenten Ehe und seiner verhängnisvollen Affäre die Krone beinahe in den Abgrund.

Anfang der siebziger Jahre war London ein heißes Pflaster für Partygänger. Auch die jungen Adligen und der Nachwuchs der Upperclass feierten in den angesagten Clubs der Metropole. Im *Annabel's* am Berkeley Square trafen sich die schillerndsten Persönlichkeiten des inneren Zirkels der britischen Gesellschaft. Es wurde getanzt und geflirtet wie in jeder anderen Disco, und doch war der Ort so exklusiv, dass das neugierige Volk ausgeschlossen blieb.

Das ideale Jagdrevier für Camilla Shand, ein relativ unbekanntes Mädchen mit blauen Augen und einer ansehnlichen Figur. Ihr Stammbaum war aristokratisch, und dieser Umstand öffnete ihr die Tür zum *Annabel's*. Eines Nachts im Jahr 1972 traf sie hier den Mann, der fortan ihr Schicksal bestimmen sollte: Charles, Prinz von Wales. Ihr künftiger Geliebter zählte nicht zu den »heißesten Fegern« auf dem Tanzparkett, er war zurückhaltender und scheuer als seine

Altersgenossen, und äußerlich auch weniger attraktiv als manch andere gute Partie.

»Mit solchen Ohren kann man nicht König werden«, hatte einst sein eigener Großonkel, Lord Mountbatten, gewarnt. Doch Camilla blickte tiefer. Sie erkannte einen Seelenverwandten, dem sie schon häufiger auf dem Polorasen begegnet war und der ihre Fantasien beflügelt hatte. Es war nicht allzu lange her, dass sie ihm in ihrer direkten und zupackenden Art eindeutige Avancen gemacht hatte. Auf einer Party am Rande eines Poloturniers hatte sie ihm die entscheidende Frage gestellt: »Meine Urgroßmutter war die Geliebte Ihres Ururgroßvaters. Wie wär's mit uns beiden?«

Natürlich gibt es für diesen Dialog keinen Beleg, es hatte ja niemand zugehört. Aber schön ist er schon, verknüpft er doch auf ideale Weise Gegenwart und Vergangenheit.

Charles war die Geschichte wohl bekannt. Wie so viele seiner männlichen Vorfahren hatte sich auch Edward VII. einer engen Beziehung mit einer Dauergeliebten erfreut. Alice Keppel war 28 Jahre jünger als Edward und wie er verheiratet. Pikanterweise waren die jeweiligen Ehepartner in das Verhältnis eingeweiht und duldeten es. Edwards Frau, Queen Alexandra, hatte sich in Folge ihrer Taubheit immer mehr in sich zurückgezogen. Und George Keppel, Alices Mann, begleitete seine Frau und deren Liebhaber Edward alljährlich sogar in den Sommerurlaub nach Biarritz. Warum sollte er seiner Frau etwas verwehren, was er selbst zu genießen wusste – romantische Affären?

Für Camilla Shand war ihre Urgroßmutter durchaus ein vielversprechendes Vorbild, wie der Königshausexperte Christopher Wilson vermutet. »Sie dachte, das Höchste, was sie im Leben erreichen konnte, war, die Nummer eins in der Reihe der Geliebten des Prinzen von Wales zu werden. An Heirat hat sie nicht gedacht. Sie wusste, dass sie nicht hochwohlgeboren genug war. Und dass sie keine Jungfrau mehr war. Deshalb wollte sie das Nächstbeste: die Kontrolle über den Prinzen von Wales ausüben zu können, oder zumindest dessen beste Freundin sein, seine Vertraute. Genau so wie ihre Urgroßmutter rund hundert Jahre vorher. Alice Keppel war die bevorzugte Geliebte, die Favoritin, von König Edward VII. Camilla wollte, dass sich die Geschichte wiederholt. Und sie wusste: Diese Verbindung mit dem Prinzen von Wales würde ihr eine bestimmte Macht, einen Zauber, einen Glanz verleihen.«

Camilla war fest entschlossen, die einmalige Gelegenheit zu ergreifen, die sich ihr an jenem Abend im *Annabel's* bot. Sie durchtanzte die ganze Nacht mit dem Prinzen. Zu dieser Zeit war sie bereits eine erfahrene Frau, hatte gerade eine sieben Jahre dauernde, stürmische Beziehung mit dem Kavallerie-Offizier Andrew Parker Bowles hinter sich. Und Charles, der mitten in seiner strengen militärischen Ausbildung steckte, biss tatsächlich an. Er war von der schlagfertigen, lebenslustigen Camilla gefesselt, die eine Wärme ausstrahlte, wie er sie in seinen jungen Jahren noch niemals kennengelernt hatte. Die Chemie zwischen den beiden stimmte vom ersten Moment an, und die Zeit war reif für eine Romanze.

Als Königin Elizabeth von dem Verhältnis erfuhr, verhielt sie sich wie gewöhnlich beim Herannahen von Gespenstern, die ihre Familie und ihre Dynastie gefährden konnten: Sie steckte den Kopf in den Sand. Es war wieder einmal Prinz Philip, der Druck auf seinen ältesten Sohn ausübte und ihn an die Pflicht erinnerte, einen Thronerben zu zeugen. Doch wo ließ sich eine geeignete Braut finden?

Was die Ehe des Thronfolgers anging, herrschten auch in den sonst so liberalen siebziger Jahren noch die Regeln des »Acts of Settlement« aus dem 18. Jahrhundert. Jungfrau musste die zukünftige Prinzessin von Wales sein, aus dem Hochadel stammen und protestantischen Glaubens sein. Voraussetzungen, die Camilla nicht zu bieten hatte. So hielt Charles sich nicht lange mit dem Gedanken auf, seine Geliebte entgegen aller Konventionen zu ehelichen und damit möglicherweise seinen Anspruch auf den Thron zu verlieren. Er setzte seine militärische Laufbahn fort, verließ Großbritannien auf der *HMS Minerva,* und kurze Zeit später gab Camilla ihre Verlobung mit Andrew Parker Bowles bekannt, den sie alsbald ehelichte.

Die Suche nach einer geeigneten Ehefrau für Charles wurde zunehmend zum Problem. Jungfrauen waren in jener Zeit beinahe schon eine Rarität, im gemeinen Volk ebenso wie in höheren Gesellschaftsschichten. Denn auch an den traditionell eher konservativen Kreisen des britischen Hochadels waren Studentenrevolte, sexuelle Befreiung und die Erfindung der Pille nicht spurlos vorübergegangen. Eine passende Braut für den Prinzen war weit und breit nicht in Sicht.

Charles hatte sich mittlerweile zu einer Art Schürzenjäger entwickelt, der die Begleiterinnen nach Belieben wechselte. Die Queen war beunruhigt, und auch die Presse begann bereits, Charles als ewigen Junggesellen aufs Korn zu nehmen. Etliche ernster zu nehmende Beziehungen folgten, doch alle scheiterten, nicht zuletzt an Charles' ungalanter Art, sich Frauen gegenüber zu verhalten.

Die Jahre gingen ins Land. Und nur eine wusste nach wie vor sein Interesse zu fesseln: Camilla. Immer öfter besuchte er Bolehyde Manor, das Haus der Parker Bowles. Camilla hatte inzwischen einen Sohn geboren, und es gab sogar Gerüchte, Charles sei der Vater. Es entsprach nicht der Wahrheit, aber sein offensichtlicher Drang zu Camilla nährte böse Spekulationen. Auch Andrew Parker Bowles blieb das alles nicht verborgen, doch er gewöhnte sich schließlich daran, Charles in seinem Haus vorzufinden.

Nach der Geburt ihrer Tochter Laura im Jahr 1979 schien Camilla wieder auf alten Pfaden zu wandeln. Auf einem Polo-Ball in Stowell Park flammte ihre Romanze mit Charles schließlich erneut auf. Die beiden tanzten eng umschlungen die ganze Nacht hindurch, wie damals im *Annabel's*. Die anderen Gäste zeigten sich pikiert, fühlten sie sich doch um die Aufmerksamkeit des Thronfolgers betrogen. Auch die damals heißeste Heiratskandidatin, Anna Wallace, streckte angesichts dieser Provokation die Waffen und verließ wutschnaubend das Schlachtfeld.

Immerhin war sie klug genug, Camillas Einfluss auf Charles als gefährlich einzustufen. Sie wusste, dass Camilla alle seine möglichen Bräute kritisch in Augenschein nahm, um sie auf ihre eigenen Bedürfnisse hin zu überprüfen. Und diese richteten sich nach wie vor an ihrem Vorbild Alice Keppel aus. Die ideale Heiratskandidatin für Charles wäre eine Frau, die ihrer eigenen Affäre mit dem künftigen König nicht im Wege stehen würde, ganz so wie damals Queen Alexandra.

Die lebensfrohe, schlagfertige Camilla, die ihre harte Schulzeit nicht gebrochen, sondern gestählt hatte, schien dem Prinzen etwas zu geben, was er weder bei seiner Mutter, der Queen, noch bei all seinen anderen Affären gefunden hatte.

Da endlich tauchte im Sommer 1980 am Horizont ein Stern auf. Die junge Lady Diana Spencer schien die ideale Besetzung für eine Hauptrolle in der königlichen Seifenoper zu sein. Hübsch, scheu und unerfahren, würde sie sich nach Camillas Vorstellungen formen lassen. Das jedenfalls hoffte die Geliebte, und sie schien sich ihres Einflusses auf die künftige Prinzessin von Wales sicher zu sein.

Queen Mum, die Königinmutter, hatte Diana ins Spiel gebracht. 1961 als dritte Tochter des künftigen Earls von Althorp geboren, brachte sie alles mit, was Camilla fehlte. Sie war eine englische Jungfrau mit einem beeindruckenden Stammbaum, der sich bis ins 15. Jahrhundert zurückverfolgen lässt. Als Schafhändler waren die Spencers zu Reichtum gekommen, und unter Charles I. wurden sie geadelt.

Dass Dianas Eltern geschieden waren, war nicht mehr als ein kleiner Fleck auf einer ansonsten äußerst passablen Visitenkarte. Für Diana selbst allerdings wog ihr Schicksal schwer. Nie hatte sie die heftigen Streitereien zwischen ihren Eltern vergessen, nie die Schritte ihrer Mutter auf dem Kiesweg, als diese das Haus der Spencers endgültig verließ. Der Vater heiratete wieder, doch mit der Stiefmutter konnte Diana sich nicht abfinden. Zwar war sie von Luxus umgeben, aber niemand stillte ihren immensen Hunger nach Liebe. Sie suchte, was Charles in Camilla längst gefunden hatte: einen Partner, der ihr emotionale Sicherheit bieten konnte. Sie träumte von ewiger Liebe und unauflösbarer Ehe. »Die einzige Ehe, die nicht geschieden werden kann, ist die des Prinzen von Wales«, soll sie einmal gesagt haben.

Eine Ausbildung auf einem teuren Internat in der Schweiz hatte Diana abgebrochen. Obwohl sie sportlich war, konnte sie Pferde und Polo nicht ausstehen. Ihre Schulnoten waren nicht besonders gut gewesen, und so hatten ihre Eltern sie zunächst bei einer Familie untergebracht, der sie im Haushalt half und deren Kinder sie hütete. Schließlich durfte sie nach London ziehen. Mit Freundinnen teilte sie sich ein Vierzimmer-Apartment. Sie nahm Gelegenheitsjobs an und fand schließlich in einem Kindergarten eine Anstellung.

Es war zu dieser Zeit, als das Auge von Queen Mum auf die junge Adlige fiel. Diana hatte ihren künftigen Gatten bereits einmal persönlich getroffen, als dieser noch in seiner ›wilden‹ Zeit mit ihrer Schwester, Lady Sarah, liiert war. Er hatte sie tief beeindruckt. Sie träumte davon, seine Frau zu werden, und hatte ihr Zimmer mit seinen Fotos geschmückt.

Camillas starke Rolle im Hintergrund, die auch Dianas Schwester bekannt war, hatte in diesen Jungmädchen-Fantasien keinen Platz. Diana hätte gewarnt sein können, aber ihr Entschluss, eine Märchenprinzessin zu werden, ließ sie alle Bedenken beiseiteschieben. Tiefe Gefühle der Unsicherheit machten ihr zu schaffen. Gleichzeitig fühlte sie sich vom Schicksal zu etwas Besonderem bestimmt. »Alle meine Freundinnen gingen mit Jungen, aber ich nicht, weil ich irgendwie wusste, dass ich mich für etwas aufbewahren musste.«

Auf dem Papier war die Verbindung von Charles und Diana perfekt, meint Penny Junor. »Sie war viel jünger als er. Aber das schien kein großes Problem, es gibt Ehen, die trotzdem funktionieren. Sie hatte Erfahrung, da sie die

Tochter eines Stallmeisters war. Ihr Vater arbeitete für die Königin. Sie war mit den Royals aufgewachsen. Sie wusste um das Protokoll, das mit der Monarchie verbunden ist, war selbst fast royal. Sie stammte von uraltem Adel ab, aber was niemand wusste: Sie war eine verletzte Seele.« Doch die Nation fieberte einer Hochzeit entgegen.

Da war es für die Presse an der Zeit, das Märchen von der großen Liebe ins Bewusstsein der Leser zu bringen. Die konnten erbauliche Nachrichten gut gebrauchen, denn die Premierministerin Margret Thatcher, später »Eiserne Lady« genannt, hatte den Briten eine schmerzhafte soziale und wirtschaftliche Rosskur verordnet.

Damit das Märchen seinen Lauf nehmen konnte, musste sich der Prinz zunächst Hals über Kopf verlieben, und so wurde aus der ersten Begegnung zwischen Diana und Charles ein Mythos: Sie habe sein Herz auf einem Heuballen gewonnen, als sie sich ohne Scheu nach seinen Gefühlen erkundigte. Die Zündschnur öffentlicher Anteilnahme war gelegt. Nun fehlte noch der Funke. Tag und Nacht belagerten Paparazzi die Wohnung der hilflosen Diana, die sich im Rückblick wundern sollte, warum ihr in dieser misslichen Situation kein Schutz des Buckingham Palastes zuteil wurde. Auch ein telefonischer Hilferuf Dianas an Charles blieb ohne Erfolg. Schlimmer noch: Er bedauerte die »arme« Camilla, die sich vor Presseleuten gar nicht mehr retten könne.

So versuchte Diana, wie später noch so oft, die Dinge mit der Presse auf ihre Weise zu regeln. Sie gestattete den Fotografen, Aufnahmen im Kindergarten zu machen, und hegte die Hoffnung, dann in Ruhe gelassen zu werden. Doch sie kannte noch keinen einzigen der Reporter-Tricks, die sie in den kommenden Jahren so meisterhaft für ihre eigenen Interessen einzusetzen lernte. Prompt lief sie in die Falle. Die Fotografen dirigierten sie ins Gegenlicht, und da sie an diesem sonnigen Tag nur einen dünnen Baumwollrock trug, waren auf dem Bild ihre Beine in ihrer ganzen Länge zu bewundern. Diana war schockiert, doch der Prince of Wales zog sie auf. Es sollte ihre erste Lektion auf dem Weg zur Publicity-Managerin ihrer selbst sein.

Am 24. Februar 1981 gab der Buckingham Palast offiziell die Verlobung von Charles, Prince of Wales, und Lady Diana Spencer bekannt. Noch vor der Öffentlichkeit wusste Camilla über alles Bescheid.

Kurz darauf gaben Charles und Diana der Presse zum ersten Mal gemeinsam ein Interview. Es sollte später noch oft zitiert werden, da es im Nachhinein die wahre Beziehung der beiden offenbarte. »Sind sie verliebt?«, fragten die Reporter. Es war die Gretchenfrage. Diana konnte kaum an sich halten und rief: »Aber sicher!« Nun waren Augen, Ohren und Kameras auf den Thronfolger gerichtet. Der fühlte sich sichtlich unwohl und zögerte mit der Antwort. Das allein war eigentlich schon eine Zumutung für die junge Braut. Doch die folgende Antwort war wie eine Ohrfeige: »Was auch immer Liebe heißen mag«, gab Charles von sich. Es folgten Momente peinlichen Schweigens, und Dianas resignierter Blick glitt zu Boden.

Keiner der Akteure, Presse und Öffentlichkeit eingeschlossen, ließ sich von der Peinlichkeit des Verlobungsinterviews auf dem einmal eingeschlagenen Weg zur Märchenhochzeit des Jahrhunderts weiter irritieren. Zwar befremdete es Diana, dass ihr zukünftiger Ehemann sie auf Distanz hielt. Ihre Treffen glichen offiziellen Arrangements, für Spontaneität blieb kein Spielraum. Es setzte sich fort, was Diana schon Ende 1980 erfahren musste: Der Prinz lebte sein Leben nach eigenem Gutdünken wie bisher, und sie hatte sich danach zu richten.

Während eines offiziellen Indienbesuches hatte er sich nicht ein einziges Mal bei ihr gemeldet und trat mit ihr erst wieder in Kontakt, nachdem er seine Dauerfreundin Camilla besucht hatte. Aber davon konnte die Braut damals noch nichts ahnen. Misstrauisch hätte sie werden können, als die britische Presse vom Besuch einer blonden Frau im Zug des Prinzen berichtete. Alle vermuteten, es habe sich bei der geheimnisvollen Besucherin um Diana gehandelt. Doch sie musste es besser wissen. Wenn sie es nicht war, wer hatte Charles dann besucht?

Der Schatten Camillas breitete sich aus, doch Diana war wild entschlossen, ihr die Stirn zu bieten. Mit dem Ehering am Finger, so glaubte sie, wäre die Rivalin endgültig in die Schranken gewiesen. Mittlerweile ahnte sie, welche Faszination ihr junges, schönes Gesicht auf die Fotografen ausübte. Die Schlagzeilen sprangen ihr tagtäglich in die Augen. Wer ist die Schönste im ganzen Land? Bei der Antwort auf diese Frage ging Diana eindeutig als Siegerin hervor.

Vielleicht war auch Charles nicht unbeeindruckt vom mädchenhaften Charme seiner Braut, doch er war sich weit mehr als sie der Konsequenzen ihrer Verbindung bewusst. Traditionell erzogen, machte er sich keine Illusionen über seine Verpflichtungen. »Ich wünsche, das Richtige für dieses Land und für meine Familie zu tun. Aber manchmal erschreckt mich der Gedanke sehr, ein Versprechen zu geben, das ich vielleicht ein Leben lang bereue«, schrieb er an einen Freund.

Für derartige Zweifel aber war es längst zu spät. Und als auch Diana noch kurz vor der Hochzeit Bedenken kamen, waren es ihre Schwestern, die sie in die Pflicht nahmen. Diana hatte ihnen von einer hässlichen Szene mit Charles berichtet, der sich von seiner künftigen Gattin überfahren fühlte. Trotz des eindringlichen Protestes seines Privatsekretärs hatte Diana ein Päckchen geöffnet, das im Buckingham Palast für ihn abgegeben worden war. Es enthielt ein Armband mit einer Gravur: die verschlungenen Initialen G und F.

Diana war nicht dumm und zog sofort ihre Schlüsse. G für Gladys und F für Fred – es waren die Kosenamen, die sich Charles und Camilla gegeben hatten. Die hintergangene Verlobte brach in Tränen aus, tobte vor Wut – doch wie bei vielen späteren Szenen in ihrer Ehe blieb Charles unbeeindruckt. Er bestand darauf, Camilla sein Geschenk zu überreichen. Die Waagschale neigte sich erneut zugunsten der Geliebten. Diana war aufgebracht, wollte in der Hitze ihrer Gefühle die Hochzeit absagen. Doch das hätte sowohl ihr Image als auch das ihres zukünftigen Ehemanns ruiniert. »Dein Gesicht prangt schon auf den Geschirrtüchern, es ist also zu spät, jetzt noch zu kneifen«, machten ihr die Schwestern klar.

Charles, den längst ebenfalls starke Zweifel am Gelingen seiner künftigen Ehe plagten, suchte Rat bei seinen Eltern, aber das Treffen endete im Streit. Er fand kein Verständnis und begann nun, sich mit seiner Lage abzufinden. Seine zwanzig Jahre alte Braut erschien ihm eher wie ein Schulmädchen denn als eine Frau, die kurz vor der Hochzeit stand. Und so behandelte er sie auch.

In dieser Zeit entwickelte Diana ernsthafte Essstörungen,

die später, auf dem Höhepunkt der Ehekrise, für alle durch ihren abgemagerten Körper sichtbar werden sollten. Zwei- bis dreimal am Tag stopfte sie Essen in sich hinein, um es gleich darauf zu erbrechen. Es war ihr Weg, mit all den Spannungen und mit all der Langeweile fertig zu werden, die sie in der Zeit vor ihrer Heirat empfand.

Trotz aller Zweifel, trotz aller Hinweise auf Charles' Beziehung zu Camilla, trotz der vielen einsamen Tage in den königlichen Gemächern, trotz allen Unglücks, das sich offensichtlich anbahnte – Diana trat vor den Traualtar. Sie war nach wie vor in Charles verliebt und hoffte, er sei es auch in sie. Doch Charles traf Camilla noch immer, und noch wenige Stunden vor der Hochzeit hatten sie ein Stelldichein. Dann, so berichteten es später seine Gewährsleute, wollte er sich endgültig von ihr trennen, um seinen königlichen Pflichten nachzukommen. Schwer zu beurteilen, wie fest dieser Vorsatz war. Die Hochzeitsvorbereitungen liefen auf Hochtouren. Es gab kein Entrinnen mehr.

Wer sehen wollte und sehen konnte, für den war bereits die Hochzeit zwischen dem Thronfolger Prinz Charles und der scheuen Lady Diana Spencer nur Teil eines wohl kalkulierten Plans, der einem einzigen Ziel geschuldet war: die britische Monarchie auf Jahrzehnte zu sichern. »Das war ohne Zweifel eine arrangierte Ehe«, beschreibt Christopher Wilson die Situation, aus der es keinen Ausweg gab. »Zu der Zeit, als die Hochzeit stattfand, wollten weder Charles noch Diana das durchziehen. Sie hatten einander durchschaut. Aber es war zu spät. Der Druck von außen zwang sie immer näher zusammen. Selbst der Erzbischof von Canterbury, der Prinz Charles und Diana traute, gab zu, dass es eine arrangierte Ehe war. Doch er machte weiter, Charles machte weiter, Diana machte weiter. Denn an diesem Punkt waren Millionen und Abermillionen von Menschen auf der ganzen Welt entschlossen, eine Märchenhochzeit zu erleben, und sie zwangen sie zusammen.«

Schon in jenem Moment, als die Brautleute am 29. Juli 1981 die Londoner St. Paul's Kathedrale betraten und 750 Millionen Fernsehzuschauer so sehr an ein Märchen mit Happy End glauben wollten, lag der düstere Schatten der »anderen Frau« über der prunkvollen Zeremonie. Als Diana am Arm ihres nach einem Schlaganfall gebrechlich wirkenden Vaters den Mittelgang der ehrwürdigen Kathedrale durchschritt, sah sie Camilla in ihrem hellgrauen Kostüm, das Gesicht hinter einem Schleier verborgen, inmitten der geladenen Hochzeitsgäste. Und Diana war keinesfalls das ahnungslose Schaf, das auf dem Altar der britischen Monarchie geopfert werden sollte. Sie kannte Camilla und wusste über deren Rolle im Vorleben ihres zukünftigen Ehemanns Bescheid.

»Na gut, da bist du also, was soll es, hoffen wir, dass alles vorbei ist«, dachte Diana nach eigener Darstellung in jenen historischen Minuten, als sie auf den Erzbischof von Canterbury zuschritt. Die Hochzeit des Jahrhunderts verklärte die harte Wirklichkeit: Hier schlossen zwei Menschen den Bund fürs Leben, die einander kaum kannten, sich nicht viel zu sagen hatten und deren Ehe gezielt geplant worden war – mit Hilfe von Camilla Parker Bowles. Christopher Wilson glaubt, die Geliebte habe schon damals ihre Absichten klug verfolgt. »Camilla fühlte zur Zeit der königlichen Eheschließung, was passieren würde. Sie würde ihren Posten als Mätresse für eine Weile aufgeben. Charles würde mit

Diana Kinder haben. Dann würde sie damit fortfahren, seine Geliebte zu sein. Das ist etwas, das in der britischen Aristokratie dauernd vorkommt. Das einzige Haar in der Suppe, die einzige Schwierigkeit war, dass Diana das nicht so sah. Sie glaubte, das Eheversprechen gelte für immer. Sie glaubte, wenn sie Charles heiratete, würde er nie mehr mit einer anderen Frau schlafen. Wie sehr sie sich täuschte.«

Doch der schöne Schein war zu verführerisch, und die Menge jubelte frenetisch, nachdem Charles in schmucker Galauniform und Diana in ihrem verspielten romantischen Hochzeitskleid einander das Jawort gegeben hatten. Für die britische Monarchie war es ein erhebender Moment: Zum ersten Mal seit über dreihundert Jahren hatte ein Thronerbe eine Engländerin zur Frau genommen. Seit der Krönung von Elizabeth II. hatte das Königreich keine größere Feier erlebt.

Nachdem die Glocken der St. Paul's Kathedrale am Hochzeitstag verklungen waren, wiegte sich Diana in der trügerischen Sicherheit, mit dem Jawort, dem Ehering und der Millionen Pfund schweren Heiratsshow den Zweikampf mit ihrer Rivalin für sich entschieden zu haben. Und sie war entschlossen, sich mit allen ihr nun zur Verfügung stehenden Mitteln zur Wehr zu setzen. Sie begann ihren Rachefeldzug direkt nach der Hochzeit.

Etwa 120 Gäste waren zum Hochzeitsfrühstück in den Buckingham Palast geladen. Camillas Name stand auf der Einladungsliste, doch auf Anweisung Dianas wurde er gestrichen. Camilla konterte, indem sie selbst eine Lunch-Party ausrichtete. Ihr Hochzeitsgeschenk für den Prinzen befand sich längst in seinem Gepäck, mit dem er sich auf die Hochzeitsreise machen würde. Diana schöpfte Hoffnung, als Charles nun nicht mehr auf der Anwesendheit Camillas bestand. Doch schon Tage später, auf der Jacht *Britannia*, die mit dem Paar ins Mittelmeer gefahren war, ergab sich ein weiterer Zwischenfall, der Dianas Seelenkrise erneut anfachen sollte.

Charles und seine frischgebackene Ehefrau saßen mit ihren Kalendern beisammen, um sich über gemeinsame Termine zu verständigen. Zwei Fotos fielen aus Charles' Terminplaner: abgebildet war Camilla Parker Bowles. Alle Anstrengungen und Belastungen der letzten Wochen vor der Hochzeit entluden sich in einem tränenreichen Wutausbruch Dianas. Charles war angesichts dieser Szene entsetzt. Mit dem Verhalten seiner Frau konnte er nicht umgehen, und so brach er die Diskussion einfach ab. Er weigerte sich hartnäckig, seine Beziehung mit Camilla erklären zu müssen.

Schon in diesen ersten Scharmützeln des Ehekriegs hätte Diana erkennen müssen, dass ihre Reaktionen den Ehemann nur noch weiter von ihr entfernten. Tränen, Geschrei und moralischer Druck ließen Charles ihr gegenüber nur kälter werden. Und das verstärkte ihre seelische Not. Ein Teufelskreis, der geradewegs in die Krankheit führte, schloss sich. An Bord der Jacht *Britannia,* noch in den Flitterwochen, brach Dianas Bulimie erneut hervor. Sie aß alles, was greifbar war, um es sofort wieder von sich zu geben. Hilferufe einer verzweifelten Seele, die offenbar niemand registrierte, obwohl sie ständig von Personal umgeben war.

Dianas Leiden auf der Jacht sollte sich dramatisch verschlimmern. Man erreichte Port Said, wo am Abend ein festliches Diner mit dem ägyptischen Staatspräsidenten Anwar al Sadat und dessen Frau geplant war. Charles erschien mit neuen Manschettenknöpfen, die Diana in eine weitere schwere Krise katapultierten. Eingraviert in Charles' neuen Schmuck waren zwei ineinander verschlungene Cs. »Charles« und »Camilla« – für die junge Ehefrau eine Provokation. Ihr Mann wiegelte ab, es sei doch nur das Geschenk einer guten Freundin. Doch Diana spürte, wie nah die einstige Geliebte dem Herzen ihres Gatten noch immer war. Alle ihre Träume von einer romantischen Beziehung mit dem Prinzen schienen sich nicht zu erfüllen, und die Hochzeitsreise wurde zu einem Höllentrip.

Letzte Station war das Familienschloss der Windsors im schottischen Balmoral. Nach wie vor war das Paar ständig von Angestellten umgeben, und die Presse wartete auf ein Interview. Wie viel Kraft muss es beide gekostet haben, Händchen haltend vor den Kameras zu posieren.

Diana kokettierte sogar mit den Presseleuten. Ob sie dem Prinzen von Wales das Frühstück anrichte, wurde sie gefragt. »Ich frühstücke nicht!«, antwortete die Prinzessin und überließ es der Fantasie der Zuhörer, sich auszumalen, was sie denn von einer regelmäßigen Mahlzeit am Morgen abhielt. Die Erschöpfung nach erfüllten Liebesnächten war es jedenfalls nicht.

Diana hatte Albträume. Sie fühlte sich von ihrer Rivalin verfolgt, war wie besessen von ihr. »Ich traute ihm nicht, glaubte, er würde sie alle fünf Minuten anrufen und sie fragen, wie er das mit seiner Ehe hinbekommen sollte«, vertraute Diana später ihrem Biografen Andrew Morton an. Die kalte Atmosphäre in der königlichen Familie belastete sie zusätzlich, und so begann Diana, über Selbstmord nachzudenken. Weniger, um sich tatsächlich umzubringen, eher als Hilfeschrei, um endlich Unterstützung zu finden. »Die zweite Hälfte der Hochzeitsreise in Balmoral war schlimmer noch als die erste. Sie war jetzt hysterisch«, glaubt Christopher Wilson. »Sie hatte während der Hochzeitsvorbereitungen und danach ein enormes Trauma durchgemacht. Und nun wurden während der Flitterwochen Psychiater von London nach Balmoral geflogen, um sie zu behandeln. Sie war vollkommen außer sich. Charles verzweifelte an dieser Frau, von der er angenommen hatte, sie würde eine hübsche Braut abgeben, und die sich nun so hysterisch gebärdete.«

Die Königin, der der Seelenzustand ihre Schwiegertochter nicht verborgen blieb, unternahm wenig, um Diana das Gefühl familiärer Geborgenheit zu geben. Sie hatte schnell erkannt, dass die Prinzessin von Wales nicht ihr Typ war. Weder liebte sie die Natur, noch hatte sie eine besondere Beziehung zu Tieren. Jagen und Fischen langweilten sie. Sie interessierte sich stattdessen für Popmusik, schöne Kleidung, Tanz und Shopping. Oberflächliche Dinge, die wiederum der Queen nicht lagen. Diana würde sich mit der Zeit schon eingewöhnen, davon war Elizabeth ausgegangen. Ihr kam nicht in den Sinn, dass die außergewöhnliche Atmosphäre am Hof für eine junge Frau einschüchternd und angsteinflößend sein könnte, selbst wenn diese wie Diana in der Nähe der Monarchie aufgewachsen war. Ebenso wie Charles brachte sie für die Nervenkrisen Dianas kein Verständnis auf.

Charles selbst reagierte völlig hilflos, erklärt der Buchautor und Journalist Tom Levine: »Er hat sich zurückgezogen (…) er hat das natürlich als Bedrohung dessen empfunden, was er sich erhofft hat. Charles kommt aus einer äußerlich heilen Familie, in der es nicht sehr viel emotionale Wärme gibt. Die Familie Windsor ist in dieser Beziehung kein Vorbild. Charles hat sich eine harmonische, nette, freundliche Ehe erhofft. Mit Kindern, und dass man sich gemeinsam weiterentwickeln kann. Als das gleich zu Anfang so in Frage gestellt wurde, hat er sich Sorgen gemacht. Aber als Mensch hatte er nicht die Möglichkeit, adäquat darauf zu reagieren.«

Der Prinz war ratlos und suchte nun Zuflucht bei jener Frau, die seine junge Ehe von Beginn an belastet hatte. Er rief Camilla Parker Bowles an, und in der Folge traf er sie immer öfter. Sie gingen zusammen zur Jagd, und es war in dieser Zeit, als die Schwangerschaft der Prinzessin von Wales verkündet wurde. Nun, in Erwartung eines neuen Mitglieds der königlichen Familie, konzentrierte sich das Interesse der Presse fast ausschließlich auf Diana. Die Fotografen klebten förmlich an ihr, und auch die Bitte der Queen, ihre Schwiegertochter wenigstens während der Schwangerschaft nicht übermäßig zu belästigen, blieb ohne Wirkung.

Wo immer Diana auftauchte, jubelten die Menschen ihr zu, bergeweise kamen Geschenke im königlichen Haushalt an, selbst gehäkelte Babykleidung und Milchfläschchen zeugten von der Euphorie, die Dianas Zustand bei den Untertanen ausgelöst hatte. Charles fühlte sich zum ersten Mal in eine Nebenrolle gedrängt. Camilla gewann nun fortlaufend an Terrain, indem sie selbst keine Ansprüche stellte und ihrem Geliebten aufmerksam und unermüdlich zuhörte, wenn dieser ihr seinen Kummer offenbarte. Da die Presse sich ganz auf Diana fixiert hatte, blieben ihre Treffen unbeachtet.

Die Schwangerschaft verschärfte Dianas labilen Zustand. Zu den regelmäßigen Anfällen von Bulimie gesellten sich nun morgendliche Übelkeit und heftige Gefühlsschwankungen. Von ihrem Ehemann fühlte sie sich mehr und mehr vernachlässigt, und eines Tages stürzte sie sich die Treppe hinab.

»Die Königin kam heraus, völlig entsetzt, zitternd – sie hatte solche Angst. Ich wusste, ich würde das Baby nicht verlieren, ich hatte ziemlich viele blaue Flecken um den Bauch. Charles ritt aus, und als er zurückkehrte, wissen Sie, tat er dies einfach ab, als wäre überhaupt nichts geschehen.« So schilderte Diana Jahre später diesen Vorfall ihrem Vertrauten Andrew Morton, der ihre Erinnerungen aufschrieb und als Buch herausgab.

Zunächst verheimlichte Morton, dass seine Quelle im Palast Diana selbst war. Wie viel Wahrheit in ihrer Darstellung des Vorfalls liegt, ist ungewiss. Aber Diana hatte inzwischen erkannt, dass ihre Macht in der Manipulation einer Öffentlichkeit lag, die die Prinzessin der Herzen als Opfer eines gefühlskalten Ehemannes sehen sollte. Die Queen reagierte auf die Gemütsschwankungen und Gefühlsausbrüche ihrer Schwiegertochter mit Befremden. Schwäche oder Krankheit wurden in der »Firma« mit Disziplin überspielt, und schließlich hatte die Monarchin zu Beginn des Jahres 1982 auch noch andere Sorgen. Argentinien war auf den Falkland-Inseln einmarschiert, und Prinz Andrew, Elizabeths Lieblingssohn, musste in den Krieg ziehen.

Am 21. Juni 1982 brachte Diana ihren Sohn William zur Welt. Für kurze Zeit sollte er ihre Stellung in der königlichen Familie festigen. Zum ersten Mal war sie in der Position, Forderungen zu stellen. Sie setzte ihren Willen durch, indem sie darauf bestand, dass ihr Sohn mit anderen Kindern aufwachsen sollte und sie sich selbst um seine Erziehung kümmern konnte.

In der Öffentlichkeit versuchte die Prinzessin, ihre Rolle perfekt zu spielen. Inzwischen hatte sie auf einigen Reisen erfahren, welche Jubelstürme sie bei den Menschen entfachen konnte. Sie schmiedete an ihrer schärfsten Waffe, die sie später auf dem Höhepunkt der ehelichen Auseinandersetzungen meisterlich einzusetzen wusste. Prinz Charles war über die Popularität seiner Frau alles andere als glücklich. Immer öfter reagierte er zynisch. »Tut mir leid, dass Sie mich erwischt haben. Am besten lassen Sie sich Ihr Geld zurückgeben«, fuhr er die entgeisterten Menschen an, wenn sie sich ihre Enttäuschung über die Abwesenheit Dianas anmerken ließen.

Die Freude über die Geburt des gemeinsamen Sohnes währte bei Diana nur kurz, sie litt unter postnatalen Depressionen, und so dauerte es nicht lange, bis auch ihre Bulimie sie wieder fest im Griff hatte. Charles war inzwischen gewarnt. Begleitet wurden die heftigen Phasen ihres Seelenschmerzes von Wutattacken gegen seine Person. Immer ging es dann um seine Beziehung zu Camilla, auch wenn Diana zu dieser Zeit nur ahnen konnte, was hinter ihrem Rücken ablief. Aber mit jedem Zwist wuchs Charles' Ablehnung, und er flüchtete immer öfter in die Arme seiner Geliebten. Häufig telefonierte er mit ihr. Schließlich kam, was kommen musste: Diana hörte ein Telefonat mit, das Charles im Badezimmer führte. »Was auch geschieht, ich werde dich immer lieben«, versicherte er der Gesprächspartnerin am anderen Ende der Leitung, und Diana glaubte nun, einen sicheren Beweis für die Untreue ihres Ehemannes zu haben.

Sie begann, ihre Rivalin mit nächtlichen Anrufen zu terrorisieren, schrie, tobte, doch Charles ließ sich nicht mehr beeindrucken. Auch wenn das Paar nach Aussagen von Hofangestellten in dieser Zeit nur selten das Bett miteinander teilte, wurde Diana erneut schwanger. Diesmal schien sie sich zu stabilisieren, doch als sie Prinz Harry zur Welt brachte, war Charles tief enttäuscht. Er hatte sich ein Mädchen gewünscht. »Ach, ein Junge«, gab er im Beisein Dianas von sich. »Und auch noch mit rotem Haar!« Dies sei der Moment gewesen, wird Diana später ihrem Biografen erklären, an dem sie sich für ihren Mann verschlossen habe.

Doch ihr war weiter viel daran gelegen, ihre Rolle als Prinzessin von Wales zu festigen. Es glich einer Kampfansage an ihren Mann und an die Geliebte im Hintergrund. Auf öffentlichem Parkett war Diana unschlagbar, und zu diesem Zeitpunkt wusste sie es. Ihr Porträt prangte auf vielen bunten Blättern. Die Leser konnten gar nicht genug von der schönen jungen Frau bekommen, die es so meisterhaft verstand, den Blick zu senken. Sie wollte nun mehr sein als nur der »Kleiderständer der Windsors« und widmete sich ernsthafteren sozialen Projekten. Doch den Kampf um das Herz ihres Mannes hatte sie längst verloren.

Charles und Camilla trafen sich regelmäßig, und es gab eine Reihe von Freunden, die ihre Häuser zur Verfügung stellten. Sie alle wussten Bescheid und hielten dicht. Inzwischen hatten sich zwei Lager gebildet. Das eine unterstützte den Prinzen von Wales, das andere Diana. Und man musste sich entscheiden. Mit beiden befreundet zu sein war längst nicht mehr möglich. Doch für die Öffentlichkeit spielten sie weiter die Rolle des Prinzenpaares, und noch schöpfte niemand Verdacht, dass es mit der Ehe nicht zum

Besten stand. Auch wenn inzwischen darüber spekuliert wurde, was es mit Dianas auffälliger Abmagerung auf sich habe, und der Journalist James Whitaker einen Artikel veröffentlichte, in dem er über das irrationale Verhalten der Prinzessin berichtete. Er führte dies auf eine mögliche Essstörung zurück, was ein heftiges Dementi des Buckingham Palastes nach sich zog.

Doch 1986 ereignete sich auf der Expo in Kanada ein Vorfall, der die Weltpresse alarmierte. Gerade am kalifornischen Ausstellungsstand angekommen, legte die Prinzessin ihrem Mann die Hand auf die Schulter und konnte ihm gerade noch zuflüstern: »Liebling, ich glaube, ich bin gleich weg...«, und schon brach sie ohnmächtig zusammen. Seit Tagen hatte sie nichts mehr gegessen. Charles war wütend. Wieder hatte Diana die Aufmerksamkeit vom eigentlichen Anliegen der Reise auf ihren labilen Gesundheitszustand gelenkt.

Charles war unfähig, auf die Hilferufe seiner Frau in angemessener Weise zu reagieren. Zu oft hatten Auseinandersetzungen in schlimmen Szenen geendet. Seine Strategie war es, sich dem zu entziehen und abzuwarten, bis der Sturm vorüber war. Doch das machte alles nur schlimmer, und schließlich griff Diana zu immer drastischeren Mitteln. Als er ihr nicht zuhören wollte, nahm sie sein Taschenmesser und ritzte sich Brust und Schenkel auf. »Es gab viel Blut, aber er reagierte überhaupt nicht darauf«, beschuldigte sie ihn später in einem Interview.

»Damit trieb sie ihn doch nur in die Arme von Camilla«, notierte James Whitaker. »Jedes Mal, wenn es Probleme gab, konnte Charles damit nicht zu seiner Mutter gehen; die hatte andere Sorgen. Auch Prinz Philip kam dafür nicht in Frage. Er konnte nur zu Camilla gehen. Sie war mehr für ihn als nur eine Geliebte. Sie war wie eine Amme, sie verstand Charles auf jeder Ebene, auf jeder!«

Auch Diana konnte bei ihren Schwiegereltern nicht auf menschliche Wärme hoffen. Sie erlebte eine merkwürdige Distanz, die der königlichen Familie eigen ist und die es einem Außenstehenden so schwer macht, mit ihr auszukommen. In ihrer Biografie über Elizabeth zitiert Sarah Bradford einen Verwandten der Windsors, der nicht beim Namen genannt werden möchte: »Sie fragen dich niemals, wie es dir geht oder wie dein Tag war. Sie sind möglicherweise die am wenigsten verbundene Familie, die ich je erlebt habe. Queen Mum war die Nahtstelle, die alles zusammenhielt, und ich frage mich manchmal, ob die eine Hälfte der Familie sich freut, die andere Hälfte zu sehen (...) Plötzlich, und das ist sehr erschreckend, haben sie alle diesen ›Victoria-Ausdruck‹ – alle, selbst die weniger wichtigen (...) Man albert herum, und auf einmal ist man zu weit gegangen, ohne es zu merken, und dann sehen sie einen an mit diesem mürrischen Gesicht. Prinzessin Margaret verstand sich sehr gut darauf. Bei ihr war man darauf gefasst, aber bei den Jüngeren erwartet man es nicht, doch sie machen das alle. Es ist so ausgefeilt. Sie wollen wie menschliche Wesen behandelt werden, so lange, bis es ihnen einfach nicht mehr gefällt.«

Eigentlich war die Ehe des Prinzen und der Prinzessin von Wales am Ende, doch keiner der Beteiligten wagte es, den Teufelskreis zu durchbrechen. Zu dieser Zeit, im November 1987, gingen Charles und Diana auf Deutschlandbesuch. Mitreisende Journalisten konnten das frostige Klima zwischen den beiden registrieren, sofern sie sich nicht vom Jubel der Menschenmengen blenden ließen. Dianas

Blicke sprachen Bände. Oft stand sie abgewandt von Charles, gelegentlich gefror ihre Miene. Den Menschen am Straßenrand und den Honoratioren schenkte sie wie gewohnt ihr strahlendes Lächeln.

Die britische Presse feierte den Besuch von Charles und Diana in Deutschland als vollen Erfolg für die Ehe. Das Paar, so fabulierten die bunten Blätter, habe sich versöhnt und wirke wie neu verliebt. »Wir schrieben all diesen Blödsinn, wie ›Sie werden für immer glücklich leben‹, weil wir es glauben wollten«, erklärt die britische Journalistin Judy Wade. »Die Öffentlichkeit wollte es glauben. Wenn man in der Zeitung eine Geschichte schreibt, die niemand wissen will, dann wird diese Zeitung auch nicht mehr gekauft. Also waren wir sehr vorsichtig in diesen Dingen.«

Schon bald sollte Charles verstehen, dass Diana einen Weg suchte, mit ihrer misslichen Situation fertig zu werden. Sie begann sich für andere Männer zu interessieren. Der erste war Philip Dunne, ein Banker. Auf der Hochzeit des Marquis von Worcester tanzte sie so provozierend und ausdauernd mit ihm, dass Charles außer sich geriet. Er, der praktisch den ganzen Abend redend mit Camilla verbracht hatte, glaubte nun, allen Grund zur Annahme zu haben, dass seine Frau ihn betrog.

Für den Prinzen, dessen spezielle Erziehung ihm vermittelt hatte, alles stehe nur zu seiner Verfügung, war das ein offener Affront. Er hatte geglaubt, mit Diana und Camilla weitermachen zu können wie bisher. Eine untreue Ehefrau war in seinem Plan nicht vorgesehen. Charles machte sich gar nicht erst die Mühe, seinen Verdacht zu überprüfen. Er nahm Camilla und setzte sich nach Balmoral ab. Seine Frau und seine Kinder ließ er zurück. 37 Tage blieb er im selbst gewählten Exil. Die britische Presse zählte die Tage der Trennung. Bei einem kurzen offiziellen Termin, zu dem er wieder mit Diana zusammentraf, behandelte er sie mit offener Ablehnung.

Der Ehekrieg forderte auch von Charles seinen Tribut. Anfang 1990 stand er am Rande einer Nervenkrise, die durch einen schweren Unfall beim Polo verschärft wurde. Camilla war diejenige, die ihn in dieser Zeit umsorgte, und Diana hielt sich vorwiegend in London auf. Sie absolvierte offizielle Termine, und je mehr sie von ihrem Mann abgelehnt wurde, desto heftiger wurde ihr Flirt mit der Presse. »Diana kämpfte wie eine Wildkatze um Charles«, erzählt Christopher Wilson. »Als ihr klar wurde, dass die Ehe nicht so funktionieren würde, wie sie das wollte, blieb sie trotzdem entschlossen, sie auf Kurs zu halten. Und das war der Moment, in dem sie begann, die britische Presse zu instrumentalisieren. Sie war ein weltweit bekanntes Cover-Girl. Wenn sie in einer Zeitung oder einem Magazin erschien, verdoppelten sich die Auflagen. Und deshalb glaubte sie, wenn sie direkt mit der britischen Presse sprechen würde, könnte sie ein Szenario erschaffen, in dem sie die betrogene Frau war, und damit Sympathien einheimsen, die Charles wieder auf Linie bringen würden.«

Ihre Popularität wuchs ständig. Inzwischen hatte sie gelernt, ihre Auftritte so gezielt zu platzieren, dass sie Charles' Erscheinen in der Öffentlichkeit konterkarierte und ihn so von den Titelseiten katapultierte. Doch Diana bedachte nicht, dass die Windsors ihren Machterhalt im Blick hatten und ihre Auftritte nicht schätzten. Im Königshaus wurde sie mehr und mehr isoliert.

Ob aus Einsamkeit oder aus Rache, Diana suchte nun jemanden, dem sie sich anvertrauen konnte. Zunächst war da ihr Leibwächter Barry Manakee, mit dem sie einen vertrauten Umgang pflegte, bis er diskret aus ihrer Umgebung entfernt wurde. Dann fühlte sie sich zu Major James Hewitt hingezogen, einem Mitglied der königlichen Leibgarde. Er war in ihrem Alter und begann eine zentrale Rolle in ihrem Leben zu spielen. Ken Wharfe, später der Bodyguard Dianas und ihrer Söhne, kennt die Versuchung, aus einem Angestellten- ein Vertrauensverhältnis zu machen: »Wenn man für die Königliche Familie arbeitet, gibt es immer die Gefahr, eine Grenze zu übertreten. Dafür gibt es sogar eine Bezeichnung, die Leute nennen es das Rote-Teppich-Fieber. Interessanterweise ist das eine royale Krankheit, gegen die es kein Gegengift gibt. Jeder, der für die königliche Familie arbeitet, ob als Polizeibeamter, als Privatsekretär oder als Chauffeur, lebt in der Gefahr, sich damit zu infizieren. Und bei jemandem wie Diana, einer gut aussehenden jungen Frau, die uns vertraute und die uns ihr Herz ausschüttete, war das gefährlich. Sie wollte Teil eines Teams sein, und es entsprach ihrem Ethos, als Einheit zu arbeiten; sie nannte uns beim Vornamen. Wenn man da nicht vorsichtig war, konnte man sich zu der Annahme versteigen, Teil des königlichen Gesamtpakets zu sein. Aber natürlich war man das nicht.« Eine Einsicht, die Major James Hewitt verdrängte.

Er hatte denselben Sinn für Humor wie Diana, und es dauerte nicht lange, bis er sie umwarb. Die Prinzessin entwickelte neues Selbstbewusstsein. Diana war von Hewitt wie verzaubert. Sie kaufte ihm Anzüge, Hemden und Krawatten. Er besuchte sie im Kensington Palast. Eine Zeit lang flüchteten sie sich in eine Traumwelt, blätterten gemeinsam in der Zeitschrift »Leben auf dem Land« und suchten nach ihrem Traumhaus. Doch auch dies blieb nur eine Illusion. Als Hewitt mit seinem Regiment nach Deutschland versetzt wurde, war es aus.

Es folgte James Gilbey, ein Gebrauchtwagenhändler, dem sie auf einer Party begegnet war. Sie teilten die Liebe zum Ballett. Gilbey war ein geduldiger Zuhörer. Diana verkehrte in dieser Zeit häufig im Restaurant *San Lorenzo* in Knightsbridge, dessen Besitzerin eine ihrer engsten Freundinnen wurde und die ihr auf dem Höhepunkt der Affäre häufig den Schlüssel zu ihrem Haus lieh, das um die Ecke lag. Die Beziehung zu Gilbey fand ein unrühmliches Ende, als ein abgehörtes Telefongespräch an die Öffentlichkeit gelangte, auf dem das Liebesgeflüster der beiden zu hören war.

Christopher Wilson beobachtete, wie sich Dianas Seelenzustand nun rapide verschlechterte: »Sie war erfüllt von Verzweiflung und düsteren Stimmungen und von der Gewissheit, dass ihre Ehe sich auflöste. Und trotzdem musste sie jeden Tag aufstehen, ihre Kleider anziehen – sie musste ja die Prinzessin von Wales sein. Und der Abstand zwischen dem, was in ihrem Herzen und in ihren Gedanken vorging und wie sie sich dem britischen Volk und der Welt präsentierte, war in der Tat enorm. Sie spielte Theater. Und das hob sie aus den Angeln. Am Ende hatte sie eine gespaltene Persönlichkeit: die traurige Prinzessin, das traurige Individuum, das verzweifelt, und dann die Person, die in die Welt hinausgeht und sich fotografieren lässt. Sehr schwierig!«

Zu Beginn der neunziger Jahre hatte Diana erkannt, welche Macht sie hatte. Und nun beschloss sie, nicht mehr diskret zu sein. Ihr kam in den Sinn, ihren Mann für seine

Untreue nun öffentlich abzustrafen. Fortan kam einmal in der Woche ein eleganter Herr auf einem Damenfahrrad, mit einem Körbchen am Lenker, zum Palast der Prinzessin geradelt. Es war Dianas Vertrauter Dr. James Colthurst. Zunächst ahnte niemand, was seine Mission war. Colthurst fungierte als heimlicher Bote für den Boulevard-Journalisten Andrew Morton. Ihm wollte Diana ihre wahre Geschichte, so wie sie sie sah, übermitteln.

Sie sprach sie auf Tonbänder, die Colthurst ihr gab und anschließend zu Morton transportierte. Dies alles spielte sich ab, während Diana und Charles noch in der Öffentlichkeit das königliche Paar spielten, das im Dienste Ihrer Majestät für die Monarchie wirkt. Wenn schon nicht die große Liebe aus ihrer Verbindung erwachsen war, so sollte doch das Bild eines Paares gewahrt werden, das der Krone ein moderneres Image verlieh – nicht zuletzt durch die Starqualitäten Dianas. Doch diese fühlte sich nun ausgenutzt und wollte das auch öffentlich dokumentieren. Sie missachtete bewusst die Regeln des königlichen Spiels und zeigte ihre Gefühle ganz offen.

Im Februar 1992 reisten Charles und Diana nach Indien. Es sollte ein PR-Desaster werden und als »Tour der Leiden« in die Geschichte der britischen Presse eingehen. Vor dem Tadj Mahal, dem größten Liebestempel der Erde, ließ sich die Prinzessin allein fotografieren, und der königliche Hof entdeckte wieder einmal viel zu spät, welch starke Botschaft sie damit sandte. Nach einem Polospiel in Jaipur stellte Diana ihren Ehemann endgültig bloß und offenbarte den wahren Zustand ihrer Beziehung.

Als sie ihrem Mann einen Pokal überreichte, warteten alle auf den üblichen Kuss, und Charles schickte sich an, seine

Lippen den ihren zu nähern. Doch kurz bevor sie ihr Ziel erreichten, drehte Diana den Kopf zur Seite. Charles traf gerade noch ihren Ohrring. Eine unübersehbare Blamage für den Prinzen von Wales. Doch es sollte noch schlimmer kommen.

Der fleißige Dr. Colthurst hatte Andrew Morton inzwischen mit so vielen Details aus den »Leidensjahren« der Prinzessin versorgt, dass dieser ein Buch veröffentlichen konnte. Die Quelle seiner Erkenntnisse blieb zunächst ungenannt. Aber schon die Vorabdrucke in der *Sunday Times* besaßen die Sprengkraft einer Bombe. *Diana. Die wahre Geschichte* schilderte Einzelheiten über Camilla und ihr Verhältnis zu Charles, die Bulimie der Prinzessin und ihre mehrfachen Selbstmordversuche. Diana war das Opfer. Ihre eigenen außerehelichen Beziehungen wurden mit keinem Wort erwähnt.

Das Königshaus war schockiert. Die Presse hatte ein gefundenes Fressen. Welche Lawine sie da losgetreten hatte, war Diana zunächst nicht bewusst. Sie hatte der Öffentlichkeit die »wahren« Schuldigen am Zerbrechen ihrer Ehe genannt und sich an Camilla und Charles gerächt. Die Sympathien schlugen ihr entgegen, und am Tag nach der Veröffentlichung in der *Sunday Times* wurde sie bei einem Besuch in einem Altersheim mit überwältigender Anteilnahme begrüßt. Der Empfang rührte sie zu Tränen, und sie glaubte, das Risiko ihrer Offenbarung habe sich gelohnt.

Wieso nur gelang es niemandem, die Krise in den Griff zu bekommen, die inzwischen die Monarchie bedrohte? Ein Königshaus mit all seinen Möglichkeiten, mit seinen Beratern und Experten – warum konnte niemand Diana stoppen? Der ehemalige England-Korrespondent Tom Levine vermutet: »Das hatte zwei Gründe. Zum einen gab es keine alternative Plattform, sie konnten ihren Krieg, ihren innerfamiliären Konflikt nirgendwo austragen. Es gab in der Familie kein Gespräch darüber. Es war ein Tabuthema. Es gab niemanden, der das Vertrauen beider Seiten hatte. Zum anderen hatte der Hof Diana niemanden zur Seite gestellt, der sie hätte beraten oder bremsen können. Deshalb lief alles so komplett kontrollfrei ab. Die Queen war in der ganzen Zeit völlig entsetzt, weil sie dachte, es schade dem Königtum, dass dieser Ehekrieg in aller Öffentlichkeit ausgetragen wurde. Aber ihren Sohn konnte sie auch nicht mehr einfangen, er war beratungsresistent geworden.«

Die Veröffentlichung von Andrew Mortons Buch war für die königliche Familie eine Katastrophe. Ziemlich bald war klar, dass nur Diana selbst die Informationen weitergegeben haben konnte, aber sie stritt das vehement und mit großer Überzeugungskraft in der Öffentlichkeit ab. Wie sehr sie tatsächlich an der Entstehung des Buches beteiligt war, dass sie selbst die direkte Quelle aller Informationen war, blieb zunächst im Dunkeln. Allmählich dämmerte auch Diana, dass es ein Fehler gewesen war, derart offensiv die Regeln des Hofprotokolls verletzt zu haben.

»Never complain, never explain« (sich niemals beklagen, nichts erklären) – das Motto der Windsors war zum ersten Mal in ihrer jahrhundertelangen Geschichte missachtet worden. Der Zauber des Märchenpaares war endgültig gebrochen, nun konnte es keine Verblendung mehr geben. Auch die tatsächliche Rolle Camillas im Leben des Thronfolgers war nun klar umrissen, auch hier waren Täuschungsmanöver nun nicht mehr von Erfolg gekrönt. Die britische Presse lechzte nach einer Reaktion von Camilla und hatte inzwischen vor ihrem Haus Quartier bezogen. Doch sowohl sie als auch ihr nun öffentlich gehörnter Ehemann zogen es vor, das Geschehen nicht zu kommentieren. »Camilla wird von ihren Freunden als ›tough cookie‹ bezeichnet, als harter Keks«, erzählt Tom Levine. »Das ist im Englischen eine Bezeichnung für jemanden, der sehr viel Haare auf den Zähnen hat. Und der ziemlich genau das macht, was er selber möchte. Sie wusste, sie konnte Charles nur halten, wenn sie nicht fordernd auf ihn zuging. Aber sie war nicht das kleine Häschen, das zu ihm hingehoppelt wäre. Sie ist immer eine starke Person gewesen. In der Küche hat sie ihm auch Kontra gegeben. Aber sie hat sich dafür interessiert, was er macht. Sie hat seine Reden durchgelesen. Es war keine kalte Strategie, die sie angewendet hat.« In der königlichen Seifenoper hatte Camilla von nun klar die Rolle der bösen Ehebrecherin. Sie ging erst einmal auf Tauchstation.

Noch immer zeichnete sich für die Ehekrise keine Lösung ab. Und es sollte noch schlimmer kommen. Zunächst erhielt Dianas Popularität einen Dämpfer, als die Tonbänder veröffentlicht wurden, auf denen ihr Liebesgeflüster mit James Gilbey zu hören war. Tapfer versuchte der Buckingham Palast weiter, ein Bollwerk gegen die Schlammschlacht zu errichten, zu der die Enthüllungen mittlerweile ausgeartet waren. Die Echtheit der Bänder wurde dementiert, doch es gab keinen Zweifel. Es war Diana, die in einem der Telefonate die Windsors als »fucking family« bezeichnet hatte. Das Maß war voll. In einer Krisensitzung wurde Diana eine informelle Trennung vorgeschlagen, sie sollte außerhalb der Familie ihr eigenes Leben führen.

Am 9. Dezember 1992 gab der Buckingham Palast bekannt, »dass der Prinz und die Prinzessin beschlossen haben, sich zu trennen. Ihre königlichen Hoheiten haben nicht vor, sich scheiden zu lassen, und ihre konstitutionellen Positionen bleiben unangetastet. Diese Entscheidung wurde in beiderseitigem Einvernehmen getroffen, und das Paar wird weiter gemeinsam die Kinder erziehen. Ihre Königlichen Hoheiten werden auch zukünftig im vollen Ausmaß ihre öffentlichen Termine wahrnehmen und gelegentlich gemeinsam an Familienfeiern und nationalen Anlässen teilnehmen. Die Königin und der Herzog von Edinburgh bedauern die Entscheidung, haben jedoch Verständnis und Mitgefühl für die Schwierigkeiten, die zu diesem Schritt geführt haben. Ihre Majestät und Seine Königliche Hoheit hoffen vor allem, dass das Eindringen in die Privatsphäre des Prinzen und der Prinzessin nun nachlassen möge. Sie sind der Auffassung, dass ein gewisses Maß an Privatsphäre und Verständnis unabdingbar ist, damit Ihre Königlichen Hoheiten ihren Kindern ein glückliches und sicheres Zuhause bieten und zugleich mit ganzem Einsatz ihre öffentlichen Pflichten wahrnehmen können.«

Sollte die Hoffnung bestanden haben, dem schmutzigen Rosenkrieg dadurch Einhalt zu gebieten, wurde diese schon kurz darauf aufs Kläglichste zerstört. Wieder waren es Tonbandmitschnitte, die intimste Details offenbarten. Ein Telefongespräch zwischen Charles und Camilla, das 1989 geführt worden war, schockierte die Welt. Darin erklärte der Prinz von Wales, sich in einen Tampon verwandeln zu wollen, um seiner Geliebten nahe sein zu können.

Doch noch sehr viel mehr ließ sich über die Beziehung der beiden heraushören. Ausführlich wurde erörtert, wo und wann ein nächstes Treffen möglich wäre. Man konnte erahnen, welche aufwändigen logistischen Manöver nötig waren, um das intime Beisammensein vor den Augen der Öffentlichkeit zu verbergen. Aus dem Gespräch ging aber auch hervor, wie sehr die beiden sich liebten, wie Camilla es verstand, den Prinzen aufzuheitern, und in welchem Maß sie ihm Verständnis entgegenbrachte. »Deine größte Leistung ist, mich zu lieben«, sagte er im Verlauf des Telefonats. Verschwiegenheit, Einfühlungsvermögen, Geduld und Humor – das waren die Pluspunkte Camillas im Kampf um den geliebten Mann.

Christopher Wilson interpretiert den Dialog der beiden folgendermaßen: »Das Interessante an den sogenannten Camillagate-Bändern geht über das Sexgeflüster hinaus. Dann kann man die wahre Natur der Beziehung der beiden sehen. (…) Da ist eine Frau, die bereit ist, ihre eigenen Gefühle und Wünsche unterzuordnen. Die einzige Person, die in dieser Konversation wichtig ist, ist Charles, nicht Camilla. Und sie ermöglicht es ihm, sich zu beschweren, traurig zu sein, über sich selbst zu sprechen. Sie sagt über sich selbst gar nichts. Und das ist der Unterschied dieser Beziehung zu der von Charles und Diana. Camilla spielte immer die Rolle der Unterstützerin. Diana war auf Konfrontation aus.«

Das entlarvende Telefongespräch zwischen Charles und Camilla war zuerst in einer Zeitung in Australien abgedruckt worden. Camilla hatte sich am Telefon Auszüge daraus vorlesen lassen und war entsetzt. Von nun an war sie die meistgehasste Frau im britischen Königreich. Säckeweise erreichten Schmähbriefe ihr Haus, und beim Einkaufen wurde sie von empörten Frauen mit Brötchen beworfen.

Alles schien außer Kontrolle geraten zu sein. Monarchie, Politik und Kirche – alle waren in Aufruhr. Von Presse und Öffentlichkeit ganz zu schweigen. Camilla ging auf Tauchstation und versuchte mit ihren Schuldgefühlen fertig zu werden. Sie alterte zusehends und nahm fast zwölf Kilo ab.

Und niemand wusste, was noch kommen würde. Die königliche Familie war offensichtlich systematisch und über Jahre hinweg abgehört worden. Niemand glaubte daran, dass es sich um Amateure gehandelt hatte, die zufällig auf die Spur der intimen Gespräche gekommen waren. Wie genau es zu dieser Abhöraffäre gekommen war und wer schließlich den Inhalt ans Licht brachte, ist bis heute ungeklärt.

Das Jahr 1992, das eigentlich ein Jubeljahr hätte sein sollen, da sie nun vierzig Jahre regierte, war für Königin Elizabeth zum Schreckensjahr geworden, zum »Annus horribilis« wie sie es selbst bezeichnete. Sie hatte erleben müssen, wie sich das Familienleben ihrer drei älteren Kinder aufgelöst hatte. Anne war bereits geschieden, Andrew trennte sich von Sarah Ferguson, und Charles und Diana feindeten sich weiterhin an. Der Falkland-Krieg hatte die Monarchin in Aufregung versetzt, und zuletzt war das Familienschloss Windsor in Flammen aufgegangen. Welch ein Symbol für den drohenden Niedergang der Dynastie!

Christopher Wilson beschreibt den Zustand des Königshauses am Ende der Schreckensjahre: »Als Diana sich entschieden hatte, mit Andrew Morton zu kooperieren, war ihr überhaupt nicht klar, was sie der königlichen Familie damit antat. Sie zerstörte ihre Glaubwürdigkeit, und das war meiner Ansicht nach schlimmer als die Krise nach der Abdankung Edwards VIII. Weil wir plötzlich sahen, wie die königliche Familie im Naturzustand war. Tag für Tag gab es neue Geschichten über Untreue und über lächerliche Dinge, wie den Umstand, dass Prinz Charles jemanden beschäftigte, der ihm die Zahnpasta auf die Zahnbürste drückte. Wie absurd lässt das einen erwachsenen Mann aussehen! All diese Puzzleteile von Informationen kamen heraus. Und nach und nach ging die Reputation der königlichen Familie den Bach herunter, die von Queen Elizabeth so hochgehalten worden war. Diana hat auf eigene Faust mehr Schaden angerichtet als jede andere Person in den letzten zweihundert Jahren der Geschichte.«

Viele hofften, nach der Trennung würden sich die verfeindeten Ehepartner endlich friedlich verhalten. Patrick Jephson, damals noch Privatsekretär der Prinzessin von Wales, fühlte sich sogar von einer Last befreit. »Die Trennung der beiden war ein traumatisches Erlebnis für die Nation und für ihre beiden Söhne. Aber wenigstens stellte man sich der Realität: Die Ehe war am Ende. Was wir versucht hatten, aufrechtzuerhalten, während der Jahre, die der Trennung vorangingen, war eine Fiktion, eine Scharade. Mein Job bestand darin, Charles und Diana als glücklich verheiratetes Paar darzustellen, das als Team zusammenarbeitete, um die britischen Interessen zu vertreten. Als Diana mich eines Tages anrief und mir mitteilte, der Prinz und sie hätten beschlossen, sich zu trennen, war meine erste Reaktion Erleichterung. Ich wusste, es waren schreckliche Nachrichten, aber ich war froh, dass das Vortäuschen falscher Tatsachen endlich ein Ende hatte. Und was immer die Zukunft bereithielt, wir konnten uns dem wenigstens ehrenvoll stellen.« Doch auch dies blieb nur eine Hoffnung, die wieder enttäuscht werden sollte.

Nachdem alle Schranken gefallen waren, gingen Charles und Diana nun daran, sich offensiv über die Medien zu attackieren und zu demontieren. Den Auftakt machte der Prinz von Wales. In der Absicht, sein eigenes Image aufzupolieren, gestattete er ein Interview für eine abendfüllende Fernsehdokumentation. Vor 17 Millionen Zuschauern gestand Charles öffentlich den Ehebruch mit Camilla Parker Bowles ein. Er gab vor, Diana erst dann betrogen zu haben, als die Ehe unwiederbringlich zerrüttet gewesen sei.

Das Geständnis löste einen Dammbruch aus. Nun fühlten sich auch königliche Bedienstete nicht mehr an ihre Schweigepflicht gebunden und plauderten unappetitliche Geheimnisse aus den Privatgemächern aus. Und aller Zorn richtete sich wieder einmal auf Camilla, die jetzt als Ehebrecherin gebrandmarkt war und sich kaum der Belagerung durch die Sensationspresse erwehren konnte. Niemand stellte sich die Frage, ob die Ehe von Charles und Diana funktioniert hätte, wäre Camilla gar nicht existent gewesen.

Die Prinzessin von Wales konnte triumphieren, und ihre Antwort ließ nicht lange auf sich warten. Noch am Abend der Ausstrahlung des Interviews lieferte sie eine perfekte Show. In einem atemberaubend engen und tief ausgeschnittenen nachtschwarzen Cocktailkleid und in strahlender Laune präsentierte sie sich auf der *Vanity-Fair*-Party in der Serpentine Gallery. Dazu meint der Biograf Antony Holden: »Ich glaube, sie wollte zeigen: Ich bleibe nicht zu Hause, um die Sendung zu sehen. Ich bin die Schönere und Berühmtere von uns beiden, und ich sichere mir die Schlagzeilen.« Was ihr an jenem Abend auch gelang.

Doch auch der Prinz sammelte Pluspunkte mit seiner entwaffnenden Offenheit. Zwar hatte er den Beginn des

Ehebruchs großzügig nach hinten verlegt, aber in Anbetracht der Tatsache, dass niemand zu diesem Zeitpunkt die Fakten überprüfen konnte, hatte er sich für den Augenblick leidlich aus der Affäre gezogen.

Der reumütige Sünder kam ganz gut an beim Volk. Allerdings hatte niemand die Gelegenheit, ihm die sich aufdrängende Frage zu stellen, wie er es denn künftig mit Camilla halten wolle. Da wies der dem Königshaus in Wohlwollen verbundene Premierminister John Major vorauseilend schon mal weit in die Zukunft. Er erklärte, dass Scheidung und erneute Heirat des Prinzen keine Auswirkung auf die Thronfolge hätten.

Wohl aber hatten sein Fernsehinterview und ein später veröffentlichtes Buch Auswirkungen auf die Ehe der Parker Bowles. Die hielt der dauernden Erniedrigung nicht mehr stand. Andrew Parker Bowles war es leid, den gehörnten Ehemann zu geben, und machte ein Ende. Am 14. Dezember 1994 wurde die Scheidung eingereicht

Einundzwanzig Jahre Ehe waren vorbei. Camilla war nun frei. Für Charles? Die Gerüchteküche kochte, und da entschloss sich Diana, wieder einmal vor aller Augen zu demonstrieren, dass sie noch da war. Heimlich hatte sie eine eigene öffentliche Beichte geplant. Mit dem BBC-Reporter Martin Bashir, dem sie in seiner angesehenen Sendung »Panorama« ein Interview geben wollte. Als sie auf dem Bildschirm erschien, löste allein ihr Anblick einen Schock aus. Schmal, mit weit geöffneten Augen und gesenktem Kopf, erwartete sie die nur gespielt spontanen Fragen des Reporters. Ein starker schwarzer Lidstrich umrahmte ihre Augen, ihr Blick schien mehr denn je die Botschaft hinauszuschreien: »Ich bin das Opfer!«

Doch was sie schließlich während des Interviews von sich gab, erschütterte wieder einmal die Grundfesten der Monarchie. »Wir waren zu dritt in dieser Ehe, und so wurde es ein bisschen eng ...«, ließ sie Martin Bashir und damit die ganze Welt wissen. Dass gelegentlich auch vier im Bunde waren, tat sie als nebensächlich ab. Doch damit nicht genug der Bekenntnisse. Es folgte ein Frontalangriff auf Prinz Charles. Dieser sei nach ihrer Ansicht gar nicht geeignet, König zu werden. Sie sprach ihm einfach die menschliche Qualifikation für den »Top Job« ab. Nun also war es heraus. Für Dianas Privatsekretär Patrick Jephson, der vergeblich versucht hatte, sie von dem Interview abzuhalten, war ihr Auftritt eine weitere Katastrophe in der Seifenoper, die inzwischen Züge einer Tragödie annahm. »Ich glaube, der Auftritt bei ›Panorama‹ war eine Fehlentscheidung von ihr. Als sie sagte, Charles könne als König nicht glücklich sein, dachte ich: Das ist ein schrecklicher Fehler, so etwas zu sagen. Wenn sie das dachte, war das eine Sache, aber es im Fernsehen zu sagen war ein schwerer Fehler – nicht zuletzt, weil es ihren Kritikern wieder einmal recht gab, die glaubten, sie sei eine Gefahr für die Monarchie.«

Doch es war Charles, dessen öffentliches Ansehen auf dem Tiefpunkt angelangt war. Siebzig Prozent der Briten glaubten jetzt, Diana sei ein Opfer der Windsors, und gaben ihrem Mann allein die Verantwortung für das Scheitern der Ehe. Das musste natürlich umgehend vom Freundeskreis des Prinzen zurechtgerückt werden. Nicholas Soames, Enkel Winston Churchills, beeilte sich, ein paar Bemerkungen über den mentalen Zustand der Prinzessin in den Ring zu werfen. Sie habe eine unglückliche Phase durchgemacht, die bei ihr zu einem Zustand der Labilität geführt habe.

Schließlich beschuldigte er sie, ein fortgeschrittenes Stadium der Paranoia erreicht zu haben.

Die Windsors waren nun da angekommen, wo man die Akteure einer Seifenoper gerne sieht. Endlich konnte jeder die schmutzige Wäsche begutachten, die schon immer hinter den ehrwürdigen Palastmauern vermutet worden war. Die Queen war nicht nur nicht mehr amüsiert, sie hatte die Schlammschlacht endgültig satt. Sie griff zur Feder, schrieb Sohn und Schwiegertochter einen Brief und befahl ihnen, sich scheiden zu lassen. Für Diana stand nun einiges auf dem Spiel, unter anderem der Kontakt zu ihren Kindern. Nach königlichen Regeln hatte sie keinerlei Recht, auf ihrer Beteiligung an der Erziehung der Thronfolger zu bestehen. Und auch Finanzielles gab es zu bedenken.

So nutzte sie einmal mehr ihre liebste Waffe und veröffentlichte unautorisiert eine Erklärung: »Die Prinzessin von Wales hat dem Scheidungsbegehren von Prinz Charles zugestimmt. Die Prinzessin wird auch künftig in alle Entscheidungen die Kinder betreffend einbezogen und wird im Kensington Palast bleiben. Die Prinzessin von Wales wird ihren Titel behalten und Diana, Prinzessin von Wales heißen.«

Der Palast bebte, und es folgten zähe Verhandlungen, die schließlich im August 1996 zur Scheidung führten. Diana bekam 17 Millionen Pfund und blieb Mitglied der königlichen Familie, verlor aber den Titel »Königliche Hoheit«.

Von nun an stand Diana nicht mehr unter dem Schutz des Königshauses. Ihr engster Kreis bestand aus einer bunten Mischung aus Aristokraten, Schriftstellern, New-Age-Heilern und Hofschranzen. Ihre umwerfende Wirkung auf Männer und ihr Status als Kultfigur waren ungebrochen –

und nahmen sogar weiter zu. Nach elf Ehejahren und dem öffentlichen Rosenkrieg war Diana kampferprobt und nicht gewillt, sich hinter die Kulissen zurückzuziehen. Wenn ihr schon keine Liebe, wie sie sie sich vorstellte, vergönnt war, musste zumindest eine Ersatzbefriedigung her. So spielte sie fortan bevorzugt die Rolle des fürsorglichen Engels, der sich um die Ärmsten kümmerte.

»Das Größte, was Diana erreicht hat und was sonst niemandem gelang, war, dass sie die königliche Familie den Menschen näherbrachte«, beschreibt Judy Wade die besondere Ausstrahlung der Prinzessin. »Sie tat es vom Tag ihrer Verlobung an. Sie kniete sich auf den Boden zu den Kindern, sie krabbelte mit ihnen herum. Sie beugte sich über Rollstühle, um mit den Menschen auf Augenhöhe zu sein. Sie nahm immer wieder Babys auf den Arm. In all ihren fünfzig Jahren auf dem Thron hat die Queen noch nie ein Baby hochgehoben. Sie berührt sie nicht mal.«

Gegen Dianas mitfühlendes Herz hatten die Windsors keine Chance – sie wirkten einfach noch steifer und emotionsloser. Diana benutzte geschickt die öffentliche Meinung, wie Christopher Wilson beobachtete: »Das ist die einzige Waffe, mit der man die königliche Familie treffen kann. Wenn ihr Ansehen beschädigt wird, versuchen sie verzweifelt, das vergessen zu machen. Die tiefste Wunde, die man der königlichen Familie beibringen kann, ist, ihre Schwäche zu zeigen, sie als gewöhnliche Sterbliche bloßzustellen. Sie existieren doch nur, weil wir wollen, dass sie besser sind als wir.«

Bereits nach ihrer Trennung von Charles hatte Diana begonnen, sich in die Arbeit für verschiedene Wohltätigkeitsorganisationen zu stürzen. Am Ende ihrer Ehe waren es 120

Posten und Pöstchen, die sie ausfüllte. 1993 hatte sie die meisten wieder abgegeben und um ein wenig mehr Ruhe gebeten. Als schließlich ihr Terminkalender leerer wurde, wählte sie den Weg in die Welt der Reichen und Schönen. Sie suchte ihr Heil in den verschiedensten Therapien und alternativen Methoden. In ihrem privaten Durcheinander glaubte sie irgendwann, selbst Ratschläge erteilen zu können, wenn sie jemanden für unglücklich hielt. Sogar der ehemalige amerikanische Außenminister Henry Kissinger blieb nicht davon verschont.

Auch äußerlich wollte sich die Prinzessin nun in Topform bringen, um den Kameras, die sie noch immer auf Schritt und Tritt begleiteten, ein ansehnliches Motiv zu bieten. Regelmäßig besuchte sie den exklusivsten Fitnessclub der Stadt in Chelsea Harbour. Doch nach der Trennung von Charles war sie plötzlich einsamer denn je. Nächtelang lief sie durch die Straßen Kensigtons, oft verkleidet, damit niemand sie erkannte.

1995 hatte sie den Herzchirurgen Hasnat Khan kennengelernt und sich in ihn verliebt. Ihm zuliebe las sie im Koran und besuchte sein Heimatland Pakistan, angeblich, um das Krebskrankenhaus ihres Freundes Imran Khan zu besuchen. Tatsächlich wollte sie ihrem neuen Liebhaber Hasnat und dessen Familie zeigen, wie sehr sie sich mit deren Kultur verbunden fühlte.

Noch immer war Diana Vorsitzende einiger Wohltätigkeitsvereine. Doch Freunde gewannen den Eindruck, dass sie mit der Zeit immer schwieriger und unberechenbarer wurde. Als schließlich die Scheidung ausgesprochen war, fühlte sie sich vollends als Außenseiterin, und Mitarbeiter beobachteten an ihr Ziellosigkeit und Angst. In den Zeitungen hieß es nun, sie wolle Hasnat Khan heiraten, doch dieser lehnte eine öffentliche Beziehung ab und zog sich schließlich zurück. Wieder einmal war Diana von der Liebe enttäuscht worden. Sie war jetzt 36 Jahre alt, und ihre Männerbekanntschaften versprachen keinen sicheren Hafen, nach dem sie sich nach wie vor sehnte. Und sie hatte keine Aufgabe mehr im Leben.

Da stieß sie auf die Anti-Landminen-Kampagne von Lord Deedes. Dieser war begeistert von seiner neuen Freundin, und mit ihr erhielt sein Projekt endlich die bitter benötigte Aufmerksamkeit. Für Diana war es ein zaghafter Schritt in ein neues Leben, doch sogleich musste sie erkennen, dass sie sich auf politisch vermintem Terrain bewegte. Ihr wurde vorgeworfen, auf Seiten der Labour-Regierung zu agieren und sich wie ein gefährlicher Querschläger zu benehmen.

In dieser Situation erhielt sie eine Einladung. Mohammed Al Fayed, der Besitzer des Londoner Luxuskaufhauses *Harrods*, bot ihr seine Villa in St. Tropez an, um dort in Ruhe mit den Kindern den Sommerurlaub zu verbringen. Al Fayed besaß alles, was einer Prinzessin würdig war: Privatjachten, Villen, Flugzeuge. Und einen attraktiven Sohn. Emad, genannt Dodi, war bereits als Playboy aufgefallen, und er hatte einige Spielfilme produziert. Es erschienen erste Fotos von Dodi und Diana in den Zeitungen – für das Königshaus eine Provokation.

Der Ägypter Mohammed Al Fayed war eine schillernde Persönlichkeit. Als Sohn eines Grundschullehrers wurde er in Alexandria geboren und war in seiner Jugend als Coca-Cola-Verkäufer durch die Straßen seiner Heimatstadt gezogen. Als Berater des Waffenhändlers Adnan Khashoggi und des Sultans von Brunei machte er Karriere. Anfang der siebziger Jahre zog er nach London und begehrte bald die britische Staatsbürgerschaft. Doch diese wurde ihm stets verweigert, da seine Geschäfte zu undurchsichtig waren. Auch als Al Fayed 1985 das britische Traditionskaufhaus *Harrods* übernahm, wurde ihm die Aufnahme in die britische Gesellschaft weiter verweigert. Selbst sein großzügiges finanzielles Engagement für soziale Projekte konnte die Behörden nicht erweichen. Es gab keinen britischen Pass für Mohammed Al Fayed. Doch mit der Prinzessin von Wales in seiner Nähe konnte er sich im Sommer 1997 wieder Hoffnungen machen. Diana war das egal, sie genoss es, von Dodi umschwärmt zu werden. Wieder einmal hatte sie die Hoheit über die Schlagzeilen.

Camilla war inzwischen zur Schirmherrin der Osteoporose-Gesellschaft avanciert, und das Gefolge des Prinzen von Wales mühte sich nach Kräften, der einst von Diana als »Rottweiler« geschmähten Camilla ein positiveres Image zu verpassen. Zu ihrem fünfzigsten Geburtstag richtete Charles seiner Geliebten eine Party auf Highgrove aus, und Camilla präsentierte stolz ihren neuen Schmuck. Sie war auf dem Weg, hoffähig zu werden.

Doch die Paparazzi scherte das wenig, denn Diana war noch immer der eindeutig bessere Fisch im Bassin. Dodi hatte sie auf die Jacht *Jonikal* eingeladen, die vor Südfrankreich lag. Zeitungsreporter erinnern sich, dass Diana sich jeden Tag bewusst den Fotografen präsentierte – mit ihrer neuen Liebe und jeder Menge neuer Outfits. Schicke Bikinis und Badeanzüge, die ihre Rivalin niemals würde tragen können, wechselten in täglicher Folge, und jedes Mal war Diana die Nummer eins auf den Titelblättern.

Wenn Camilla es überhaupt in die Zeitungen schaffte, dann auf eine der hinteren Seiten. Diana focht eine Art Fernduell mit der Rivalin, das einen tödlichen Ausgang nehmen sollte. Am Ende dieses unbeschwerten Luxusurlaubs starb Diana mit ihrem Liebhaber im Pariser Alma-Tunnel. Auf der Flucht vor Paparazzi hatte der alkoholisierte Fahrer die Limousine gegen einen Pfeiler gelenkt.

6

Prince Charming

Der Ehekrieg zwischen Charles und Diana war für die Queen eine Quelle ständiger Besorgnis gewesen. Sie hatte sich bemüht, möglichst neutral zu bleiben und sich nicht einzumischen, doch sie spürte, wie wieder ein Riss durch die Familie ging, so wie damals, als ihr Vater, George VI., im Zwiespalt mit dem Herzog von Windsor war. Als »zwei Lager« hatte Wallis die verfeindeten Brüder und ihre jeweilige Gefolgschaft bezeichnet. Nun hatten Elizabeths Sohn und ihre Schwiegertochter die ganze Nation gespalten und damit dem Image der Monarchie schweren Schaden zugefügt. Vor allem das Ansehen des Thronfolgers Charles hatte gelitten. Vor dem Scheitern seiner Ehe glaubten acht von zehn Briten, er könne ein guter König werden. In den Jahren danach waren es nur noch vier von zehn. Die Queen sorgte sich um ihren Sohn, der sich mit der Frage quälte, warum alles so falsch gelaufen war, und der abwesend und manchmal wie versteinert wirkte. Verzweifelt wünschte er sich, die Anerkennung und die Zustimmung seiner künftigen Untertanen zurückzugewinnen.

Doch Dianas langer Schatten blieb das größte Problem für die Monarchie. Ihre Ausstrahlung, ihr Engagement für Arme und Kranke, ihre Fähigkeit, Menschen zu öffnen, ließen die Royals nur noch steifer und altmodischer wirken. Aber Dianas beständiges Rütteln an den Grundfesten der Monarchie hatte auch bewirkt, dass das Königshaus die Notwendigkeit erkannte, sich dem Volk zuzuwenden. Vorsichtig wurde am Image gefeilt. Eine Gruppe von Beratern traf sich nun regelmäßig, um über die Zukunft des Königshauses zu diskutieren. Die sogenannte »Way Ahead Group«, die sich aus Familienmitgliedern, Meinungsforschern und Hofbeamten zusammensetzte, beschäftigte sich mit Umfragen, die dem Volk den royalen Pulsschlag fühlten.

Nach außen bewahrte die Queen trotz all ihrer Sorgen Haltung. Die sprichwörtliche steife Oberlippe, die die britische Upperclass auszeichnet, schien ihr noch immer die beste Miene im bösen Spiel. Als am 31. August 1997 die Nachricht von Dianas Tod die königliche Familie schockierte, schien es für die Monarchin keinen Anlass zu geben, ihr bewährtes Verhalten zu ändern. Sie betrachtete den Tod der Prinzessin als Privatangelegenheit und fühlte sich zunächst einmal als Großmutter von William und Harry gefordert, die in so jungen Jahren ihre Mutter auf brutalste Weise verloren hatten. Als Oberhaupt der Familie Windsor sah sie allerdings keine Notwendigkeit, öffentliche Trauer für eine Person zu zeigen, die seit ihrer Scheidung aus dem engsten Kreis ausgeschlossen war. Eine fatale Fehleinschätzung, wie sich bald zeigen sollte.

In der Woche nach dem Tod Dianas, die in ihren letzten Lebensjahren zu einem internationalen Superstar geworden war, sanken die Zustimmungswerte für die Monarchie ins Bodenlose. Die Menschen strömten nach London, um das zu tun, was die königliche Familie verweigerte: Mitgefühl zu demonstrieren. Noch heute erinnern sich viele, die dort waren, an den überwältigenden Geruch der Millionen Blumengebinde, die sich in immer weiter ausufernden Wogen um die Paläste wanden. Diana wurde zur Prinzessin des Volkes, deren Macht weit über ihren Tod hinausreichte.

Niemandem ist es seither gelungen, die Hysterie der Massen zu erklären, die sich ihrer öffentlichen Tränen für eine Frau nicht schämten, die die meisten von ihnen nicht einmal persönlich gekannt hatten. Die meistfotografierte Person der Welt war mit all ihren Fehlern, mit ihrer Zerrissenheit und ihrer Leidensfähigkeit zur Identifikationsfigur geworden, wie ein leeres Gefäß, das jeder nach Belieben mit den eigenen Träumen füllen konnte. Im Tod wurde sie, was sie im Leben nicht erreicht hatte: eine Märchenprinzessin, ein Mythos.

Ihr plötzliches Verschwinden ließ auch Menschen ratlos zurück, die keine bekennenden Anhänger der Royals waren. Es war eine menschliche Tragödie überwältigenden Ausmaßes, die nach Trost und Anleitung verlangte. Was Elizabeths Eltern im Zweiten Weltkrieg so vorbildhaft erfüllt hatten, verweigerte die Queen nun ihren Untertanen, die in Zeiten der Verzweiflung eine Art von Führung durch ihre Monarchin erwarteten – wozu sonst war sie denn da?

Vorläufig verschanzte sich Elizabeth wie einst ihre Ahnin Victoria hilflos in Balmoral. Es war der gerade erst an die Macht gekommene Premierminister Tony Blair, der die Bedürfnisse des Volkes verstand und den Mut fasste, auf die Königin einzuwirken. Schließlich konnte er sie überzeugen, ihre Abwehrhaltung aufzugeben und nach London zurückzukehren. Am Abend vor Dianas Begräbnis sprach sie live im Fernsehen. Die Fenster des Buckingham Palastes waren geöffnet, und von draußen hörte man das Gemurmel und die Schluchzer der Trauernden. Zum zweiten Mal in ihrer Regierungszeit wandte sich die Queen direkt an ihr Volk, abgesehen von ihren regelmäßigen Weihnachtsansprachen. Eine Ausnahme hatte sie bisher nur während des Golfkriegs

1991 gemacht. Nun stand die Monarchie auf dem Spiel, und die Umstände zwangen den Souverän einer ehemaligen Weltmacht, mitfühlende Worte für die Ex-Schwiegertochter zu finden:

»Seit der schrecklichen Nachricht vom letzten Sonntag haben wir in Großbritannien und überall auf der Welt überwältigende Zeichen der Trauer über Dianas Tod gesehen. Wir alle haben auf unterschiedliche Art versucht, damit fertig zu werden. Es ist nicht einfach, den Verlust auszudrücken, da auf den anfänglichen Schock oft eine Mischung anderer Gefühle folgt: Zweifel, Unverständnis, Zorn – und die Sorge um die, die zurückbleiben. Wir alle hatten diese Gefühle in den letzten Tagen. Was ich ihnen jetzt sage, als Königin und als eine Großmutter, kommt von Herzen.

Zuerst möchte ich Diana Tribut zollen. Sie war ein außergewöhnlicher und begabter Mensch. In guten wie in schlechten Tagen verlor sie nie die Fähigkeit, zu lächeln und zu lachen oder andere mit ihrer Wärme und Freundlichkeit zu inspirieren.

Ich bewunderte und respektierte sie – für ihre Energie und Hingabe zu anderen, besonders zu ihren beiden Jungen.

In dieser Woche in Balmoral haben wir alle versucht, William und Harry dabei zu helfen, mit dem verheerenden Verlust zurechtzukommen, den sie und wir alle erlitten haben.

Niemand, der Diana kannte, wird sie jemals vergessen. Millionen anderer, die sie niemals getroffen haben, aber fühlten, sie gekannt zu haben, werden sich ihrer erinnern.

Ich für mich glaube, es gibt Lektionen, die aus ihrem Leben und aus den außergewöhnlichen und bewegenden Reaktionen auf ihren Tod gezogen werden müssen.«

Die öffentliche Verneigung der Queen vor ihrer Ex-Schwiegertochter rettete die Monarchie, auch wenn sie nicht spontan von Herzen gekommen war – die Krise war vorüber. Die Windsors hatten sich in höchster Not wieder einmal fähig gezeigt, neue Wege zu beschreiten, ohne die Traditionen gänzlich über Bord zu werfen. Die Königin hatte sich ihrem Volk in gemeinsamer Trauer angeschlossen, und innerhalb weniger Tage fielen die Zustimmungsraten für eine republikanische Staatsordnung auf die Werte vor Dianas Tod. Die Queen hatte die richtige Entscheidung getroffen, wenn auch ein bisschen spät. Doch wenn sie gehofft hatte, mit der Zeit würde der Einfluss der »Königin der Herzen« auf die Monarchie nachlassen, hatte sie sich getäuscht.

Zehn Jahre nach Dianas Tod waren es ihre Söhne William und Harry, die sich dafür einsetzten, das Andenken der Prinzessin von Wales gebührend zu würdigen. In einem Gedenkgottesdienst in London sprach Prinz Harry mit bewegenden Worten über die Liebe, die er und sein Bruder durch ihre Mutter erfahren hatten. Die Queen, Prinz Philip und Prinz Charles lauschten mit gesenkten Köpfen.

»William und ich können das Leben in zwei Teile unterteilen. Da waren jene Jahre, in denen wir mit der körperlichen Anwesenheit von unserer Mutter und unserem Vater an unser beider Seite gesegnet waren. Und dann sind da die zehn Jahre seit dem Tod unserer Mutter. Als sie lebte, haben wir ihre unvergleichliche Liebe zu Leben, Lachen, Spaß und Verrücktheit als völlig selbstverständlich angesehen. Sie war unsere Erzieherin, Freundin und Beschützerin. Sie hat es niemals zugelassen, dass ihre unbeugsame Liebe zu uns unausgesprochen oder ungezeigt blieb. Man wird sich ihrer immer für ihre erstaunliche öffentliche Arbeit erinnern. Aber hinter dem blendenden Licht der Medien war sie für uns, zwei liebende Kinder, ganz einfach die beste Mutter der Welt. (…) Aber wir vermissen sie. Sie hat uns abends zum Abschluss geküsst. Ihr strahlendes Lächeln leuchtete uns nach der Schule entgegen. Sie hat hysterisch und unkontrollierbar gelacht, wenn sie uns etwas Albernes erzählt hat, das sie an dem Tag vielleicht gesagt oder gemacht hat. Sie hat uns Mut zugesprochen, wenn wir nervös oder unsicher waren. Sie war – wie unser Vater – entschlossen, uns eine stabile und sichere Kindheit zu bieten.

Ein Elternteil in so jungen Jahren zu verlieren, wie andere das auch erlebt haben, ist unbeschreiblich entsetzlich und traurig. Es war ein Ereignis, das unser Leben für immer verändert hat, so wie das wohl für jeden war, der in dieser Nacht jemanden verloren hat.

Aber was für uns jetzt und in der Zukunft viel wichtiger ist, ist, dass wir uns unserer Mutter erinnern, wie sie sich das gewünscht hätte, als spaßliebend, großzügig, bodenständig und völlig wahrhaftig. Wir denken beide jeden Tag an sie. Wir sprechen über sie und lachen zusammen über all die Erinnerungen. Einfach ausgedrückt, hat sie uns, und so viele andere Menschen, glücklich gemacht. Möge dies die Art sein, wie man sich an sie erinnert.«

Harrys Rede zeigt, wie die Söhne das schwere Erbe ihrer Kindheit und die Erinnerung an Diana mit in die Zukunft nehmen wollen. Es ist ihre persönliche Verbeugung vor einer Frau, die in der Öffentlichkeit und in ihrer Familie zwiespältige Gefühle geweckt hat und deren Einfluss auf die Monarchie vielleicht erst dann wirklich sichtbar wird, wenn ihr Sohn William den Thron Englands bestiegen hat. Wie eine Rollenbeschreibung für den künftigen König wirkte die Predigt des Bischofs von London, Richard Chartres, die er mit einer überraschenden Frage einleitete: »Wer betrügt?« Es war ein Zitat Dianas, die in einem Altenheim Rentner beim Gesellschaftsspiel zugesehen hatte und dort mit ihrer scherzhaften Bemerkung für gute Stimmung gesorgt hatte. Doch der Doppelsinn ihrer Worte wirkte in der schlichten Kapelle des Garderegiments wie ein Schwerthieb.

Die Verfassung Englands, so führte der Bischof aus, habe sich im letzten Jahrhundert verändert und mit ihr die Aufgaben der Krone. Es gebe einen politischen Bereich, in dem der Monarch beraten, aber nicht eingreifen dürfe. Daneben gebe es eine andere für die Einheit der Nation wichtige Sphäre, in der die gemeinsamen Werte der Gesellschaft formuliert würden. Die Monarchie kommuniziere hier mit Symbolen und einfachen Worten, ein Feld, auf dem die verstorbene Diana ihre speziellen Talente entfaltet habe. Sie habe es verstanden, ihr Mitgefühl mit einer Berührung oder Umarmung zu zeigen, da sie selbst verletzlich gewesen sei. »Die größte Krankheit heute ist nicht Lepra oder Tuberkulose, sondern das Gefühl, unerwünscht zu sein«, zitierte Richard Chartres die Prinzessin von Wales.

Eine fast politische Rede, die der Monarchie die Aufgaben für das 21. Jahrhundert zuwies und von William sichtlich bewegt verfolgt wurde. Auf ihm liegen die Hoffnungen des Hauses Windsor, und als er die Kapelle verließ, jubelten ihm die draußen wartenden Menschen zu wie einst Diana. Prince Charming, ein Märchenprinz, ist er für all jene, die Dianas Herzlichkeit in ihm wiederfinden wollen. »Dianas größtes Vermächtnis wird König William sein«, meint ihr ehemaliger Privatsekretär Patrick Jephson. »Das war doch die Verpflichtung, die die Verfassung ihr auferlegt hatte. Viele Jahre nach ihrem Tod werden wir ihr dankbar sein, dass sie uns einen König geschenkt hat, der die britische Krone mit Freuden in die Zukunft trägt.«

Und das ist die Verpflichtung, die Prinz William in die Wiege gelegt wurde: geboren, um König zu sein. Der 21. Juni 1982 war ein strahlender Sommertag, im St. Mary's Hospital im Londoner Stadtteil Paddington hatte Diana sechzehn Stunden lang in den Wehen gelegen, Charles immer an ihrer Seite. Es waren schwierige, schmerzvolle Mühen, und der königliche Gynäkologe George Pinker erwog zeitweilig sogar einen Kaiserschnitt. Doch schließlich kam das Kind zur Welt, und die Hebammen wanden ein kleines Armband um sein Handgelenk, auf dem zu lesen stand: »Baby Wales«. Schon bald hielt Diana ihren ersten Sohn im Arm. Der Junge war gesund, und die Prinzessin von Wales hatte die Aufgabe erfüllt, die ihr das Königshaus zugedacht hatte: Sie hatte den Thronfolger geboren und damit die Dynastie der Windsors und ihren Anspruch auf den Thron für eine weitere Generation gesichert.

Nur 36 Stunden später konnten alle das Baby bewundern, als Diana sich vor dem Krankenhaus mit dem jüngsten Mitglied der Familie Windsor und mit einem sichtlich stolzen Prinz Charles präsentierte. Das Klicken der Kameras wollte kein Ende nehmen, ein Geräusch, das das Leben Williams von nun an begleiten sollte und das für seine Mutter bald eine so verhängnisvolle Rolle spielen würde.

Sieben Tage wusste niemand im Königreich, wie denn nun der neue Erdenbürger »Baby Wales« eigentlich heißen sollte. Diana bevorzugte moderne Namen wie Sebastian oder Oliver, Charles dachte an die Tradition. Sein Favorit war Albert, nach Königin Victorias Ehemann Albert von Sachsen-Coburg-Gotha. Schließlich entschied man sich für William Arthur Philip Louis.

Die Prinzessin von Wales wusste um die unglückliche Kindheit ihres Mannes und wollte William diese Erfahrungen um jeden Preis ersparen. »Diana hatte sehr klare Vorstellungen, wie ihr Sohn aufwachsen sollte«, erzählt die Biografin Ingrid Seward. »Sie hatte gesehen, was die althergebrachte Erziehung ihrem eigenen Ehemann angetan hatte. Sie wollte, dass ihre Kinder in der Lage wären, sich anderen mitzuteilen. Sie sollten so normal wie möglich aufwachsen und erkennen können, dass nicht jeder einen Range Rover und ein Haus auf dem Land besitzt, wie sie sich ausdrückte.«

Vor allem aber weigerte sich Diana, ihren kleinen Sohn ganz dem Kindermädchen Barbara Barnes zu überlassen, während sie mit ihrem Mann königliche Pflichten erfüllte. Die traditionellen Kräfte im Buckingham Palast sahen das mit großer Skepsis. Und auch die Queen war zu Anfang nicht von Dianas modernem Erziehungsstil überzeugt.

Zu einer ersten ernsten Auseinandersetzung kam es, als im Frühjahr 1983 eine sechswöchige Reise des Prinzen und der Prinzessin von Wales nach Australien und Neuseeland auf dem Plan stand. Diana war entschlossen, sich auf keinen Fall von ihrem Baby zu trennen. Schließlich beugte sich die Queen den Argumenten ihrer Schwiegertochter und stimmte zu, dass der kleine William seine Eltern auf die lange Reise begleiten durfte. Für Diana stand ihr Sohn an erster Stelle, egal, was das Protokoll vorsah. »Billy the Kid«

tauften die begeisterten Australier ihren königlichen Besucher, und in Neuseeland erwartete ihn eine Feuertaufe im Blitzlichtgewitter: sein erster offizieller Fototermin. Im Garten des Regierungssitzes in Auckland war eine Decke ausgebreitet worden. Vor den Kameras der Fotoreporter ließen sich Charles und Diana mit ihrem Sprössling auf dem Boden nieder. William, in einem bestickten Strampelanzug, krabbelte munter drauflos und sorgte für Begeisterung. Noch bevor er auf eigenen Beinen stehen konnte, hatte er seinen ersten »Walkabout« absolviert – so nennen die Royals ihre Begegnungen mit dem Volk. Diana war vom Talent ihres Sohnes begeistert: »Wer ist jetzt ein kleiner Superstar?«, flüsterte sie ihm ins Ohr.

1984 war Diana wieder schwanger. Sie wusste, Charles wünschte sich ein Mädchen. Doch schon die Vorsorgeuntersuchungen gaben zu erkennen, dass sie wieder einen Jungen erwartete. Das Geheimnis behielt sie für sich. Als Harry schließlich am 15. September zur Welt kam, war die Enttäuschung ihres Mannes nicht verwunderlich. Seine abfälligen Bemerkungen über Harrys rote Haare verletzten sie, und später erzählte sie ihrem Biografen Andrew Morton, damals sei jeder Funke Liebe in ihr erloschen. In der Öffentlichkeit erfuhr die Prinzessin große Zustimmung und schien immer schöner zu werden. Aber hinter den Kulissen litt sie, da von ihrem Mann und der königlichen Familie keine Anerkennung zu erwarten war. Ihr Selbstwertgefühl ging gegen null, sie fühlte sich als Kleiderständer, als Frau, die nur wegen ihres Äußeren Aufmerksamkeit erregte, nicht aber wegen ihres Tuns.

Etwa zu dieser Zeit entwickelte William seine ersten rebellischen Züge. »Er war ein unartiger kleiner Junge«, berichtet die Journalistin Ingrid Seward. »Andere kleine Jungen sind das auch, aber er war besonders derb, zerbrach Sachen, einmal versuchte er sogar, die handgefertigten Schuhe seines Vaters die Toilette hinunterzuspülen – ein bisschen ungewöhnlich war das!«

Sogar bei offiziellen Anlässen benahm sich der kleine Prinz auffällig unanständig, selbst seiner Großmutter, der Königin von England, fügte er sich nicht, wie Ingrid Seward beobachten konnte. »Er benahm sich so gar nicht wie ein königlicher Prinz. Die Queen war ziemlich schockiert. Ihre Kinder hatten in diesem Alter längst gelernt, stillzusitzen. Die Königin stammt aus einer Zeit, in der Kinder nicht stören durften.« Auch Klein-Harry gab gerne den Wildfang und strapazierte die Geduld der Großmutter: »Sie fand die Faxen von William und Harry sehr anstrengend. Sie wollte sich nicht direkt einmischen, aber wenn sie weg waren, machte sie so ihre Bemerkungen.«

Die Königin konnte ihren Sohn Charles schließlich überzeugen, über das Verhalten Williams nachzudenken. Würde er weiter zügellos verwöhnt, so fürchtete die Queen, könnte er zu einem ernsten Problem für die ganze königliche Familie werden. Auch Diana musste einsehen, dass ihr geliebter Sohn schlechte Manieren entwickelte. Doch über die Lösung waren sich die Eltern uneinig: Charles wollte William weiter im Palast von Privaterziehern auf den richtigen Weg bringen lassen, so wie es die königliche Tradition vorsah, doch wieder einmal setzte Diana ihren Willen durch.

Ihr war bewusst, dass ihre Kinder später einmal auf ihre Erfahrungen angewiesen sein würden, die sie im Alltagsleben ihrer Untertanen sammeln mussten. »Sie war überzeugt, dass die Zeit vorbei war, in denen die Royals in einer separaten, isolierten Welt hinter Palastmauern existieren konnten«, erzählt Dianas Privatsekretär Patrick Jephson. »Sie wusste, dass William und Harry in der Lage sein mussten, zur gleichen Zeit in zwei verschiedenen Welten zurechtzukommen: in der privilegierten Welt der Monarchie, aber gleichzeitig auch mit gewöhnlichen Menschen in ihrem Alltag, über alle sozialen Grenzen hinweg.«

So musste der künftige König von England also in den Kindergarten! An einem sonnigen Tag im September 1985 hielt er unter den Augen der Weltpresse Einzug in Mrs. Minor's School in Notting Hill. Doch noch ließ sich der Wildfang von seinen neuen Spielgefährten nicht beeindrucken. »Wenn ich König bin, schicke ich euch all meine Ritter, und die werden euch töten«, drohte er.

Bei der Hochzeit von Prinz Andrew und Sarah Ferguson im Jahr 1986 wurde das schlechte Benehmen Williams auch vor laufenden TV-Kameras sichtbar: Er streckte den Brautjungfern einfach die Zunge raus. Charles, der einen ausgeprägten Sinn für Protokoll und Pflichten hat, war über das Benehmen seines Sohnes entsetzt.

Doch das rebellische Verhalten seines sensiblen Ältesten resultierte, aus heutiger Sicht betrachtet, wohl vor allem aus der zerrütteten Ehe seiner Eltern. Dianas Essstörungen waren kaum noch zu übersehen, und Charles hatte heimlich seine Beziehung zu seiner Dauergeliebten Camilla Parker Bowles wieder aufgenommen.

Eine Verbindung, die ihre Wurzeln offenbar tief in der Historie des Hauses Windsor hatte. Camilla, die Ururenkelin von Alice Keppel, war ihrer Ahnin wie aus dem Gesicht geschnitten. Die langjährige Mätresse von Edward VII. hatte eine atemberaubende Figur und galt in der viktorianischen Gesellschaft als die faszinierendste Frau Englands. Obwohl verheiratet, landete sie im Bett des Thronfolgers, der seinen Eltern Victoria und Albert schon als Jugendlicher so viel Sorgen bereitet hatte. Er war ein Lebemann, trank über die Maßen viel, rauchte und genoss fünf üppige Mahlzeiten am Tag. Über hundert Liebschaften wurden ihm nachgesagt, und an seinem maßlosen Verhalten änderte auch die Heirat mit Alexandra von Dänemark nichts, die über seine Eskapaden großzügig hinwegsah. Wie Charles wurde Edward auf eine lange Geduldsprobe gestellt: Erst mit sechzig Jahren wurde er König, dann aber ein ganz passabler. Er liebte es, sich sorgsam zu kleiden – auch dies eine Parallele zu Charles.

Was der König an Sittenstrenge vermissen ließ, machte die tugendhafte Alexandra durch ihr soziales Engagement wett. Als erste Prinzessin von Wales hatte sie sich nicht damit zufriedengegeben, Kinder zu gebären. Das tat sie natürlich auch, aber darüber hinaus eiferte sie dem Vorbild ihres viel zu früh verstorbenen Schwiegervaters Albert nach, der die Ansicht vertreten hatte, die Königsfamilie müsse sich auch um das Wohlergehen der Allgemeinheit kümmern. Alexandra, die Großzügige, war in der Gesellschaft eine hochangesehene Persönlichkeit. Später, als ihr Gehör sie im Stich ließ, zog sie sich mehr und mehr zurück. Als aber ihr Ehemann Edward im Sterben lag, besaß sie die Güte, auch seine lebenslange Mätresse Alice Keppel an sein Bett zu holen, damit sie sich von ihm verabschieden konnte. Vielleicht hatte Prinz Charles mit derselben Großzügigkeit seiner Ehefrau Diana gerechnet, jedenfalls soll er sie eines Tages im Streit gefragt haben, ob sie ernsthaft glaube, er wäre der erste Prinz von Wales, der keine Geliebte habe.

Aus dem Kensington Palast war Charles inzwischen so gut wie ausgezogen, seine persönlichen Gegenstände hatte er auf seinen Landsitz nach Highgrove bringen lassen, wo er von nun an die meiste Zeit verbrachte. William und Harry sahen ihren Vater nur noch an den Wochenenden, wenn sie ihn auf Highgrove besuchten. Doch vor der Öffentlichkeit sollte noch immer die Fassade gewahrt bleiben, auch wenn die Atmosphäre zwischen den Eheleuten immer frostiger wurde.

Damals trat der Sicherheitsbeamte Ken Wharfe ins Leben der Prinzessin und ihrer Söhne. Ausgebildet bei einer Spezialeinheit von Scotland Yard, sollte er den Schutz der beiden Prinzen übernehmen. Noch heute ist ihm die erste Begegnung in lebhaften Erinnerungen gegenwärtig. »Als ich Diana das erste Mal traf, war William etwa vier Jahre alt. Es war in Sandringham, einem der ländlichen Wohnsitze in Norfolk. Die Prinzessin bat mich herein, und als ich nach rechts sah, war da William, der Klavier spielte. Und Harry, sein jüngerer Bruder, war gerade dabei, ein großes Glasgefäß mit weißen Lilien ins Wanken zu bringen. Das Ganze wirkte ziemlich kurios auf mich, in so einem königlichen Haushalt. Allerdings stellte es sich als etwas ganz Normales heraus, denn die Prinzessin erklärte mit einem Blick auf ihre Kinder: ›Ken, ich beneide sie nicht darum, auf meine beiden Jungen aufzupassen, sie sind richtige Nervensägen!‹ Da drehte sich William um und sagte: ›Nein, sind wir nicht!‹ Und Harry gab ihm recht. Das war also ein ganz normaler Haushalt, dachte ich mir, auch wenn der künftige König von England hier lebte. Und die Chemie zwischen uns stimmte sofort.«

Von nun an wich Ken Wharfe seinen Schützlingen nicht mehr von der Seite. Er sollte in den folgenden Jahren Zeuge eines unvergleichlichen Ehedramas werden, von der Prinzessin, deren späterer Bodyguard er war, oftmals ins Vertrauen gezogen. Und er sollte erleben, wie der junge Prinz William, während seine Eltern im Streit waren, um sein eigenes seelisches Gleichgewicht rang.

Zunächst aber galt es, mit den täglichen Herausforderungen eines Lebens im Lichte der Öffentlichkeit zurechtzukommen. Im September 1990 wurde William im Internat Ludgrove eingeschult, und natürlich hatten sich auch zu diesem Anlass wieder zahlreiche Fotografen vor der Schule eingefunden. Diana, die inzwischen an das enorme Medieninteresse gewöhnt war, versuchte ihren Sohn auf seinen Auftritt vorzubereiten. Ken Wharfe hörte sie sagen: »Schau, William, da werden viele Fotografen sein, und du musst dich so benehmen, dass sie keine Gelegenheit bekommen, schlechte Fotos von dir zu machen!« William aber konnte seine Abneigung gegen die aufdringlichen Wegelagerer mit ihren langen Linsen schon in jungen Jahren nicht verbergen. »Ich hasse die Tografen«, gab er in seiner kindlichen Sprache zurück. Und doch brachte er seinen ersten Schultag im Blitzlichtgewitter wie ein kleiner Profi mühelos über die Bühne.

Diana allerdings war in Tränen aufgelöst, musste sie sich doch nun von ihrem Liebling trennen, der sich wie alle männlichen Mitglieder der königlichen Familie in ein Leben hinter Internatsmauern einfinden sollte. Für seine emotionale Mutter ein schwerer Einschnitt, schien sie doch jetzt den letzten Halt in ihrem sorgenvollen Leben auch noch zu verlieren. Je härter der Ehekrieg im Hause Windsor wurde, desto verzweifelter suchte die unglückliche Prinzessin Unterstützung bei ihren Kindern. Und obwohl William nun nicht mehr mit seiner Mutter unter einem Dach lebte, schien ihn der Kummer seiner Eltern mehr und mehr zu bedrücken. Mitschüler berichteten, oft wandere er mit den Händen in den Hosentaschen umher, die Schultern gebeugt, als liege alle Last der Welt darauf.

Sein ungestümes Verhalten schien William vollkommen abgelegt zu haben, stattdessen zeigte er sein sensibles und fürsorgliches Wesen. Er hatte in dieser Zeit das Gefühl, seine Mutter beschützen zu müssen, erzählt die Biografin Ingrid Seward. »Er sah sie weinen, er spürte ihren Kummer. Manchmal schob er Taschentücher für sie unter der Badezimmertür hindurch. Wenn sie unglücklich war, gab er ihr Schokolade. Er ließ sogar einen Tisch in ihrem Lieblingsrestaurant reservieren, um sie aufzumuntern.« Es schien, als wäre der gerade mal zehn Jahre alte William der einzige Mensch auf der Welt, dem Diana noch vertrauen konnte. Sie nannte ihn »den Mann in meinem Leben«, wie Nicholas Davies in seiner Biografie *Der Mann, der König sein wird* schreibt. Manchmal schien sich Diana sogar im wahrsten Sinne des Wortes an ihrem ältesten Sohn festzuhalten, sich an ihn zu klammern.

Als 1992 all die schrecklichen und unappetitlichen Details des Ehelebens der Waleses durch Andrew Mortons Buch mit einem Paukenschlag ans Tageslicht kamen, wusste die ganze Welt über Nacht, dass hinter der märchenhaften Fassade der Ehe von Charles und Diana ein schrecklicher Trümmerhaufen lag. Auch den Kindern blieb nicht verborgen, dass sich die Eltern nichts mehr zu sagen hatten. Während Charles in Highgrove allein im Esszimmer speiste, saßen Diana und die Kinder in ihrem Raum vor dem Fernseher. William litt, vielleicht mehr noch als andere Kinder, deren Eltern auseinandergehen, denn er musste damit fertig werden, dass die peinlichen Details der gegenseitigen Untreue seines Vaters und seiner Mutter in allen Zeitungen zur Schau gestellt wurden.

»Von heute aus betrachtet ist William da ganz gut durchgekommen«, findet die Biografin Judy Wade. »Doch man muss sich vorstellen, dass sich William damals in einer ganz besonderen Situation befand. Er stand im Rampenlicht, und die Leute starrten ihn an und fragten sich, wie er damit fertig wurde. Der Krieg zwischen seinen Eltern war sehr boshaft und sehr hässlich, und natürlich hat William gesehen, was da passierte. Seine Mutter ist mit den Kindern bei Nacht und Nebel aus dem Haus gelaufen, ohne dass Charles wusste, was vorging. Das ist kein guter Weg, Kindern zu erklären, was eine Ehe ausmacht.«

Am 9. Dezember 1992 verkündete Premierminister John Major im Unterhaus, dass der Prinz und die Prinzessin von Wales sich getrennt hatten. Tags zuvor war Diana nach Ludgrove gefahren, um ihrem ältesten Sohn unter Tränen mitzuteilen, dass die Ehe seiner Eltern endgültig gescheitert war. William, so wird berichtet, nahm die Mitteilung gefasst auf, vielleicht sogar erleichtert nach all den Szenen und Streitereien. »Ich hoffe, ihr beide seid nun glücklicher«, soll er seine aufgelöste Mutter getröstet haben.

Auch wenn jetzt klare Verhältnisse geschaffen waren, so schienen doch beide Eltern nun darum zu wetteifern, wer die größere Rolle im Leben ihrer beider Söhne spielen würde. Reisen in ferne Länder, Skiurlaube, Ausflüge in Erlebnisparks – für William und Harry hatte sich das elterliche Programm verdoppelt. Mal waren sie mit dem Vater unterwegs, mal mit der Mutter. Und Diana, der Medienprofi, machte verglichen mit dem eher reservierten Charles die bessere Figur vor den Kameras der Weltpresse. Die Zeitungen folgten dankbar dem Klischee und beschrieben Diana als emotionale und liebevolle Mutter, die ihren Söhnen ein sorgloses und normales Leben bescheren wollte. Dagegen erschienen die Ferien mit dem Vater eher formell und steif. Doch die Kinder liebten ihn ebenso wie die Mutter, erzählt Ingrid Seward. »Wann immer die Kinder an den Wochenenden nach Highgrove kamen, rannten sie zuerst in den Garten und riefen nach ihrem Papa. Sie bewunderten Charles! Aber Diana war es recht, dass er in einem schlechten Licht dastand, da es sie zu einer besseren Mutter machte. Ich fürchte, Diana benutzte ihre Kinder als Waffe, weil sie nach all den Tränen und den Streitereien wusste, dass sie Charles damit treffen konnte.«

Je älter William wurde, desto mehr schätzte er die Ausflüge mit seinem Vater aufs Land. Ob auf Highgrove oder im schottischen Hochland, William genoss es, mit Charles auf die Jagd zu gehen, und er entwickelte erstaunliche Fähigkeiten im Schießen – sehr zum Leidwesen seiner Mutter. Das unzugängliche schottische Schloss Balmoral wurde zu einer Art Zuflucht für William und seinen Bruder Harry. Hier lauerten keine Paparazzi, hier konnten sie sich unbeschwert in der freien Natur bewegen.

William besuchte inzwischen das Eliteinternat Eton nahe Windsor, an der Themse gelegen. 1995 war er hier eingeschult worden, wieder unter der Beobachtung von Hunderten Kameras. Noch einmal hatten seine Eltern ihre gegenseitigen Aversionen hintangestellt und waren beide präsent, als ihr ältester Sohn mit der linken Hand den Füller ergriff und sich ins Buch der Schule eintrug.

In ungewöhnlichem Einvernehmen hatten sich Charles und Diana gemeinsam für das traditionsreiche Internat entschieden, wegen seines ausgezeichneten Erziehungssystems, der familiären Atmosphäre und wegen der guten Kameradschaft, die unter den Schülern herrschte. Unter den 1260 Jungen war der Prinz keine Ausnahmeerscheinung. Er wurde beim Vornamen gerufen wie alle anderen und erhielt keine Sonderbehandlung, abgesehen von der ständigen Bewachung durch seine Bodyguards, vierundzwanzig Stunden, rund um die Uhr. Wann immer William das Schulgebäude verließ, um im Dörfchen Windsor einzukaufen oder einen Tee zu trinken, wurde er von bewaffneten Wachmännern begleitet. Doch alle gewöhnten sich an diesen Anblick, und schon bald schien der Prinz an seiner neuen Schule ein ganz normales Leben zu führen. Auf dem Lehrplan standen Englisch, Latein und Französisch, naturwissenschaftliche Fächer sowie Kunst, Musik und Design. Trotz seiner familiären Probleme kam William gut zurecht, erhielt hervorragende Noten und fand Spaß und Ablenkung in allen sportlichen Aktivitäten.

Sehr zur Freude der Königin erwies sich ihr Enkel als fähiger Schüler, weit begabter als viele seiner Vorfahren. Der künftige König würde in der Lage sein, eine akademische Laufbahn einzuschlagen. Eton schien ein Segen für William, ein Ort, an dem er geschützt war vor den scheußlichen Auseinandersetzungen seiner Eltern und vor den öffentlichen Demütigungen, die damit einhergingen. Doch dann entfachte die Prinzessin von Wales mit ihrem BBC-Interview im November 1995 jenes mediale Großfeuer, das die gesamte königliche Familie in Aufruhr versetzte. Diana sprach nicht nur öffentlich über die »dritte Person« in ihrer Ehe, Camilla Parker Bowles. Sie zog auch in Zweifel, dass Prinz Charles fähig wäre, ein guter König zu sein.

»Diana war immer der Überzeugung, William würde der nächste König sein und nicht sein Vater«, berichtet Ken Wharfe aus seinen Gesprächen mit der Prinzessin. »Sie hatte die Auffassung, dass die Monarchie sich neu ausrichten müsse. Diana glaubte an das offenere System, wie es andere europäische Königshäuser praktizieren. Sie fand, die Monarchie sollte sich besser einpassen, ohne den ganzen Pomp, der in Großbritannien veranstaltet wird. Und natürlich zweifelte sie an Charles' Eignung wegen seiner andauernden Affäre mit Camilla Parker Bowles. Diana glaubte fest daran, dass William eines Tages König sein würde, eher als sein Vater.«

Ob in einem Anflug von Rachegefühlen oder aus der tatsächlichen Sorge um die Monarchie heraus, Dianas Zweifel an ihrem Ehemann zwangen William in eine Art öffentlichen Wettstreit mit seinem Vater. Und es gab nicht wenige Anhänger der Monarchie, die Diana insgeheim beipflichteten.

William war mit den Turbulenzen in der Beziehung seiner Eltern aufgewachsen, und obwohl das endgültige Ende traumatisch war, so hoffte er doch auf eine bessere Zukunft für seine Mutter und seinen Vater. Vielleicht, so dachte er, könnten die beiden Freunde werden, so wie es sein Onkel Andrew und dessen geschiedene Frau Sarah zum Wohle ihrer Kinder vorlebten. Zum letzten Mal kam die Familie zusammen, als William am 9. März 1997 in der St. Georg's

Kapelle in Windsor konfirmiert wurde. Prinz Harry machte die Scheidung seiner Eltern weit mehr zu schaffen als seinem Bruder. »Er war jünger, und er war seiner Mutter sehr, sehr nah«, erklärt Ingrid Seward. »Harry war sehr anhänglich. Nach außen schien er gut zurechtzukommen, aber ich glaube, wie sehr er wirklich litt, kam erst später zutage.«

In der folgenden Zeit wuchs William zu einem attraktiven Teenager heran, der sich auch schon mal interessiert nach den hübschen Mädchen umdrehte. Er blätterte in den Hochglanzmagazinen seiner Mutter, in denen die schönsten Models abgebildet waren. Mit gerade mal vierzehn Jahren zierte der smarte Prinz dann selbst das Cover des *Time Magazine*. Die Schlagzeile lautete: »Kann dieser Junge die Monarchie retten?« Eine große Aufgabe für einen Heranwachsenden, der sich selbst erst finden wollte. Doch nach all den Turbulenzen, die der Ehekrieg von Charles und Diana verursacht hatte, brauchte das Haus Windsor Hoffnung für die Zukunft. Im *Time*-Artikel hieß es: »Falls die Waleses die Monarchie furchtbar beschädigt haben, so haben sie doch mit William gleichzeitig die Heilung gebracht. Der gescheite, liebenswerte Prinz beginnt, die Fantasie der Öffentlichkeit zu beschäftigen. Nachdem die Scheidung einen Akt des königlichen Dramas beendet hat, beginnt der nächste, mit einem frischen und anziehenden neuen Star.« Ein fast visionärer Blick in die Zukunft, denn nur wenige Jahre später sollte der gut aussehende Prinz gefeiert werden wie ein Popstar. Noch aber war seine schöne und fotogene Mama der Liebling der Fotografen.

Im Juli 1997 verbrachten William und Harry einen Urlaub mit Diana in St. Tropez in der Villa von Mohammed Al

Fayed, dem Besitzer des Londoner Luxuskaufhauses *Harrods*. Es sollte ihr letzter gemeinsamer sein. Während die Brüder anschließend nach Balmoral fuhren, um den Rest der Ferien mit ihren Großeltern und ihrem Vater im schottischen Hochland zu verbringen, kehrte Diana auf die Jacht der Al Fayeds im Mittelmeer zurück. Dort wartete ihr neuer Liebhaber Dodi auf sie, Sohn des *Harrods*-Besitzers und offensichtlich sehr verliebt in die Prinzessin. Nach den sonnigen Tagen am Meer beschloss das Paar, ein Abschiedsessen im Pariser Hotel Ritz einzunehmen. Diana, so erzählten später Freunde, spielte da schon mit dem Gedanken, Dodi wieder den Laufpass zu geben. Vor allem William habe seiner Mutter ins Gewissen geredet, der in dem Millionärssohn nicht den passenden Partner für sie sah. Gerüchte über einen Streit zwischen der Prinzessin und ihrem ältesten Sohn machten die Runde. Am Abend des 31. August 1997 sollte also noch ein letztes Mal gefeiert werden in Paris. Für Diana war es der Abschied von einem kurzen, turbulenten Leben.

Für William bedeutete es das Ende seiner Kindheit. Dianas jäher, brutaler Tod stellte auch sein eigenes Leben, wie er es bisher kannte, in Frage. Durch den Schmerz, den der Verlust der Mutter ihm zufügte, wuchs bei William im Laufe der folgenden Jahre die Überzeugung, dass vor allem Dianas Rolle in der Monarchie und die hysterische Jagd der Paparazzi für ihr tragisches Ende verantwortlich waren. Berichte von den Umständen des dramatischen Autounfalls legten das nahe.

Auch zehn Jahre nach dem Unglück beschäftigen sie noch die Fantasie der beiden Brüder. Prinz Harry erzählte 2007 zum ersten Mal in einem Interview mit dem amerikanischen

Sender NBC, wie oft sie über das Geschehen nachdenken. Wahrscheinlich werde man niemals genau wissen, was in der verhängnisvollen Nacht geschah, sagte Harry. Jeden Tag werde er mindestens einmal daran erinnert, und die Zeit seit dem Tod der Mutter sei sehr langsam vergangen. »In den vergangenen zehn Jahren hatte ich immer das Gefühl, dass sie noch da war.« Zu plötzlich wurde die Mutter aus dem Leben ihrer beiden Kinder gerissen, ein Abschied, auf den niemand vorbereitet sein konnte.

In der Nacht des Unglücks schliefen William und sein Bruder Harry in ihren Betten im Schloss Balmoral, dem magischen Ort, den sie mehr liebten als alle anderen Ländereien der Windsors. Sie freuten sich auf eine unbeschwerte Zeit in Freiheit, auf lange Pirschgänge mit Vater und Großvater, auf die fröhlichen Barbecues am Abend.

Während die Prinzen in dieser Nacht, die ihr Leben verändern sollte, zum letzten Mal unbeschwert vor sich hinträumten, wurde die Bettruhe in den königlichen Gemächern abrupt beendet. Ein Anruf aus der britischen Botschaft in Paris hatte das Unglück verkündet.

Zunächst wurde die Queen geweckt und darüber informiert, dass Diana nach einem Autounfall schwer verletzt im Krankenhaus liege. In kürzester Zeit waren alle auf den Beinen, die Königin, Prinz Philip, Prinz Charles, und versuchten mit der schrecklichen Nachricht zurechtzukommen. Die Kinder, darin waren sich alle schnell einig, sollten weiterschlafen. Am nächsten Morgen war es früh genug, ihnen mitzuteilen, was geschehen war. Noch gab es Hoffnung, denn die ersten Meldungen aus Paris besagten, Diana sei lediglich verletzt, während der Tod ihres Begleiters Dodi Al

Fayed und des Fahrers Henri Paul bereits bestätigt war. Um drei Uhr in der Nacht wurde Charles über Dianas Tod informiert. Er hatte wach am Telefon gesessen und auf Informationen aus Paris gewartet.

Nun war es seine Aufgabe, seine beiden Söhne vom Ableben ihrer Mutter zu unterrichten. Die Sorge war groß, wie der erst zwölf Jahre alte Harry mit der schrecklichen Tragödie fertig werden würde. Zwanzig Minuten lang sprachen Charles, die Queen und Prinz Philip an jenem Sonntagmorgen mit den Prinzen. Schließlich beschlossen alle gemeinsam, wie sonst üblich zum Gottesdienst zu fahren. Vor den Toren Balmorals hatten sich bereits Journalisten, Fotografen und Kamerateams postiert, doch die königliche Familie fuhr mit regungslosen Gesichtern ohne ein öffentliches Zeichen der Trauer weiter zur Kirche. Weder William noch Harry vergossen eine Träne, ihre Haltung war bemerkenswert, aber hinter verschlossenen Türen ließen sie ihren Gefühlen freien Lauf. Immer wieder stellte Harry dieselbe Frage, auf die niemand eine Antwort wusste: »Warum? Warum musste sie sterben?«

In der ersten Woche nach dem Tod Dianas waren William und Harry wie gefesselt von den Sondersendungen und Berichten im Fernsehen, wollten alles über die Umstände des tragischen Unglücks erfahren. Besonders William war bald schon fest überzeugt, dass seine Mutter das Opfer der Paparazzi war, die sie in der Nacht auf der rasenden Fahrt vom Hotel Ritz aus durch die nächtliche Stadt auf Motorrädern verfolgt hatten. Wären sie nicht gewesen, hätte die Limousine nicht mit überhöhter Geschwindigkeit fahren müssen, um die lästigen Fotografen abzuhängen. Er hatte erlebt, wie seine Mutter unter den Nachstellungen der

Pressemeute gelitten hatte. Kaum dass sie den Kensington Palast verlassen hatte, hingen sie an ihren Fersen, folgten ihr auf Schritt und Tritt, oft genug bedrängten sie die Prinzessin sogar körperlich. Nicht selten musste William mit ansehen, wie Diana in Tränen aufgelöst von einer solchen Hatz zurückkam. Nun, so war William überzeugt, hatten sie seine Mutter in den Tod getrieben. Seine Abscheu und seine Verachtung für die Paparazzi hätten nicht größer sein können.

»Der Tod seiner Mutter ist ein absolut dunkler Abschnitt in seinem Leben«, erzählt Williams Freund Tom Bradby. »Ich glaube, er hasste die Presse in dieser Zeit, und Harry ging es ebenso. Sie brauchten einen Feind, auf den sie ihren Hass richten konnten, und das war die Presse. Dianas Tod traf sie wie ein Schlag, und sie waren sehr aufgebracht, als sie von den letzten Augenblicken im Leben ihrer Mutter erfuhren (…) Alles, was sie sehen konnte, war die Linse einer Kamera, klick, klick, klick, in dem Moment, als sie Hilfe brauchte.«

Während die Menschen in Großbritannien ihre Trauer zum Ausdruck brachten, indem sie vor den Toren der Paläste Blumen niederlegten, liefen William und Harry hinaus auf die Hügel des schottischen Hochlandes und schossen dort mit ihren Gewehren auf alles, was sich bewegte. Auch vor Schloss Balmoral wuchs das Blütenmeer von Tag zu Tag und wirkte bald wie eine stumme Anklage gegen die Königin. Warum fand sie keine Worte des Trostes? Schließlich kamen sie vors Schloss: die Queen, Prinz Philip, Charles, William und Harry. An der Hand seines Vaters untersuchte Dianas jüngster Sohn die Blumensträuße, fand kleine Notizen mit liebevollen Worten und hörte die tröstenden Zurufe der Menschen am Straßenrand. Niemand auf der Welt, der diese Szenen im Fernsehen sah, konnte sich der Bewunderung für die tapferen Kinder verschließen, die nun ein Leben ohne ihre Mutter führen mussten.

Judy Wade erinnert sich: »Es war absolut schrecklich für die Jungen, da herumlaufen zu müssen und den Leuten in der Menge zuzuhören. Schon der Anblick der Blumenbouquets und der Botschaften daran war genug, um einen in Tränen ausbrechen zu lassen, auch wenn man mit Diana gar nicht verwandt war. Für die Kinder war es sehr hart, und ich habe beobachtet, dass Harry mehrmals kurz davor war, in Tränen auszubrechen.«

Schließlich fanden sich die Windsors nach einer Woche in London ein, die Flagge auf dem Buckingham Palast wurde zu Ehren Dianas zum ersten Mal in der Geschichte auf Halbmast gesetzt, und es begannen die Vorbereitungen für die Trauerfeierlichkeit. Am Morgen der Beisetzung bezog Ken Wharfe vor der Westminster Abbey Stellung. »Ich war für die Sicherheit im Innern der Kirche zuständig. Niemals zuvor habe ich so einen öffentlichen Ausbruch von Trauer erlebt, niemals werde ich diese Momente vergessen. Und niemals werde ich den Anblick von William und Harry vergessen, ihre Einsamkeit, als sie hinter dem Sarg ihrer Mutter hergingen, fast vier Kilometer durch die Stadt. Sie taten das mit solcher Ehrerbietung, sie teilten einen Moment persönlicher Trauer mit allen Menschen auf der Welt.« William hatte sich zunächst geweigert, die weite Strecke hinter dem Sarg seiner Mutter herzulaufen. Erst als Prinz Philip ihn seines Beistandes versicherte, willigte er ein.

Auch Judy Wade verfolgte die Beisetzung Dianas, mit der sie so oft für ihre Kolumnen im Magazin *Hello* gesprochen hatte. »Als der Sarg aus dem Kensington Palast getragen wurde und seine lange Prozession zur Westminster Abbey begann, schien die ganze Nation den Atem anzuhalten, es war, als wäre ein scharfes Luftholen zu hören. Jeder der Trauernden an diesem Tag war sich bewusst, dass William und Harry den größten Verlust erlitten hatten. Auf dem Sarg zwischen den Gebinden mit weißen Lilien und Rosen, die Diana so geliebt hatte, steckte eine Karte mit der Aufschrift ›Mummy‹. Diese kleine, zittrige Handschrift zu sehen war unfassbar.«

Der letzte Gruß der Prinzen an ihre verstorbene Mutter. Zehn Jahre lang äußerten sie sich öffentlich nicht über das Unglück, erst als der Gedenktag herannahte, gaben sie zwei Interviews, in denen sie über das Andenken an Diana sprachen. »Sie war wunderbar. Leider haben weder Harry noch ich ausreichend Worte, um das zum Ausdruck zu bringen«, erzählt ein sichtlich bewegter William. »Man muss sie gekannt haben, um zu verstehen, was für ein erstaunlicher Mensch sie war. Wir hatten solches Glück, dass sie unsere Mutter war. Es vergeht kein Tag, an dem wir nicht an sie denken und sie vermissen, denn sie war wirklich, für uns beide, ein ungeheures Vorbild.« Und Harry fügt hinzu: »Sie dachte immer an die anderen und zuletzt an sich selbst. Sie war die mitfühlendste Person, und natürlich sehen wir das so, weil sie unsere Mutter war. Jeder würde das über seine Mutter sagen. Sie nahm Anteil, sie war so nett, und wir vermissen sie sehr, wie viele andere Menschen auch.«

Nach dem Tod Dianas tauchte William im wahrsten Sinne des Wortes ab. Man sah ihn in der Öffentlichkeit mit stets gesenktem Kopf, weniger ein Zeichen ausgeprägter Schüchternheit als des steten Misstrauens gegenüber der verhassten Presse. Auftritte vor den Kameras wurden ihm zuwider. Um die beiden Jungen vor ähnlichen Paparazzi-Jagden zu schützen, wie sie ihre Mutter erlebt hatte, wurde vom Hof ein Arrangement mit der britischen Presse getroffen, das ihnen Schutz vor Nachstellungen gewähren sollte, solange ihre Schulzeit andauerte. Obwohl von bewaffneten Bodyguards beschützt, verlebte William seine Jahre in Eton also in relativer Freiheit. »Ich mag die Aufmerksamkeit nicht. Ich fühle mich damit unwohl, und ich habe es ganz besonders zu schätzen gewusst, dass ich in Eton in Ruhe gelassen wurde, was es mir ermöglicht hat, mich auf meine Schularbeiten zu konzentrieren und mit Freunden zusammen zu sein, ohne von Kameras verfolgt zu werden«, erzählte er später.

Nahezu unbemerkt wuchs William zu einem außergewöhnlich gut aussehenden, selbstsicheren jungen Mann heran. Schwimmen, Rugby und vor allem das Polospiel zählten zu seinen Leidenschaften und halfen ihm über die schweren Stunden nach dem Tod seiner Mutter hinweg.

Doch je älter William wurde, desto frappierender zeigte sich die Ähnlichkeit mit Diana, vor allem sein Lächeln war ihr wie aus dem Gesicht geschnitten. Judy Wade hat viele Reisen der Royals begleitet und wurde oftmals Zeugin der Begeisterung, die der junge Prinz auslösen konnte. »Alle Frauen in der Menge rufen dann: ›Oh, ist er nicht genau wie Diana?‹ Ich dachte oft, das muss schrecklich sein für ihn, denn er ist ja eine eigene Persönlichkeit. Er ist kein Abziehbild von Diana, und er ist auch kein Ersatz für sie. Diana war einzigartig, und William ist zu bedauern, dass er es noch eine Weile mit ihr aufnehmen muss.«

Die Prinzessin von Wales war der Star der königlichen Familie, und seit ihrem Tod ist es zwar ruhiger geworden, aber auch ein wenig langweiliger. Die Seifenoper, mit der das Leben der Royals oftmals verglichen wird, hat ihre Hauptdarstellerin verloren. Mit wem soll man jetzt leiden, wen bewundern für sein atemberaubendes Aussehen auf dem roten Teppich? Es ist, als habe Diana eine Lücke hinterlassen, die darauf wartet, geschlossen zu werden. William könnte diese Persönlichkeit sein.

Welche Magie er ausstrahlen kann, zeigte sich überraschend bei seinem ersten großen Auftritt nach Dianas Tod 1998 in Kanada. Gemeinsam mit seinem Vater und seinem Bruder Harry sollte er in Vancouver ein Bad in der Menge nehmen. Was dann geschah, verblüffte alle: die Prinzen, die Journalisten und vielleicht sogar die Menschen, die sich plötzlich vom Sturm der Begeisterung mitreißen ließen. Beim Anblick ihres »Märchenprinzen« gerieten die jungen Mädchen in der Menge in Aufruhr. Hysterische Schreie wurden laut: »William, William, William«, schallte es über den Platz, als sei ein Popstar zu Besuch. Tränen und Schluchzer aus Hunderten Kehlen, das war selbst für einen künftigen König zu viel. Niemals zuvor hatte ein britischer Thronfolger solche Gefühlsausbrüche entfacht. William errötete. Doch erstaunlich schnell schien er den Trubel zu genießen und im Feuer der Bewunderung seiner Teenager-Fans aufzutauen. Zunächst musste Charles ihn noch ermuntern, durch die Tür des Waterfront Centre Hotel nach draußen zu gehen, um sich der wartenden Menge zu stellen. Doch schon bald ergriff er die ihm entgegengestreckten Hände und nahm lächelnd die Ovationen entgegen, sprach mit einigen der Mädchen und dankte höflich für die ihm zuteilwerdende Aufmerksamkeit. Alle waren plötzlich verrückt nach William, die »Willsmania« war geboren. Und zum ersten Mal seit seiner frühesten Kindheit hatte der Prinz die Kameras vergessen, bewegte sich völlig frei und ungezwungen, schien das Rampenlicht sogar zu genießen.

Im Königshaus begann man zu ahnen, dass der britischen Monarchie ein neuer Star geboren war, der die Sympathien des Volkes gewinnen könnte und dem verstaubten Protokoll frischen Wind bescheren würde. Kurz vor ihrem Tod hatte Diana in einem Interview mit dem Magazin *New Yorker* dies fast prophetisch vorausgesehen. »Alle meine Hoffnungen ruhen jetzt auf William. Ich versuche, ihm die Gefahren begreiflich zu machen, die die Medien mit sich bringen, und wie er damit umgehen kann. Für den Rest der Familie ist es zu spät. Aber William, ich glaube, er hat das gewisse Etwas.«

Zurück in der Heimat, zog William es vor, wieder aus der Öffentlichkeit abzutauchen. Der Wirbel um seine Person hatte ihn beeindruckt, aber das Ganze war dem Teenager auch ausgesprochen peinlich.

Die geschützte Schulzeit in Eton neigte sich dem Ende entgegen, und als William achtzehn Jahre alt wurde, entschloss sich der Palast, einen der seltenen öffentlichen Auftritte der Nummer zwei in der Thronfolge zu arrangieren. Eugene Campbell, einer der erfahrensten Kameramänner des britischen Senders ITN, bekam einen überraschenden Anruf. »Ich war gerade bei einem dieser Erste-Hilfe-Kurse, die man vor einem Einsatz in einem Kriegsgebiet absolviert, als das Telefon klingelte. Der Palast war dran. Sie fragten mich, ob ich daran interessiert sei, etwas mit Prinz William zusammen zu machen. Sein achtzehnter Geburtstag stand bevor, er war in Eton, und sie wussten, dass sie etwas mit ihm und der Presse unternehmen mussten, um einem massenhaften Auflauf von Fotografen und Kamerateams vor der Schule zuvorzukommen. So hatten sie beschlossen, nur einen Fotografen und einen Kameramann auszuwählen, die eine Beziehung zu ihm aufbauen sollten, um dann gute Bilder zu machen.«

Die erste Begegnung fiel reserviert aus. William, in Schuluniform gekleidet, war auf der Hut. Nicht unfreundlich, aber sehr zurückhaltend, trat er den Pressevertretern entgegen. »Ich bin sicher, William hatte eine sehr tiefe und starke Abneigung gegen die Medien, speziell gegen die Paparazzi«, erzählt Eugene Campbell. »Ein Teil unserer Aufgabe in Eton war es, ihn davon zu überzeugen, dass nicht jeder hinter einem Kameraobjektiv so war wie die, dass wir ganz normale menschliche Wesen waren und ihm nicht nach dem Leben trachteten.«

Schnell verflog das Misstrauen, und William zeigte sich kooperativ. Es entstanden sehr privat anmutende Aufnahmen von seinem Leben an der Schule, beim Studium in der Bibliothek, beim Kochen mit seinen Mitschülern, beim Einkaufen im nahe gelegenen Dorf. Ein normaler Teenager an einer normalen Schule, ganz so, wie William sich selbst sah.

Eugene Campbell beschreibt den Prinzen als jungen Mann ohne Starallüren, sehr liebenswert, mit einem schalkhaften Humor, schnell im Denken und intelligent. Er fühle sich wohl und geborgen in Eton, vertraute er Eugene Campbell an. »Er sehnte sich danach, normal zu sein. Er liebte es, nur er selbst zu sein und nicht irgendwie besonders behandelt zu werden. Er war dort niemals die Königliche Hoheit, er war niemals Prinz William, sondern schlicht William. Enge Freunde nannten ihn Wills.«

Eton war für den Prinzen, der in seinem jungen Leben so viel Tragisches erlebt hatte, zu einem sicheren Hafen geworden. Hier fühlte er sich geborgen, konnte entspannen und sich auf seine eigene Entwicklung konzentrieren. Sicherlich war das kameradschaftliche Klima in Eton einer der Gründe, warum William trotz seiner herausragenden Stellung und seiner besonderen familiären Situation unbeschadet vom Teenager- ins Erwachsenenalter hineinwuchs.

Nachdem er die Schule im Jahr 2000 erfolgreich beendet hatte, entschloss sich William zu einem sogenannten »Gap Year«. In England ist es Tradition, nach der Schule erst einmal ein Jahr Auszeit zu nehmen, bevor der Ernst des Lebens an der Universität seine Fortsetzung findet. Dabei geht es nicht um unbeschwerte Freizeit, sondern Ziel ist es, den Horizont zu erweitern. William war entschlossen, etwas Sinnvolles zu tun, wollte aber zunächst einmal reisen. Er flog nach Südamerika, nach Belize, einer ehemaligen britischen Kolonie. Dort durchwanderte er den Dschungel mit den Welsh Guards, lernte, sich selbst zu versorgen mit dem, was die Natur bot. Nächste Station war die Insel Rodrigues im Indischen Ozean, nahe Mauritius. Für einen Monat beteiligte sich der Prinz dort an einem Projekt der Geografischen Gesellschaft zum Schutz der bedrohten Korallenriffe.

Noch aber stand die Entscheidung aus, welches seine nächste, dauerhafte Station sein sollte. Während eines Fototermins auf Highgrove enthüllte der 18-Jährige seine Pläne. Wieder sollte es nach Südamerika gehen. Chile war sein

Ziel, dort wollte er an einem Projekt der Hilfsorganisation »Raleigh International« teilnehmen. Den erstaunten Reportern eröffnete William, dass er für den Aufenthalt selbst aufkommen wolle. Er hatte in den letzten Monaten Wasserpolo gespielt und damit Sponsorengelder eingesammelt. Genug, um seine eigene Reise zu finanzieren und darüber hinaus einem Jungen aus weniger begüterten Verhältnissen das Abenteuer eines Auslandsaufenthalts zu spendieren. »Ich möchte etwas Konstruktives mit diesem Jahr anfangen«, erklärte William. »Ich denke, das ist der richtige Weg, anderen Menschen in den abgelegenen Gegenden von Chile zu helfen und viele Leute aus anderen Ländern zu treffen.«

Der Trip nach Patagonien sollte für den begüterten Prinzen zu einer Herausforderung werden. Die Lebensumstände waren so ganz und gar nicht vergleichbar mit dem behüteten Dasein, das William bis dahin gewöhnt war. Mit 110 anderen jungen Leuten aus unterschiedlichen Ländern und gesellschaftlichen Schichten arbeitete er in dem kleinen Dorf Caleta Tortel. Häuser und Wege mussten ausgebessert und befestigt werden, Kinder wollten beschäftigt und unterrichtet sein. Die Gruppe junger Helfer schlief in engen Baracken auf dem Boden, sie mussten ihr Essen selbst kochen und ihre Wohnstatt nebst Behelfsklosett selbst sauber halten. »Die Lebensumstände sind nicht ganz so, wie ich es gewohnt bin«, scherzte William. »Man kann keine Geheimnisse haben. Du teilst alles mit allen. Am Anfang fand ich es sehr schwierig, weil ich eine sehr zurückgezogene Persönlichkeit bin. Aber ich habe gelernt, damit klarzukommen.«

Die Arbeit in dem abgelegenen chilenischen Dorf war hart und ermüdend, aber William war entschlossen, seine gute Laune nicht zu verlieren. Sein Körper war gestählt von vielen sportlichen Aktivitäten, und die Kinder, denen er Englischunterricht gab, liebten ihn. Daheim im Palast wuchs die Überzeugung, all dies sei guter Stoff für eine Berichterstattung über den künftigen Thronfolger. Wieder war es Eugene Campbell, den man bat, mit der Kamera nach Chile zu reisen und dort einen Bericht über Williams soziales Engagement zu drehen.

»Im Palast war man sich klar drüber, dass etwas über Williams Zeit dort gemacht werden musste. Auf keinen Fall wollte man dort unten ein Flugzeug voller Reporter haben, die in das kleine Dorf eindrangen und mit Hunderten von Kameras herumwuselten. Das hätte alles ruiniert. So flog ich mit nur einem Fotografen und einem Begleiter vom Palast nach Chile, um einige Zeit mit William zu verbringen und über die ›Operation Raleigh‹ zu berichten.«

Eugene Campbell begegnete nun einem Prinzen, den er aus ihrer gemeinsamen Arbeit in Eton kannte, und doch war er überrascht, wie sehr sich der junge Mann in der kurzen Zeit verändert hatte. Er war größer und kräftiger geworden, fast erwachsen kam er nun daher. Offensichtlich hatte er gelernt, Verantwortung für sich und seine Gruppe zu tragen. Und er hatte bereits in kurzer Zeit das Vertrauen aller gewonnen. Wie schon in Eton zeigte sich William während der Dreharbeiten sehr kooperativ, alles wirkte ganz natürlich. Er selbst machte den Vorschlag, ihn beim Putzen der Toiletten zu filmen, und es war überraschend zu beobachten, wie sehr der Prinz diese gewöhnlichen Tätigkeiten genoss. Auch der hartgesottene Kameramann Eugene Campbell, der kein Anhänger der Royals war, konnte sich dem Charme Williams am Ende nicht mehr entziehen.

»Ich mochte ihn, und ich respektierte ihn. Nicht wegen seiner Herkunft, sondern wegen seiner Persönlichkeit. Das Großartige an William ist, wenn er einen Raum betritt, dann will er sich in die Gruppe von Menschen einfügen, die sich dort aufhält. Er will ein Teil davon sein, und das ist genau das Gegenteil vom königlichen System.«

Die Filme und Fotos aus Williams Zeit in Chile verfehlten nicht ihre Wirkung. Er präsentierte sich bodenständig und sehr aktiv, sympathisch und intelligent und wurde von nun an zu einem der beliebtesten Royals. Doch noch immer war ihm seine persönliche Freiheit mehr wert als seine künftige Aufgabe als Monarch. Freunden vertraute er an, er habe sich noch immer nicht richtig mit allen staatspolitischen Fragen beschäftigt, die mit seiner Position einhergingen. Die letzten Monate seiner Auszeit vor dem Studium verbrachte er in Afrika. Der Artenschutz schien ihm ein drängenderes Problem als der Fortbestand der britischen Monarchie.

Tom Bradby hat William und Harry in den letzten Jahren beobachtet und bei beiden einen ähnlichen Freiheitsdrang ausgemacht. »William und Harry sind in den letzten Jahren besessen davon gewesen, wie jeder andere behandelt zu werden. Deshalb war William in Afrika: Den meisten Menschen dort ist es egal, wer der künftige König von England ist. Das bedeutet für sie überhaupt nichts. Er mag das sehr, und auch Harry mochte es, auch er war in Afrika. William schwimmt im Mainstream der britischen Mittelklasse, hat dort gute Freunde, und das gibt ihm einen gewissen Schutz.«

Zu dieser Zeit muss bei William die Idee gereift sein, aus dem königlichen System auszusteigen. Doch noch lag die lange Studienzeit vor ihm, die ihm für Jahre Ruhe vor den königlichen Pflichten schenken würde.

»Wir denken immer an Glitzer und Glamour, die der Job mit sich bringt«, sagt Tom Bradby, politischer Journalist und Freund von William. »Doch vieles, was die königliche Familie tut, ist ziemlich langweilig. Aber es stellt einen großen Wert für Großbritannien dar, denn es bedeutet für ganz viele Menschen in diesem Land sehr viel. Und das sind die Dinge, die William künftig machen muss, sehr oft sogar. Es mag ihm nicht gefallen, aber das ist sein Leben.«

Die Aussicht auf dieses Leben hat William nicht immer gut gefallen. Es gab sogar Zeiten, da hat er es gehasst, der künftige König Englands zu sein. Schenkt man den Berichten des Biografen Nicholas Davies Glauben, erschütterte William im Jahr 2000 den königlichen Palast mit einer handfesten Rebellion. »Ich will nicht König werden, ich werde den Job nie machen!«, eröffnete er seinem konsternierten Vater Prinz Charles. Künftig wolle er sich nur noch schlicht William Wales nennen, auf den Titel »Prinz« lege er keinen Wert mehr. Doch damit nicht genug. Er wünsche, formell auf seinen Platz in der Thronfolge zu verzichten, ließ William mit Nachdruck wissen. »Es gab eine Zeit, in der er entschlossen war, den Job nicht zu machen«, sagt Judy Wade. »Da lief Prinz Harry herum und prahlte: ›Ich mache es, ich werde König! Nennt mich König Harry!‹ William wurde rebellisch, weil er immer gezwungen war, sich anzupassen. Vom Moment der Geburt an wurde er beobachtet und bekam zu hören, was er alles tun muss, dass er keine andere Wahl hat. Das macht jeden jungen Mann zum Rebellen.«

Prinz Charles war tief beunruhigt, denn er konnte nicht sicher sein, ob es sich lediglich um das Aufbegehren eines rebellischen Teenagers handelte oder ob sein Sohn für die Monarchie verloren war. Das, so war sich Charles sicher, würde zu einer unkalkulierbaren Krise im britischen Königshaus führen. Er hatte die Familiengespenster vor Augen, Wallis Simpson und Edward VIII., der mit seiner Abdankung eine Verfassungskrise heraufbeschworen hatte, die dem Haus Windsor noch heute schwer zu schaffen macht. Würde William sich mit seinen Absichten durchsetzen, könnte das eine noch dramatischere Konsequenz haben, ja, vielleicht sogar das Ende der Erbmonarchie in Großbritannien bedeuten. Mit Sicherheit aber würde das Haus Windsor in seinem Ansehen schwer beschädigt werden. Die »Firma« könnte daran zugrunde gehen, glaubt Penny Junor. »Falls William aussteigt, könnte das das Ende des Hauses Windsor sein.«

All das waren ernsthafte Erwägungen, die im jungen Leben Williams sicher nicht im Vordergrund standen. Ihm kam es darauf an, sich ein Dasein außerhalb des Rampenlichts zu ermöglichen, das ihm von klein auf verhasst war. So beschloss er, seine Studienzeit weit ab von Thron und Zeremoniell zu verbringen.

Die meisten Leser der Klatschpresse, die die Entwicklung des Prinzen aufmerksam verfolgten, hatten den Namen St. Andrews wohl noch nie in ihrem Leben gehört. Oxford und Cambridge, die traditionsreichen Universitäten Englands, schienen angemessener für einen königlichen Studenten. Doch William hielt wieder einmal eine Überraschung bereit. Er hatte sich für die kleine Stadt an der schottischen Küste entschieden, die nur Insidern bekannt ist als Heimat des Golfspiels. Er wollte dort Kunstgeschichte studieren.

Gegründet im Jahr 1413, ist St. Andrews die älteste Universität Schottlands. Sie liegt malerisch inmitten der kleinen Küstenstadt, ist gleichermaßen in sie hineingewachsen. Drei Hauptstraßen, die Ruinen einer Kathedrale, ein Glockenturm, und am Ende der Halbinsel das Meer, das ist nahezu alles, was es dort zu sehen gibt. Mittelalterliches Flair und eine überschaubare Studentenschaft machen St. Andrews trotzdem zu einem begehrten Studienort.

Prinz William hoffte, hier sein unabhängiges Leben fortsetzen zu können, das er in Eton so schätzen gelernt hatte. »Ich wollte an keine englische Universität gehen, weil ich dort bereits gelebt habe und mich jetzt anderswo ausprobieren möchte«, erklärte er. Wie immer ging es ihm nicht um Ruhm und Ehre oder um akademische Meriten. Er hoffte, seinen Freundeskreis zu erweitern, etwas Neues von der Welt kennenzulernen und möglichst unabhängig leben zu können. Auch wenn ein Beschützer immer in seiner Nähe war, ließ sich im beschaulichen St. Andrews ein ungezwungenerer Kontakt zu Kommilitonen und Bevölkerung herstellen.

Andrew Neil war Rektor der Universität, als die Wahl des königlichen Studenten auf die schottische Provinz fiel. Er vermutete, dass auch politische Hintergründe eine Rolle gespielt haben könnten. »Ich glaube, ein Grund, warum William auf St. Andrews aufmerksam wurde, hing damit zusammen, dass Schottland gerade sein eigenes Parlament innerhalb des Vereinigten Königreichs bekommen hatte. Die Windsors legen sehr viel Wert darauf, als königliche Familie des ganzen Königreichs wahrgenommen zu werden. Ich denke, es war eine Geste an Schottland, dass der Thronerbe auf eine schottische Universität geht, und St.

Andrews erschien dafür geeignet. Es ist eine Eliteuniversität, die auf ebenso alte Traditionen zurückblicken kann wie Oxford und Cambridge. Viele englische Schuljungen kommen hierher, und daher war es für William kein fremdes Territorium.«

Am 23. September 2001 fuhr ein grüner Vauxhall in St. Andrews vor, am Steuer Prinz Charles. Er wollte seinen ältesten Sohn persönlich zu seinem neuen Wohnort begleiten. Zuvor hatten die beiden noch mit Queen Mum, der Urgroßmutter Williams, auf deren schottischem Landsitz Birkhall zu Mittag gegessen. »Wenn es irgendwo eine gute Party gibt, lad mich ein!«, hatte sie ihren Urenkel zum Abschied aufgefordert. Die Ankunft in St. Andrews hatte nichts Majestätisches an sich. Prinz Charles verfehlte zunächst die Einfahrt zum Campus und musste seinen Wagen zum Amüsement der etwa 1500 Schaulustigen noch einmal wenden. Ein wenig verspätet waren die beiden, und William stieg etwas zögerlich und scheu aus dem Wagen. Sein ganzes Auftreten wirkte betont lässig, als käme hier irgendein neuer Student von irgendwo in England. Er trug eine hellblaue Jeans und einen dunkelblauen Pullover, und alles an ihm schien auszudrücken: »Ich bin ein ganz normaler Student.« Keine Zeremonie, kein königlicher Pomp – nach einem kurzen Rundgang war der Erbe des britischen Throns angekommen, in Zukunft sollte er schlicht William Wales genannt werden.

»St. Andrews ist ein guter Ort, wenn man auf Privatsphäre Wert legt«, sagt der ehemalige Rektor Andrew Neil. »Etwa 16.000 Menschen leben hier, Fremde erkennt man auf den ersten Blick. Da es am Ende einer Halbinsel liegt, führt nur ein Weg hinein oder heraus. Die Sicherheitsleute von

William waren begeistert. Für die war es viel einfacher, als wenn er eine große Universität wie Manchester, Glasgow oder Newcastle gewählt hätte. Selbst Oxford und Cambridge sind wesentlich größere Städte. Für die königlichen Sicherheitsleute war St. Andrews ein Traum.«

William konnte sich also völlig ungezwungen und ohne lästiges Protokoll bewegen. Ab und an kam zwar ein Journalist vorbei, doch viel zu berichten war da eigentlich nicht. Es dauerte eine Weile, bis sich William eingewöhnt hatte, aber irgendwann fiel er gar nicht mehr weiter auf unter all seinen Kommilitonen und ging wie sie im Städtchen spazieren. Er wurde schon mal mit einer Plastiktüte gesehen, wenn er im Supermarkt eingekauft hatte – für den künftigen König von England war es tatsächlich ein ziemlich unkompliziertes Leben.

Die Universität St. Andrews war dank der Anwesenheit des britischen Thronfolgers so beliebt wie wohl nie zuvor in ihrer Geschichte. Schon immer kamen viele Studenten aus Amerika hierher für einen Auslandsaufenthalt ohne lästige Sprachprobleme, meist junge Männer. Die »Golfconnection« nennt sie Andrew Neil. Aber nachdem der Prinz sich eingeschrieben hatte, ereignete sich ein kleines »Wunder«. Die Zahl der Bewerbungen aus den USA stieg um 35 Prozent, und alles waren Mädchen. Auch dem Rektor fiel das neu erwachte weibliche Interesse an seiner Universität auf. »Natürlich ging es um William. Aber alle Frauen verhielten sich trotzdem sehr gesittet. Es gab keine Groupies, kein Gedränge von weiblichen Studenten, die ihn bewunderten und verrückt danach waren, ihn zu sehen. Dazu waren sie alle zu intellektuell und gelassen. Aber es machte schon was aus, dass wir auf einmal all die amerikanischen

Frauen hierhatten. Das hat unser internationales Ansehen enorm gesteigert.«

So nüchtern muss das wohl der Rektor einer Universität beurteilen. Hinter dem regen Interesse vor allem weiblicher Studenten lässt sich aber auch der klassische Kleinmädchentraum vermuten: dem jungen schönen Prinzen den Kopf zu verdrehen und mit ihm in seinem Königreich glücklich zu werden. Ungeachtet des traurigen Schicksals der verstorbenen Diana schien die Aussicht auf den Titel einer Prinzessin von Wales nichts an Attraktivität eingebüßt zu haben. William war zum begehrtesten Junggesellen Europas, vielleicht der ganzen Welt geworden.

Trotz aller Vorteile, die St. Andrews für den scheuen Prinzen bot, schien er sich nicht so recht einleben zu können. Der Oktober seines ersten Semesters ging vorüber, und die ersten Novembertage kündigten sich mit Nebel und Regen an. Schon am frühen Nachmittag schwand das Tageslicht. Um vier Uhr war es bereits dunkel, und überall brannten die Straßenlaternen. Es war kalt und grau, und ein scharfer Wind blies von der Nordsee herein. Für die jungen Studenten aus dem Süden Englands war dies in jedem Jahr die erste Prüfung, die zu bestehen war. Gewöhnlich war dies die Zeit, in der viele von ernsthaftem Heimweh geplagt wurden, und William bildete da keine Ausnahme.

Andrew Neil war sich der Winterdepression seiner neu angekommenen Studenten bewusst. Einige hielten es dann nicht mehr aus und verließen St. Andrews, kaum dass sie angekommen waren. »William war einer von denen, die unter der dunklen Zeit im November litten. Ich glaube, er spürte, einen Fehler gemacht zu haben. Er war weit weg von zu Hause, fühlte sich einsam und vermisste den Rest seiner Familie. Wir liefen Gefahr, ihn zu verlieren.« Gerüchte machten die Runde. Der Thronfolger habe seine Kurse in Kunstgeschichte satt, plane gar, die Universität wieder zu verlassen. Auch seine Rolle als künftiger König bedrückte den jungen Mann, der so sehr auf sein Leben abseits des royalen Rampenlichts bedacht war.

Daheim in London liefen die Vorbereitungen für das goldene Thronjubiläum seiner Großmutter auf Hochtouren, und natürlich hatten die Höflinge im Palast dem Hoffnungsträger der Monarchie seinen Platz im Rahmen der Feierlichkeiten zugedacht. Für das Haus Windsor war das Thronjubiläum einer der wichtigsten Anlässe in der Ära nach Diana. Eine geheim gehaltene Umfrage des Meinungsforschungsinstituts MORI hatte ergeben, dass weniger als die Hälfte der Bevölkerung die königliche Familie als wichtig erachtete. Weniger als ein Viertel hielt sie für ernsthaft arbeitende Menschen, und nur einer von zehn Befragten glaubte, dass sie ihr Geld wert seien. Berater der Queen hofften nun, William könne mit seiner Fähigkeit, die Menschen für sich einzunehmen, diesen verheerenden Trend ins Gegenteil verkehren. An der Seite der Queen könne nur er die Emotionen der Nation wieder für die Monarchie gewinnen, vor allem bei den jüngeren Leuten.

Doch der Prinz dachte gar nicht daran, sich auf dieses Pferd heben zu lassen. Ohnehin voller Selbstzweifel, was sein Studium betraf, begehrte William wieder einmal auf. Zuerst vertraute er sich seinem Vater an. In einer dramatischen Aussprache teilte er ihm mit, dass er nicht daran denke, sich für die Feiern zum Thronjubiläum vereinnahmen zu lassen. Er weigerte sich, durchs ganze Land zu ziehen und die Menschen glauben zu machen, er werde einst die

Geschicke der Monarchie zu neuen Höhen führen. Prinz Charles musste erkennen, dass es seinem Sohn ernst war. William Wales war drauf und dran, sich seines Erbes zu entledigen. Titel, Thronfolge, Privilegien, alles schien ihm nur noch eine untragbare Bürde.

Bereits in jungen Jahren schien er an dem Punkt angelangt zu sein, an dem seine Mutter Diana beschlossen hatte, mit dem höfischen Zeremoniell zu brechen und ihr eigenes Leben zu leben. Unfähig, sich den strikten Regeln des Hofes zu beugen, hatte sie die Monarchie in die schwerste Krise des 20. Jahrhunderts gestürzt. Und nun machte sich ihr Sohn offensichtlich daran, ihr Werk zu vollenden.

Es war an der Zeit, die Queen über die Eskapaden ihres Enkels zu informieren. Die sprichwörtlich gut unterrichteten Kreise im Palast berichteten in der Folge von lautstarken Auseinandersetzungen zwischen Charles und seinen Eltern. Die Queen war überzeugt, William müsse schärfer an die Kandare genommen werden. Für sie, die schon in jungen Jahren nach dem frühen Tod ihres Vaters die Pflichten einer Königin auf sich nehmen musste, war die Rebellion ihres Enkels ein Frevel. Doch Charles hielt den Druckwellen stand. Er kannte seinen Sohn, ahnte vielleicht, wie viel von Dianas impulsivem Temperament auch in ihm schlummerte. Zwang auszuüben schien ihm das größte aller Übel. So versuchte er zwar, William in vielen Diskussionen davon zu überzeugen, dass ihm sein künftiges Schicksal bereits in die Wiege gelegt worden sei und es kein Entrinnen gebe. Doch Charles sorgte auch für Williams Entlastung und gab bekannt, er selbst habe es abgelehnt, den Sohn zu sehr in die Feierlichkeiten zum Thronjubiläum einzubinden. Stattdessen solle er sich auf seine Studien in St. Andrews konzentrieren. William Wales war noch einmal davongekommen. Bis zum Ende seines Studiums würde er sein »normales« Leben weiter genießen können.

In den folgenden Jahren entwickelte sich William vom scheuen Teenager zum selbstbewussten jungen Mann. Er lernte schnell, nur denen zu vertrauen, auf deren Diskretion er sich verlassen konnte. Viele seiner Freunde stammen aus besseren Kreisen, in denen es ein ungeschriebenes Protokoll gibt. Jeder weiß hier, wie er sich einem künftigen König gegenüber zu verhalten hat. »William hat einen sehr starken Charakter«, erklärt Ingrid Seward. »Er ist sein eigener Herr, viel mehr als sein Vater. Er hat eine starke humoristische Ader, die ihm hilft, alle möglichen schwierigen Situationen zu bestehen. Das hat er wohl von seiner Mutter geerbt, und das ist wahrscheinlich ein Segen. Er kann die lustige Seite der Dinge sehen, und wenn es ganz schlimm kommt, kann er darüber lachen statt zu heulen. Menschen, die ihm nahe sind, versucht er zu schützen, er ist sehr loyal und genießt es, sich zu amüsieren.«

Charmant, gebildet und reich, war der Thronfolger bald ein gern gesehener Partygast. Viele hübsche Mädchen machten sich Hoffnungen, doch William blieb vorsichtig. Zunächst ließ er es mit jugendlicher Schwärmerei bewenden, dabei bevorzugte er vor allem schöne Blondinen. Pamela Anderson, Claudia Schiffer und Emma Bunton von den Spice Girls hatten es ihm angetan. Später traf er auch Mädchen seines Alters, aber eine ernsthafte Liaison war nicht dabei. Vielleicht machte es die große Auswahl an Verehrerinnen schwierig für ihn, vielleicht war er sich aber auch der Gefahren einer unglücklichen Liebe nur zu bewusst. Als künftiger Thronfolger wurde von ihm erwartet, eine Frau zu finden, die auch bereit und fähig war, sich in das komplizierte Leben am Hof einzufügen. William hatte am Beispiel seiner unglücklichen Mutter Diana erlebt, wie sehr der Ruhm und das Medieninteresse einen weniger gefestigten Charakter beschädigen können.

Während William alles daransetzte, sein Leben hinter den Kulissen zu führen, geriet sein jüngerer Bruder Harry immer häufiger in die Schlagzeilen. Und die waren meist nicht sehr schmeichelhaft. »Eines Tages fanden wir heraus, dass Harry sehr viel trank«, erinnert sich die Journalistin Judy Wade. »Da war eben keine erwachsene Person, die ihm Einhalt gebot, wie es eine Mutter getan hätte. Ich bin sicher, wäre Diana noch am Leben gewesen, nie wäre Harry auf die Idee gekommen, in einer Nazi-Uniform auf einer Party zu erscheinen.« Für die britische Boulevardpresse war das Foto des jungen Prinzen mit der Hakenkreuzbinde am Arm ein gefundenes Fressen. Es war heimlich auf einem Kostümfest geschossen worden, von einem der Partygäste. In der Skandalchronik Harrys bildete es den vorläufigen Höhepunkt. Sein fragwürdiger Umgang mit Drogen hatte das Königshaus schon häufiger in Erklärungsnot gebracht, aber diese offensichtliche politische Geschmacklosigkeit löste einen Sturm der Entrüstung aus.

Gemessen am Verhalten vieler Teenager in Großbritannien war Prinz Harrys Benehmen allerdings keine Ausnahme, sondern eher die Regel. Seit vielen Jahren wird über das sogenannte »binge drinking« berichtet, eine Art Sturzbesäufnis, dem sich Jugendliche regelmäßig hingeben. Teenager sehen sich einem riesigen Druck durch ihresgleichen ausgesetzt, wenn es darum geht, Drogen zu konsumieren und besonders cool aufzutreten. Ein Massenphänomen, dem sich offensichtlich auch die Sprösslinge in den besseren Kreisen nicht entziehen können. »William war da ähnlich schlimm wie Harry«, berichtet Judy Wade. »Aber er wurde von der britischen Presse geschützt. Das Problem war doch, dass da niemand war, der die beiden in die richtige Richtung lenkte. Die Queen wollte sich nicht einmischen, und Charles war ein viel zu nachsichtiger Vater. Er ist ein sehr sensibler Mensch, der eine schreckliche Kindheit hatte. Er ist furchtbar bemüht, freundlich und feinfühlig mit seinen eigenen Kindern umzugehen.«

Nachdem bekannt wurde, dass Harry Drogen konsumierte, entschied sich Charles allerdings einzugreifen. Sein jüngster Sohn musste einen Besuch in einer Einrichtung für Drogenabhängige absolvieren, eine Schocktherapie, die ihre Wirkung nicht verfehlte. Dennoch blieb sein Image das eines vergnügungssüchtigen Raufboldes, während sein Bruder William niemals eine negative Schlagzeile provozierte. »Das hat etwas mit dem Spiel vom guten und vom schlechten Prinzen zu tun«, erklärt Williams Freund Tom Bradby die unterschiedlichen Rollen, die die beiden Königskinder in den Augen der Öffentlichkeit verkörpern. »William ist nicht der absolut Gute und Harry nicht der absolut Schlechte. Aber so simpel wird das gesehen. Harry hat einige wirklich blödsinnige Dinge gemacht und sich schrecklichen Ärger eingehandelt, weil er manchmal so unbesonnen ist. In einer Nazi-Uniform herumzulaufen, das ist wirklich dumm, und jemand in seiner Position sollte da klüger sein. Aber Harry weiß sich zu amüsieren, und William ebenso. Nur ist der viel vorsichtiger und hat niemals eine negative Schlagzeile riskiert. Harry dagegen ist jetzt als böser Bube gebrandmarkt. Der eine schwarz, der andere weiß, das verkauft sich eben besser.« Die rebellischen Prinzen waren nun mitten in den Flegeljahren angekommen.

Im Frühjahr 2004 aber gab es erste Anzeichen, dass sich im Leben Williams etwas Außergewöhnliches ereignet haben musste. Er zeigte sich bester Laune und ganz entspannt im Skiurlaub im schweizerischen Klosters. Selbstsicher wie nie zuvor beantwortete er alle Fragen der sonst so ungeliebten Journalisten und zeigte sich dabei sogar zu Scherzen aufgelegt. Einem der Wartenden rief er zu: »Ian, ich freue mich zu sehen, dass Sie noch denselben Skianzug tragen wie immer. Keine Veränderung. Sehr sparsam, das gefällt mir!« Darauf angesprochen, dass sein Bruder Harry nicht dabei sei, konterte er: »Er wäre natürlich gern hier. Ich bin ganz froh, dass er nicht da ist, weil ich ein bisschen besser aussehe!«

Nur wenige Tage später kam die Boulevardzeitung *Sun* mit einer überraschenden Schlagzeile auf den Markt: »Wills gets a girl!« (William hat eine Freundin!). Fotos zeigten den Prinzen beim gemeinsamen Skifahren mit einer jungen Frau, was bei den Hofbeamten für großen Ärger sorgte. Offensichtlich hatte der arrangierte Fototermin mit Charles und William in Klosters die Medienmeute nicht befriedigt. Diesmal lag etwas Besonderes in der Luft, und tatsächlich war man dem Liebespaar auf die Spur gekommen.

»Who's that girl?«, fragten die britischen Boulevardblätter in großen Lettern, aber die Antwort fiel unbefriedigend kurz aus. Catherine Elizabeth Middleton, genannt Kate, war zu jener Zeit ein ziemlich unbeschriebenes Blatt. Ein bisschen älter ist sie als William, geboren am 9. Januar 1982. Ihre Eltern werden als bodenständige, sympathische Menschen beschrieben, die ihrer ältesten Tochter viel Nestwärme geboten haben. Sie stammen aus der Mittelschicht, und bis zu Kates Studienzeit deutete nichts darauf hin, dass sie einmal in höchsten Kreisen eine herausragende Rolle spielen würde. Ihre Mutter war Flugbegleiterin, ihr Vater Angestellter einer Airline, bis beide schließlich einen Versandhandel für Kinderparty-Zubehör gründeten. Das brachte ein ansehnliches Vermögen in die Familienkasse, doch die Middletons blieben mit beiden Beinen auf dem Boden. Auch dann noch, als ihre Tochter während des Studiums im schottischen St. Andrews die Bekanntschaft von Prinz William machte.

Zunächst war es wohl nur eine lose Freundschaft, die beiden waren sich sympathisch. Aber als sie in eine WG zogen, ein Novum in der Geschichte der britischen Thronfolger, musste es ernst geworden sein zwischen den beiden. Als William in seinem ersten Jahr in St. Andrews mit seinem Studienort haderte und in Erwägung zog, die Universität zu verlassen, war es Kate, die dem jungen Mann den Rücken stärkte. Robert Jobson, Buchautor und Kenner der jungen Royals, betrachtet die Beziehung zu der bürgerlichen Kate Middleton als großen Glücksfall für William. »Es war Kate, die William ins Gewissen redete. Sie überzeugte ihn, dass er einfach das Studienfach wechseln sollte. Sie war ihm zugetan und hörte zu, wenn er von seinen Kümmernissen erzählte. Ich glaube, das war der Moment, als die Beziehung erblüht ist.«

Nach intensivem Nachdenken entschied sich William, in St. Andrews zu bleiben und den Ratschlag Kates zu befolgen. Er wechselte von Kunstgeschichte zum Studium der Geografie, die Krise war ausgestanden. Aus einer engen

Freundschaft entwickelte sich eine tiefe Beziehung zwischen William und Kate, geschützt im Verborgenen. Niemand ahnte, wie ernst es zwischen den beiden war. Erst eine öffentliche Modenschau heizte die Spekulationen über ein ernsthaftes Liebesverhältnis an.

Kate Middleton hatte sich für einen guten Zweck in einem atemberaubenden Outfit präsentiert, einem durchsichtigen Strickmini-Kleid – ein Bandeau-Top und ein kurzes Höschen verhüllten das Nötigste. In der ersten Reihe am Rande des Laufstegs wurde Prinz William gesichtet, mit leicht geröteten Wangen verfolgte er den Auftritt seiner Freundin. 200 Pfund soll er damals für die Karte bezahlt haben.

»Man muss schon sehr selbstsicher sein, um so einen Catwalk auf und ab laufen zu können«, beurteilt Robert Jobson Kates Auftritt. »Prinz William kann sich glücklich schätzen, so eine ausgesprochen intelligente, schöne, lustige und bodenständige Freundin zu haben. Sie ist sehr patent, sieht immer gut aus und ist extrem verschwiegen. Das zusammengenommen gehört zu einer Person, die ihren eigenen Wert kennt. Öffentlich hat sie gesagt: ›Der Prinz kann sich glücklich schätzen, dass er mit mir ausgehen darf.‹ William sollte sich gut überlegen, sie bald zu heiraten, damit niemand anderer sie ihm wegschnappt.«

Das Mädchen Kate, das eine öffentliche Schule besucht hat, das Sport liebt und in Florenz Italienisch gelernt hat, entwickelte sich in den Augen der britischen Öffentlichkeit zur perfekten Frau für den künftigen König von England. Immer häufiger machten Gerüchte über eine anstehende Verlobung die Runde, doch das Paar blieb für die Kameras unsichtbar.

Es war Williams Vater, Prinz Charles, der mit seiner Dauergeliebten Camilla Parker Bowles zuerst vor den Traualtar treten sollte. Nach über dreißig Jahren Beziehung und Freundschaft konnte sich das Paar endlich zueinander bekennen. Es war nicht leicht gewesen, die Öffentlichkeit an den Gedanken zu gewöhnen, Camilla an der Seite des Prinzen von Wales zu akzeptieren. Und auch die Queen war nicht begeistert von der Idee, ebenso wie Queen Mum. Eine klug eingefädelte Imagekampagne bereitete den Boden, allerdings unterbrochen von Dianas Tod. Damals hatte Charles den Eindruck, die Hoffnung auf eine zweite Vermählung gänzlich aufgeben zu können. Doch mit der Zeit wurde die Öffentlichkeit weniger ablehnend, und nach dem Tod von Queen Mum 2002 ging er daran, endlich seine persönlichen Umstände nach seinen Wünschen zu gestalten.

Von seiner geliebten Großmutter hatte er den Londoner Wohnsitz Clarence House geerbt und in Schottland den Landsitz Birkhall in der Nähe Balmorals. Beide Anwesen wurden aufwändig renoviert. Camilla gehörte bald ganz selbstverständlich an seine Seite. Sie veränderte sich äußerlich zu ihrem Vorteil, trug Designerrobe und teuren Schmuck. Prinz Charles betrieb einigen Aufwand, um kostbare Juwelen zurückzukaufen, die einst Edward VII. seiner Geliebten Alice Keppel verehrt hatte, der Ururgroßmutter Camillas.

Schließlich gab auch die Queen ihren Segen zu der zweiten Ehe ihres Sohnes. Sollte er ihr auf den Thron folgen, so wäre dies leichter mit einer Ehefrau an seiner Seite, dessen war sich die Monarchin bewusst. William und Harry hatten die neue Frau ihres Vaters längst akzeptiert. Charles habe eine sehr schwere Zeit durchgemacht, erklärte William verständnisvoll in einem Interview. Am 9. April 2005 wurden Charles und Camilla in der Guildhall von Windsor standesamtlich getraut. Prinz William und Camillas Sohn Tom Parker Bowles waren die Trauzeugen und verwahrten während der Zeremonie die Trauringe, die aus Waliser Gold gefertigt worden waren – vom Juwelierhaus Wartski, das schon die Preziosen für Alice angefertigt hatte, im Auftrag Edwards VII.

Ihre Ururenkelin Camilla, der einst verhasste »Rottweiler«, hat seither eine ganz erstaunliche Wandlung durchlaufen. Nun, nachdem sie sich und ihr Verhältnis zu Charles nicht mehr vor aller Welt verstecken muss, wirkt sie gelöst, freundlich und voller Wärme. Sie versteht es, dem Prinzen von Wales bei offiziellen Anlässen zur Seite zu stehen, ohne ihn in den Schatten zu stellen, wie Diana das so oft getan hatte. Ihre Termine im Dienste der Krone erfüllt Camilla mit Würde und wirkt so bereits wie ein vollwertiges Mitglied der königlichen Familie, das die Pflichten eines Royals als Lebensaufgabe angenommen hat und hart an ihrer Erfüllung arbeitet.

Die Biografin Penny Junor hat beobachtet, wie selbstverständlich die einst meistgehasste Frau Englands in die Rolle der Herzogin von Cornwall geschlüpft ist. »Camilla hat sich verändert, obwohl sie noch immer eine sehr liebenswerte Person ist. Aber als Herzogin ist sie nun auf ein Podest gehoben worden. Es gibt Leute, die glauben, sie habe das nicht verdient, aber sie ist trotzdem dort. Sie ist die Gemahlin des Prinzen von Wales, sie muss gut aussehen und sich entsprechend verhalten – förmlicher eben, als sie normalerweise wäre. Man kann nicht erwarten, dass man mit Leuten schmutzige Witze reißt und sie sich dann im nächsten Augenblick zum Hofknicks herablassen. Das haben wir mit Fergie erlebt, und es hat nicht funktioniert.«

Camilla wird von den Menschen, die sie wirklich kennen oder kennenlernen, sehr geschätzt. Sie sei freundlich und ausgeglichen, sehr zugänglich und entspannt. Seit ihrem Hochzeitstag kümmert sie sich um mehr als zehn Wohltätigkeitseinrichtungen, allen voran die Osteoporose-Stiftung. Das Büro von Charles spricht bereits vom »Camilla-Faktor«, der sich auch positiv auf das Ansehen des Prinzen von Wales auswirkt. Er weiß es zu schätzen, dass diese Frau mit ihm in all den Jahren durch dick und dünn gegangen ist und ihm mit ihrem unerschütterlichen Humor zur Seite gestanden hat. Eines Tages, so vermuten Hofberichterstatter, werde sich auch die Presse auf ihre Seite schlagen und sie für die Treue zu ihrem Prinzen wertschätzen. Die größte Liebesgeschichte des 20. Jahrhunderts werde dann den Platz in der Familiengeschichte der Windsors erhalten, der ihr gebührt.

Die Royals scheinen inzwischen sehr zufrieden mit dem Gedanken, dass der künftige König schließlich die Frau heiraten konnte, die er wirklich liebt. Penny Junor glaubt, Camilla könnte gar aus dem Prinzen einen besseren Monarchen machen. »Ich glaube, Charles wird ein guter König sein. Es wird ihm enorm helfen, Camilla an seiner Seite zu haben. Sie hält ihn in der Balance, hält die gute Laune aufrecht, wo er sich in den Ernst der Sache vertieft. Er wird seine Pflichten bestimmt sehr ernst nehmen. Er weiß, was zu tun ist, kennt die britische Gesellschaft besser als so mancher Politiker. Menschen, die ihn getroffen haben, sind von ihm beeindruckt. Er weiß, wovon er spricht, er hat eine Menge Erfahrung, zeigt sich interessiert, mitfühlend und weise. Wenn er König wird, werden die Menschen ihn vielleicht auch in diesem Licht sehen.« Und Camilla ist geschickt genug, dem Thronfolger nicht die Show zu stehlen.

Dem ehemaligen Familiengespenst in der »Ehe zu dritt« ist die Verbannung ins Verlies erspart geblieben. Ob das Happy-End sie schließlich doch noch auf den Thron führen oder ob es bei der Rolle der Prinzgemahlin bleiben wird, wird die Zukunft zeigen.

Trotz aller neu gewonnenen Sympathien für den Thronfolger Charles und dessen zweite Frau ist sein Sohn Prinz William der erklärte Liebling der Untertanen. »Die Menschen würden es lieben, schon jetzt einen jungen König William zu haben«, vermutet die Biografin Ingrid Seward. »Die Zukunft der Monarchie liegt in seinen Händen.« Doch weder die Queen noch die Regierung, noch das Parlament denken ernsthaft daran, die Erbfolge zu ändern. Das Wesen der britischen Erbmonarchie folgt einem einfachen Prinzip: »Der König (die Königin) ist tot, es lebe der König!« Die Windsors haben immer auf jene europäischen Monarchien herabgeblickt, in denen der Souverän zugunsten des Thronfolgers abgedankt hat. Auch Penny Junor ist der festen Überzeugung, dass die britische Monarchie am Erbfolgeprinzip festhalten wird: »Die Familie glaubt daran. Und wenn man von der Erbfolge abgeht, warum sollte man dann überhaupt beim Haus Windsor bleiben? Warum dann nicht jemand anderen wählen, der vielleicht populärer ist als Prinz, König oder Königin? Die Tatsache, dass man die Königswürde von Vater oder Mutter erbt, macht die Dynastie so stark. Es gibt in dieser Familie eine Menge vererbte Weisheit.«

Von der William vielleicht profitieren und aus der er seine Lehren ziehen kann. Es ist also ziemlich sicher, dass er erst nach seinem Vater in die Pflicht genommen wird, obwohl er sich schon jetzt zu einem wichtigen Sympathieträger für die Monarchie entwickelt hat.

Die Freiheit und Unabhängigkeit seiner Studienzeit konnte er noch unbeschwert genießen. Er wolle sich zu keiner falschen Karriere zwingen lassen, betonte William. Es klang wie eine verborgene Botschaft an all jene, die hinter den Mauern des königlichen Palastes an der Zukunft des Prinzen feilten. Es gebe Versuche, ihn in eine bestimmte Richtung zu drängen, bekannte William offen. Aber er könne ganz schön hartnäckig sein, wenn er wolle. Lobende Worte fand er für seine Großmutter, die Queen. Sie sei »brillant« und »ein großes Vorbild«. Nach dem Tod seiner Mutter sei er seinen Großeltern sehr nahe gekommen, erzählte der Prinz. Mit ihnen, seinem Vater und seinem Bruder verstehe er sich prächtig. Es sind die Personen, die William am nächsten stehen und die wie er wissen, was es bedeutet, königlicher Abstammung zu sein. Doch noch immer haderte er mit seinem Schicksal als Königskind. »William ist Realist, er kennt die wirklich schlimmen Seiten seines Jobs«, erzählt sein Freund Tom Bradby. »Er weiß, welche Unannehmlichkeiten damit verbunden sind. Da hilft es auch nicht, der begehrteste Junggeselle der Welt zu sein, wenn man weiß, welcher Schmerz mit alldem einhergeht.«

Im Jahr 2005 schloss William sein Studium in St. Andrews mit gutem Erfolg ab. Wieder stellte sich die Frage, was die Nummer zwei der Thronfolge nun in Angriff nehmen würde. Am Beispiel seines Vaters konnte William verfolgen, wie lange das Warten auf den Thron dauern konnte. Da es für ihn keine »normale« Berufswahl gab, entschied er sich, wie sein Bruder Harry die traditionsreiche Militärakademie in Sandhurst zu besuchen. Hier, so hatte er das Gefühl, könne er sich eine sinnvolle Position im Leben erarbeiten. Und noch einmal gelang es dem Prinzen, sich hinter den sicheren Mauern einer Institution zu verbergen, auch wenn er neben dem militärischen Drill nun immer öfter repräsentative Aufgaben übernahm.

Freunde wie Tom Bradby nahmen wahr, dass William einen Wandlungsprozess vom rebellischen jungen Mann zum künftigen Thronerben vollzogen hatte. »Zunächst sah er nur die Schattenseiten: die Paparazzi, er sah, was mit seiner Mutter geschehen war, all die schrecklichen Aspekte des royalen Daseins, und es war nur konsequent, dass er dachte: ›Oh Gott, will ich das?‹ Ich bin mir sicher, dass er diesen Prozess durchlaufen hat und jetzt Licht am Ende des Tunnels sieht.« Mit den Jahren lernte William, seine Großmutter, die Queen, zu schätzen. »Sie ist berühmt und hat das jeden Tag in den vergangenen fünfzig Jahren gespürt«, erklärt Tom Bradby. »Winston Churchill war ihr erster Premierminister, und allein die Zeitspanne, in der man auf dem Gipfel des Ruhmes ist, macht es zu einem außergewöhnlichen Leben. Wenn man nun alt genug ist, zu verstehen, dass man ein Teil der Geschichte ist, dann sieht man das Aufregende daran. Und William ist nun an diesem Punkt angekommen.«

Die Erwartungen der Nation an einen König William sind hoch gesteckt. Sollte er seinem Vater Charles eines Tages auf den Thron folgen, wird ihm eine moderate Reform der konservativen britischen Monarchie zugetraut. Judy

Wade sieht Williams Zukunft als Fortsetzung des Erbes seiner Mutter. »Wir alle hoffen, er wird ein König werden, wie ihn sich Diana wünschte. Er hat inzwischen ihre Hilfsorganisation Centre Point übernommen, die sich um obdachlose junge Leute kümmert. William kann viel lernen von den anderen europäischen Royals. Sie haben sich mehr Gedanken darüber gemacht, was in ihren eigenen Ländern passiert. Die Königskinder sollten ein Leben führen wie ihre Untertanen auch. Ich glaube, William ist sich dessen sehr bewusst, und wenn er jetzt vielleicht ein nettes Mädchen aus der Mittelschicht heiratet, das nicht zur Aristokratie gehört, kann er die Monarchie näher zum Volk bringen.«

Die Zeiten des schüchternen Prinzen William, der seinen künftigen Untertanen mit gesenktem Haupt begegnete, sind endgültig vorüber. Stolz präsentierte er sich bei der Parade in Sandhurst, mit der er seinen Grundwehrdienst abschloss. Die Queen war sichtlich erfreut über ihren Enkel, der nun sein Erbe endlich akzeptiert hatte.

»Eines Tages wird er der Oberkommandierende unserer Streitkräfte sein«, meint Tom Bradby. »Das ist etwas, was außerhalb Großbritanniens nicht so richtig verstanden wird. Aber eine der Aufgaben des Monarchen ist es, die bewaffneten Streitkräfte anzuführen, und das ist eine ziemlich wichtige Rolle. Wenn es einen unpopulären Krieg gibt wie den im Irak, ist es sehr bedeutsam, dass die Soldaten aus ihren Schützengräben in den Kampf ziehen und dies für die Queen und ihr Land tun. Im Falle von William natürlich für den König und das Land. Sie machen das nicht für irgendeine Regierung, die gerade am Ruder ist. In der britischen Armee spielt das eine wichtige Rolle, und jeder dienende Soldat wird Ihnen bestätigen, wie wichtig die Tatsache ist, dass der Monarch an der Spitze der Streitkräfte steht. Für William wäre es schwierig, diese Rolle auszufüllen, hätte er nicht selbst gedient.« Eine kriegerische Auseinandersetzung wie im Irak wird William allerdings erspart bleiben, da ein Einsatz des Thronfolgers zu viele Risiken mit sich bringen würde. Von der Gefahr, Opfer einer Entführung zu werden, bis hin zum Tod, der die Nummer drei in der Thronfolge, Harry, dann zum künftigen König machen würde.

Williams nächste königliche Aufgabe wird es sein, eine passende Frau zu wählen, die die Rolle einer Prinzessin von Wales im 21. Jahrhundert ausfüllen kann, ohne daran zu zerbrechen. Und der Prinz muss sich sicher sein, die Frau fürs Leben gefunden zu haben. Noch einen Skandal, wie ihn seine Eltern der Monarchie geboten hatten, würde das Haus Windsor vielleicht nicht mehr überleben. Was es heißt, die Auserwählte zu sein, musste Williams Freundin Kate Middleton Anfang des Jahres 2007 am eigenen Leib spüren. Zu ihrem 25. Geburtstag wartete eine Horde Paparazzi auf die junge Frau, die sich kaum noch den Weg zu ihrem Auto bahnen konnte. William habe wütend reagiert, berichten Vertraute, erinnerten ihn diese Szenen doch an die Jagden, die die Presse der schutzlosen Lady Diana Spencer zugemutet hatte, nachdem die Verlobung mit Prinz Charles bekannt gegeben worden war.

Kurz nach der Paparazzi-Hatz auf Kate bestätigte das Pressebüro von Prinz Charles in Clarence House zur Überraschung auch der gewöhnlich bestinformierten Journalisten, das junge Paar habe sich getrennt. Wieder gingen wilde Spekulationen um: Da war die Rede vom Freiheitswillen

Williams, der sich noch nicht entscheiden mochte, von Kate, die endlich eine Entscheidung herbeiführen wollte, und von der Queen, die ein Machtwort gesprochen habe.

Penny Junor sah in der Trennung eine Folge des immensen Drucks, dem sich William durch die Berichterstattung der Medien ausgesetzt sah. »Es sah immer so aus, als wäre das eine Beziehung, die dauerhaft sein würde. Ich war immer davon überzeugt. Es schien eine Verbindung mit einer guten Basis zu sein. Sie hatten sich getroffen, ohne Kameras um sich zu haben, als sie beide Studenten waren, und sie konnten einander sehr gut kennenlernen. Das wahre Problem für einen Prinzen, der eine Braut finden muss, ist doch, dass in dem Moment, wo es da jemanden gibt, die Spekulationen in der Presse überhandnehmen und unerträglich werden. Das war es, was Prinz Charles dazu brachte, den Fehler zu begehen und Diana zu heiraten, bevor er bereit dazu war, bevor er sich sicher war, dass sie die Richtige ist. Mit William und Kate war das anders: Sie hatten einen perfekten Start. Sie hatten ein Haus zusammen bewohnt, sie kannten einander in- und auswendig, und das schien die beste Grundlage für eine Heirat. Ihre Beziehung schien außergewöhnlich gut. All ihre Freunde berichteten, dass sie sich sehr nah waren und sich in der Gegenwart des anderen sehr entspannt fühlten.«

Niemand konnte sich erklären, warum der Prinz die scheinbar so perfekte Braut verlassen hatte. Die »Trennung« dauerte dann auch nur ganze vier Monate, da gab es die ersten Gerüchte über eine Versöhnung. Zum Diana-Gedenkkonzert im Juli 2007 war Kate wieder ganz in der Nähe ihres Prinzen im Wembley Stadion, und kurz darauf berichtete die Presse über einen heimlichen Urlaub auf den

Seychellen. Wieder schien eine Hochzeit in greifbare Nähe gerückt.

Robert Jobson, einer der bestinformierten Hofberichterstatter, glaubt an eine Märchenhochzeit, die die Trauung von Charles und Diana noch in den Schatten stellen könnte: »Wenn Kate und William heiraten, wird dies das Haus Windsor endlich ins 21. Jahrhundert bringen. Die Monarchie war viel zu lange damit beschäftigt, rückwärts zu schauen, in der Vergangenheit zu leben mit den alten Traditionen. Es kam einem Kraftakt gleich, die Flagge über dem Buckingham Palast nach dem Tod der Prinzessin von Wales auf Halbmast zu setzen, und von vielen Hofbeamten wurde das als katastrophal angesehen. Ich finde, sie sollten nach vorne schauen und sich mehr den Wünschen der Menschen anpassen, die sie repräsentieren. Das muss alle Klassen und Religionen mit einbeziehen, und ich glaube, mit William haben wir einen umgänglichen jungen Mann, der die Erinnerung an seine Mutter in sich trägt. Das könnte ihn beflügeln. Charles und Camilla sind jetzt in ihren Sechzigern, und sie sind so beladen von der Vergangenheit, und die königliche Familie wird repräsentiert von der Queen und Prinz Philip, die einen bewundernswerten Job gemacht haben. Aber den jungen Leuten in Großbritannien, in Europa und in der ganzen Welt würden William und Kate ein jüngeres Flair vermitteln.«

Wird es William gelingen, die langen dunklen Schatten in der Geschichte seiner Familie zu überwinden? Er trägt ein kompliziertes Erbe mit sich, das von englischen, deutschen und schottischen Vorfahren geprägt wurde. Die Familiengespenster spuken noch immer in ihren Verliesen herum, aber William scheint sich bewusst zu sein, dass nur Versöhnung auch Heilung versprechen kann. Zu den Gedenkfeiern anlässlich des zehnten Todestages seiner Mutter hatte er die Windsors eingeladen, ebenso wie die Spencers, und auch die Schwester des tödlich verunglückten Dodi Al Fayed, dessen Vater, Mohammed Al Fayed, nach wie vor Prinz Philip beschuldigt, ein Mordkomplott geschmiedet zu haben. Auch Camilla sollte nach dem Willen der Prinzen ihren Platz in der Kapelle an der Seite ihres Ehemannes Charles einnehmen. Die öffentliche Meinung war dagegen. So sagte Camilla taktvoll ab und blieb allein im schottischen Hochland zurück, während in London ihrer einstigen Rivalin Diana gedacht wurde. Es ist eine Mahnung, welcher Sprengstoff noch immer in der Familiengeschichte verborgen liegt – das ist der Fluch des Hauses Windsors.

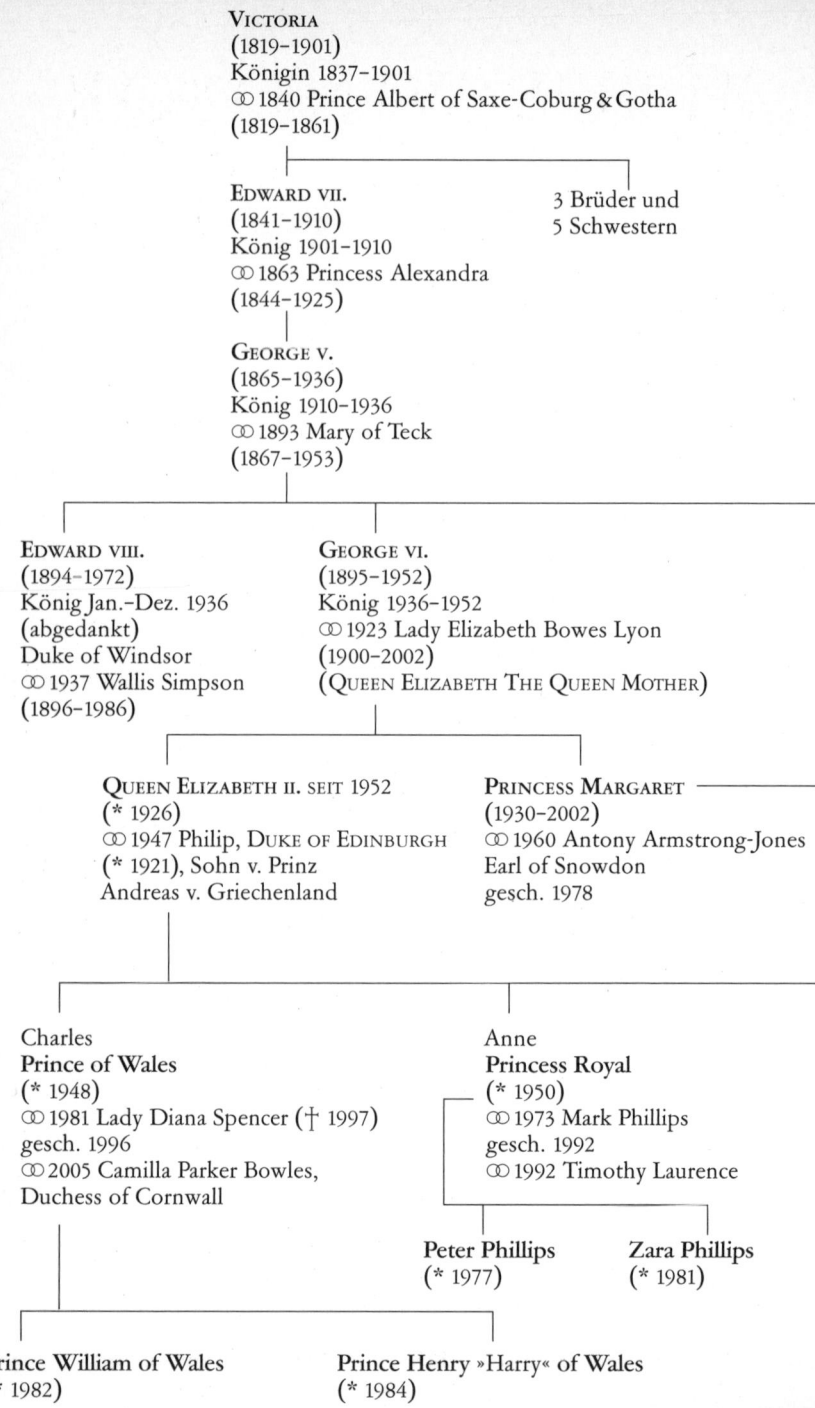

HAUS WINDSOR

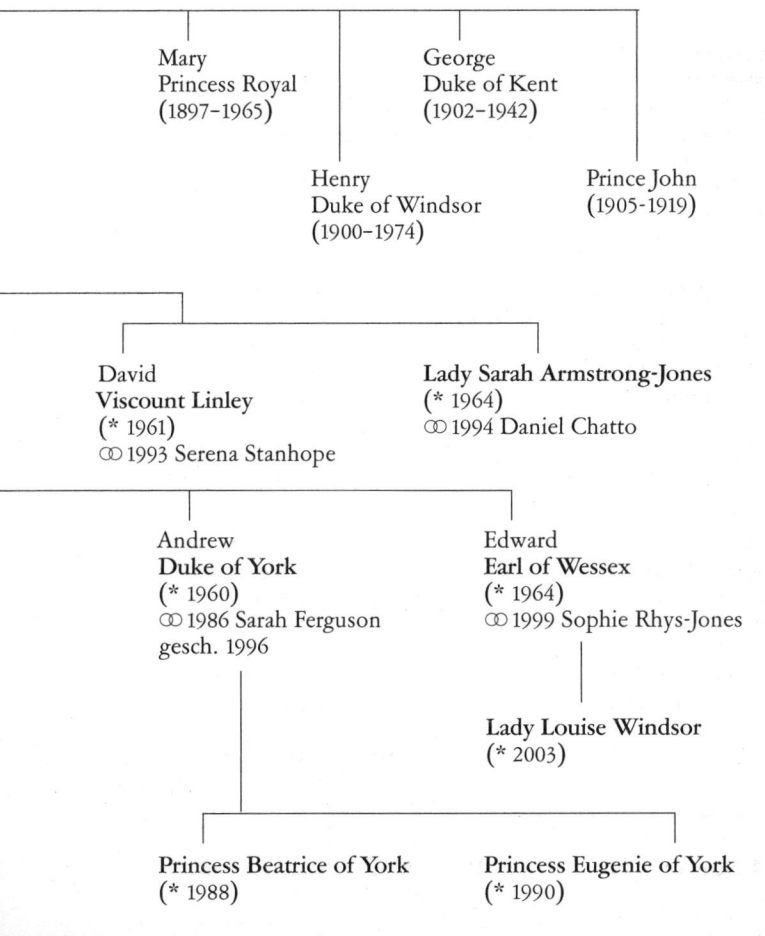

Mary
Princess Royal
(1897-1965)

George
Duke of Kent
(1902-1942)

Henry
Duke of Windsor
(1900-1974)

Prince John
(1905-1919)

David
Viscount Linley
(* 1961)
⚭ 1993 Serena Stanhope

Lady Sarah Armstrong-Jones
(* 1964)
⚭ 1994 Daniel Chatto

Andrew
Duke of York
(* 1960)
⚭ 1986 Sarah Ferguson
gesch. 1996

Edward
Earl of Wessex
(* 1964)
⚭ 1999 Sophie Rhys-Jones

Lady Louise Windsor
(* 2003)

Princess Beatrice of York
(* 1988)

Princess Eugenie of York
(* 1990)

Danksagung

Die Arbeit an diesem Buch ist sehr intensiv von zwei Menschen begleitet worden, die den Spaß daran mit mir geteilt haben, aber auch die Mühen: Zwei Jahrhunderte Familiengeschichte sind ein schwerer Brocken, der nur mit Ausdauer und mit dem Blick für das Wesentliche bewältigt werden konnte. Volker Schmidt-Sondermann, Regisseur und Autor vieler TV-Dokumentationen und -Reportagen, hatte die Idee, nach dem Fluch zu suchen, der die Windsors heimsucht. Zunächst hielt ich das für ein gewagtes Konstrukt, da die böse dreizehnte Fee ja ins Reich der Märchen gehört. Aber schließlich brachte mich das auf die Spur der Familiengeheimnisse und ließ mich die Dinge in einem neuen Licht sehen. In gemeinsamer Arbeit mit Volker Schmidt-Sondermann entstand für das ZDF bereits ein Fernseh-Porträt über das Königskind »William von England – Prinz und Rebell«. Auch an einer mehrteiligen TV-Dokumentation über die Windsors arbeiten wir in mittlerweile bewährter Kollegialität gemeinsam. Ahoi, Volker!

Wenn ich schon nicht an böse Feen glaube, so doch an gute Geister: Mo Davies, unsere Rechercheurin und Producerin, war für mich ein Quell des Wissens und der Lebensfreude. Sie machte mich mit Menschen bekannt, die das Drama um die Königsfamilie seit Jahrzehnten verfolgen und bereit waren, uns ihre Erlebnisse zu erzählen. Mo Davies verlor nie die Nerven, auch nicht, als die schottische Polizei unsere Recherchereise zum Schloss Balmoral näher unter die Lupe nahm. »Wir sind keine Terroristen!«, schmetterte sie selbstbewusst, aber doch herzlich den Detectives

Derek und Claire entgegen, die sich allerdings nicht beeindrucken ließen und sich fortan an unsere Fersen hefteten. Unser Fernsehteam wird wohl als die »Balmoral Five« in die Geschichte eingehen. Thank you, Mo!

Danke auch, last, but not least, an die Lektorin Susanne George, die meine Arbeit am Text mit Aufmerksamkeit und Sorgfalt begleitet hat.

Literatur

Bloch, Michael (Hg.): *Die Windsors – Briefe einer großen Liebe*, München 1986
Bradford, Sarah: *Elizabeth II, Ihre Majestät die Königin – Die Biographie*, Bergisch Gladbach 1996
Bradford, Sarah: *Diana*, London 2006
Brandreth, Gyles: *Philip und Elizabeth – Porträt einer Ehe*, München 2005
Brown, Tina: *The Diana Cronicles*, New York 2007
Burrell, Paul: *Im Dienste meiner Königin*, München 2003
Davies, Nicholas: *William – The Man Who Will Be King*, London 1998
Davies, Nicholas: *William – The Rebell Prince*, London 2001
Decaux, Alain: *Eduard VIII et Wallis Simpson*, Paris 1995
Dimbleby, Jonathan: *The Prince of Wales: A Biography*, London 1994
Graham, Tim u. Archer, Peter: *William – HRH Prince William of Wales*, London 2003
Grunewald, Ulrike: *Rivalinnen*, Köln 2006
Heald, Tim: *Princess Margaret – A Life Unravelled*, London 2007
Hoey, Brian: *Prince William*, Stroud 2003
Jephson, Patrick: *Shadows of a Princess – An Intimate Account by Her Private Secretary*, London 2000
Jobson, Robert: *William's Princess – The Love Story that Will Change the Royal Family Forever*, London 2006
Junor, Penny: *The Firm – The Troubled Life of the House of Windsor*, London 2005

Knopp, Guido: *Majestät! Die letzten großen Monarchen*, München 2006
Knopp, Guido: *Die Königskinder*, München 2007
Kröger, Uwe: *Die Windsors – Glanz und Elend einer Monarchie*, Bergisch Gladbach 1994
Levine, Tom: *Die Windsors. Glanz und Tragik einer fast normalen Familie*, Frankfurt a. M. 2005
Morton, Andrew: *Diana. 1961–1997, Ihre wahre Geschichte in ihren eigenen Worten*, München 1997
Paxman, Jeremy: *On Royalty*, London 2006
Seward, Ingrid: *William & Harry – The Biography of the Two Princes*, London 2003
Simmons, Simone with Susan Hill: *Diana – The Secret Years*, London 1998
Spoto, Donald: *Die Windsors – Geschichte einer Familie*, München 1995
Tetzeli, Kurt u. Mersmann, Arndt (Hg.): *Queen Victoria – Ein biografisches Lesebuch*, München 2000
Vickers, Hugo: *Elizabeth – The Queen Mother*, London 2005
Wharfe, Ken with Robert Jobson: *Diana – Closely Guarded Secret*, London 2002
Wilson, Christopher: *The Windsor Knot. Charles, Camilla and the legacy of Diana*, New York 2003
Wilson, Christopher: *Camilla. Die Geschichte einer großen Liebe*, Berlin 2006
Wocker, Karl-Heinz: *Königin Victoria*, Düsseldorf 1978
Ziegler, Philip: *King Edward VIII*, Stroud 2001

Bildnachweis

Königin Victoria & Familie © picture-alliance / akg-images / Archie Miles;
Statue Königin Victoria vor Windsor Castle © Ulrike Grunewald;
König Edward VII. & Königin Alexandra © dpa / empics / PA;
Alice Keppel © picture-alliance / KPA / TopFoto;
Glamis Castle © Ulrike Grunewald; Balmoral Castle © Ulrike Grunewald;
Edward VIII. & Wallis Simpson © picture-alliance / maxppp / Costa / Leemage; Prinzessin Margaret © picture-alliance / dpa – Fotoreport;
Königin Elizabeth II. & Prinz Philip © picture-alliance / dpa;
Prinz Charles & Prinzessin Diana © picture-alliance / dpa – Fotoreport;
Prinz Charles & Camilla Parker Bowles © picture-alliance / dpa / dpaweb;
Prinz William & Kate Middleton © picture-alliance / dpa;
Königin Elizabeth II. & Familie auf Balkon © picture-alliance / dpa

Register

Acts of Settlement 136
Airlie, Lady 45
Al Fayed, Emad (»Dodi«) 174, 175, 176, 198, 199, 236
Al Fayed, Mohammed 174 f., 197, 236
Albert von Sachsen-Coburg-Gotha, 65, 68, 78, 83, 87, 98, 99 ff., 107, 108 f., 111 ff., 126, 127, 185, 189
Alexandra von Dänemark 123, 134, 137, 189
Alfred (Sohn von Victoria) 117
Alice (Tochter von Victoria) 117
Alice, Prinzessin (Mutter von Philip) 73
Althorp 14
Andreas von Sachsen-Coburg-Gotha, Prinz 127 f.
Andreas, Prinz (Vater von Philip) 73
Andrew, Herzog von York (Sohn von Elizabeth II.) 16, 95, 128, 166, 151, 161, 188
Anne, Prinzessin (Tochter von Elizabeth II.) 86, 128, 166
Armstrong-Jones, Anthony 95
Arthur (Sohn von Victoria) 117

Bagehot, Walter 66, 88, 96, 99
Baldwin, Stanley 44, 46, 51, 58, 61, 62
Balmoral, Schloss 30, 48, 49, 52, 73 f., 86, 98, 100 f., 118, 123, 132, 148, 149, 156, 179, 180, 194, 198, 199, 200, 201, 226
Barnes, Barbara 185
Bashir, Martin (BBC-Reporter) 169 f.
Battenberg, Prinz Ludwig von 68, 70
Beatrix (Tochter von Victoria) 117
Bertie (Bruder von Edward VIII., später George VI.) 35, 41, 43, 49, 53, 55

Bertie (Sohn von Victoria, später Edward VII.) 117, 121, 123
Birkhall 215, 226
Blair, Tony 179
Bolehyde Manor 137
Bradby, Tom (Journalist) 16, 25, 26, 201, 211 f., 222, 230, 231, 232
Bradford, Sarah (Biografin) 155
Brown, John 48, 123
Buckingham Palast 40, 55, 57, 73, 75, 79, 82, 124, 126, 129, 140, 141, 143, 146, 154, 163, 164, 179, 185, 202, 235

Callenberg, Schloss 126
Camilla *siehe* Parker Bowles, Camilla
Campbell, Eugene 206 ff., 210 f.
Candé, Schloss 55
Carl Eduard Herzog von Sachsen-Coburg und Gotha 75 f.
Charles, Prinz von Wales 14, 15, 17, 19, 22, 26, 34, 63, 67, 86, 94, 115, 128 ff., 177, 181, 182, 184 ff., 188, 193, 194, 197, 199, 200, 201, 205, 212 f., 215, 218, 222, 223, 226 ff., 231, 233, 234, 235
Charles I. 138
Chartres, Richard 183
Cheam (Internat) 130
Churchill, Winston 46 ff., 51 f., 59, 91 f., 94, 95, 170, 231
Clarence House 226, 233
Clifden, Nellie 121
Colthurst, James 160, 161
Conroy, John 105
Cooper, Cornwell 61
Coventry 77
Crawford, Marion (»Crawfie«) 71, 73
Crystal Palace 119

Davies, Nicholas (Biograf) 192, 212

Deedes, Lord 174
Diana (Lady Diana Spencer) 11 ff., 13, 16, 17, 18, 19, 22, 26, 27, 34, 67, 85, 96, 115, 116, 138 ff., 177 ff., 184 ff., 193, 194, 197, 217, 218, 218, 220, 221, 231, 232, 233, 234, 235
Disraeli, Benjamin 65 f.
Dudley Ward, Freda 33
Dunne, Philip 156

Eden, Anthony 94, 95
Edward, Earl of Wessex (Sohn von Elizabeth II.) 95
Edward III. 78
Edward VII. 67, 117, 134, 166, 188 f., VII. 226, 227
Edward VIII. (zuvor David, Herzog von Windsor) 28 f., 32 ff., 35, 38, 42, 54, 65, 67, 71, 81, 84, 91, 92, 94, 95, 130, 177, 213
Edward, Herzog von Kent (Vater von Victoria) 104
Elizabeth (Lady Elizabeth Bowes Lyon; Queen Mum) 125, 128, 138, 139, 155, 179, 215, 226
Elizabeth II. 14, 15, 17, 18, 22, 23, 24, 27, 30, 34, 35, 56, 57, 64, 65, 71 ff., 83, 125 ff., 130, 132 f., 135, 136, 137, 143, 146, 149, 150, 151, 154, 155, 162, 164, 166 f., 171, 172, 185, 187, 195, 198, 200, 201, 218, 219, 222, 226, 229, 230, 231, 232, 234, 235
Emerald Cunard, Lady 50
Enzesfeld, Schloss 54
Ernst I. von Sachsen-Coburg-Saalfeld 109 ff., 115 f.
Ernst II. 108, 109, 111, 112
Eton (Internat) 132, 194 f., 204, 206, 207 f., 214

Feodora (Stiefschwester von Victoria) 105
Ferguson, Sarah (»Fergie«) 15, 166, 188, 228

George I. 127
George III. 102, 104
George IV. 102
George V. 33, 34, 40, 57, 60, 65, 67 ff., 69, 99
George VI. 58, 60, 63, 64, 65 f., 71, 72, 73 f., 78, 79, 80, 81, 82, 83, 84 f., 87, 125, 132, 177, 178
Gilbey, James 159, 163
Glamis, Schloss 30 f., 35
Gordonstoun (Internat) 73, 130 ff.
Gwynne, Howell Arthur 44

Haakon von Norwegen, König 76
Hahn, Kurt 131
Hannover, Haus 68, 101, 104
Harry, Prinz von Wales 12, 14, 17, 18, 20, 24, 74, 116, 153, 167, 178, 180, 181 ff., 186, 187, 188, 190 f., 194, 197, 198, 205, 211, 212, 221, 226, 230, 232, 233
Hartnell, Norman 82
Heinrich VIII. 116
Helena (Tochter von Victoria) 117
Henry, Prinz von Wales
 siehe Harry
Herzogin von Sutherland 114
Hessen, Haus 72
Heuss, Theodor 126 f.
Hewitt, James 158 f.
Highgrove 175, 190, 193, 194, 208
Hitler, Adolf 46, 58, 59, 61, 74, 75, 76
Holden, Antony (Biograf) 168
Hoover, John Edgar 59
Hosenbandorden 78, 82, 113

Jephson, Patrick 167, 170, 184, 188
Jobson, Robert (Hofberichterstatter) 21, 22, 25, 28, 225, 235
Junor, Penny (Biografin) 22, 63, 126, 128, 129, 130, Penny 132, 139, 213, 227, 228, 229, 234

Karl Alexander von Württemberg, Herzog siehe Odo

Karl I. 126
Kensington Palast 101, 104, 158, 171, 190, 201, 203
Keppel, Alice 123, 134 ff., 137, 188 f., 226, 227
Keppel, George 134
Khan, Hasnat 173, 174
Khan, Imran 173
Kissinger, Henry 173

Lascelles, Sir Alan 90, 91
Laughlin, L. L. 59 ff.
Lehzen, Luise 105
Leopold (Sohn von Victoria) 117, 121
Leopold von Sachsen-Coburg-Saalfeld 108, 112, 116, 117, 120
Levine, Tom (Journalist) 149, 161, 163
Louise (Tochter von Victoria) 117
Lowther Pinkerton, Jamie 24
Ludgrove (Internat) 191, 193
Luise von Sachsen-Gotha-Altenburg 109, 110 ff., 115 f.

Major, John 169, 193
Manakee, Barry 158
Margaret Rose, Prinzessin 30, 35, 56, 64, 65, 71, 74, 76 f., 78, 80, 86, 89 ff., 155
Mary of Teck (Frau von George V.) 33, 34, 40, 45, 47, 56, 57, 60, 83, 92, 127
Melbourne, Lord 107 f.
Middleton, Catherine Elizabeth (»Kate«) 20 ff., 223 ff., 233
Monckton, Walter 46 ff., 52, 55, 59, 62
Morton, Andrew (Biograf) 18 f., 148, 151, 160, 161, 166, 186
Mosley, Oswald 50
Mountbatten, Familie 70
Mountbatten, Lord Louis 68, 72, 134
Mountbatten, Philip *siehe* Philip, Herzog von Edinburgh

Napoleon 109, 120
Neil, Andrew 214 ff., 217

Odo, Pater (Herzog Karl Alexander von Württemberg) 59 ff.
Order of the Garter *siehe* Hosenbandorden
Osborne House 100, 118

Palmerston, H. J. T. 123
Parker Bowles, Andrew 135, 136, 137, 163, 169
Parker Bowles, Camilla, Herzogin von Cornwall 19, 22, 23, 38, 94, 133 ff., 188, 196, 226 ff., 235, 236
Parker Bowles, Laura 137
Parker Bowles, Tom 227
Paul, Henri 200
Philip, Herzog von Edinburgh 15, 23, 72 f., 79, 81 ff., 85, 87, 89, 90, 95, 97 f., 126, 128, 129, 130 f., 135, 143, 154, 164, 181, 198, 200, 201, 202, 230, 235, 236
Pinker, George 184

Queen Mum *siehe* Elizabeth

Reitz, John 45
Ribbentrop, Joachim von 50, 61
Rolle, Lord 103
Romanow, Familie 69
Rosenau, Schloss 109 ff., 115
Rothschild, Familie 54

Sachsen-Coburg-Gotha, Familie 68, 70, 76, 79
Sadat, Anwar al 147
Salem (Internat) 131
Sandhurst (Militärakademie) 231, 232
Sandringham 41, 53, 190
Seward, Ingrid (Biografin) 131, 185, 187, 192, 194, 197, 220, 229
Shakespeare, William 30
Simpson, Ernest 32, 36, 38, 40, 42, 52

Simpson, Wallis, Herzogin von Windsor 16, 29, 32, 36 ff., 38, 67, 84, 91, 177, 213
Soames, Nicholas 170
Solms, Baron 115
Spencer, Earl of (Charles Edward Maurice; Bruder von Diana) 13 f., 16, 236
Spencer, Edward John (Vater von Diana) 138, 140
Spencer, Lady Sarah 139
St. Andrews 21, 213 ff., 224, 232
St. James Palast 42, 113
St. Paul's Kathedrale 19, 25, 145, 146
Stockmar, Baron 105

Teck, Familie 70
Teck, Burg 127
Thatcher, Margret 140
Townsend, Peter 80, 86, 89 ff.
Trooping the Colour 17

Victoria (Tochter von Victoria; »Vicky«) 117, 124
Victoria 30, 48, 56, 57, 58, 65, 67, 68, 69, 70, 72, 75, 78, 83, 87, 97, 98, 99 f., 112 ff., 125, 126, 127, 155, 179, 185, 189
Victorine von Sachsen-Coburg-Saalfeld (Mutter von Victoria) 104 f., 112, 114, 120

Wade, Judy (Biografin) 14, 17, 25, 156, 172, 193, 202, 204, 212, 221, 222, 231
Wallace, Anna 137
Westminster Abbey 13, 35, 83, 84, 89, 102, 202, 203
Wharfe, Ken 158, 190 f., 196, 202
Whitaker, James (Journalist) 154
Wilhelm II. 68, 75, 99, 117, 124, 126
Wilhelm IV. 102
Wilhelmine von Holland, Königin 76
William, Prinz von Wales 11, 12, 14, 15, 16, 17, 18, 20, 24, 25, 26, 28, 32, 36, 67, 77, 151 f., 167, 178, 180, 181 ff., 188, 190 ff.
William der Eroberer 77
Wilson, Christopher (Adelsexperte) 27, 134, 144, 145, 149, 157, 158, 165, 172
Wilson, Horace 43, 44, 45, 50f., 58
Windsor, Schloss 69, 75, 77, 121, 166

Ziegler, Philip (Biograf von Edward VIII.) 47